Claudio Abbado
Dirigent

Claudio Abbado
Dirigent

Herausgegeben von Ulrich Eckhardt

nicolai

Inhalt

Wege – Spuren – Begegnungen *Stationen eines Musikerlebens*

26. Juni 1933: Claudio Abbado wird als Sohn der Schriftstellerin Maria Carmela Abbado und des Musikers Michelangelo Abbado in Mailand geboren.

1949–1955: Studium in Orchesterleitung, Klavier, Komposition am Konservatorium Giuseppe Verdi in Mailand.

1956: Dirigierstudium bei Webern-Schüler Hans Swarowsky in Wien.

1958: Koussewitzky-Preisträger in Tanglewood (USA).

1959: Konzertdebüt mit dem Philharmonischen Orchester Triest (u.a. Paul Hindemith, *Nobilissima Visione*).

1960: Konzert *Commemorazione Scarlatti* in der Mailänder Piccola Scala;
Operndebüt in Triest mit *Maria d'Alessandria* von Giorgio Federico Ghedini;
Konzert mit den Wiener Symphonikern.

1960–1963: Tätigkeit als Pianist und Dirigent; Lehrauftrag für Kammermusik am Konservatorium in Parma.

1961: In Triest *Die Liebe zu den drei Orangen* von Sergej Prokofjew.

1963: Preis des Mitropoulos-Wettbewerbs in New York; Debüt in Berlin mit dem Radio-Symphonie-Orchester (heute: Deutsches Symphonie-Orchester) und Maurizio Pollini (u.a. Ludwig van Beethoven, Drittes Klavierkonzert).

1964: Zweites Konzert mit dem Radio-Symphonie-Orchester in Berlin (u.a. Alban Berg, *Lulu-Suite*); Einladung zu den Salzburger Festspielen durch Herbert von Karajan.

1965: Uraufführung der Oper *Atomtod* von Giacomo Manzoni an der Piccola Scala; Dirigat der Zweiten Symphonie von Gustav Mahler in Mailand und Salzburg (Debüt mit den Wiener Philharmonikern); Debüt beim Hallé Orchestra in Manchester.

1966: Operndebüt an der Mailänder Scala mit Vincenzo Bellinis *I Capuleti ed i Montecchi* (Regie: Castellani), Beginn der Zusammenarbeit mit dem Berliner Philharmonischen Orchester und dem London Symphony Orchestra; beim Edinburgh Festival mit dem New Philharmonia Orchestra (Mahler, Sechste Symphonie).

1967: *Il canto sospeso* von Luigi Nono in Hamburg; erste Schallplatte bei der Deutschen Grammophon Gesellschaft mit Martha Argerich; in London *Don Carlos* von Giuseppe Verdi (Regie: Luchino Visconti).

1968: Bestellung zum Musikalischen Direktor der Mailänder Scala; Verdis *Don Carlos* an der Metropolitan Opera in New York und der Mailänder Scala; sämtliche Mahler-Symphonien mit dem Orchester der Mailänder Scala.

1970/71: Alban-Berg-Zyklus mit sämtlichen Orchesterwerken und der Oper *Wozzeck*.

1971: Zur Spielzeiteröffnung der Mailänder Scala Verdis *Simon Boccanegra* in der Inszenierung von Giorgio Strehler, in München dasselbe Werk in der

Regie von Otto Schenk, Verdis *Aida* an der Deutschen Oper Berlin.

1972: Gemeinsam mit Maurizio Pollini Einrichtung der Konzertreihe »Musica nel nostro tempo«; Uraufführung von Nonos *Como una ola de fuerza y luz*; »principal guest conductor« des London Symphony Orchestra.

1973: In Reggio Emilia Gründung der Reihe »Musica/Realtà« zusammen mit Luigi Nono und Maurizio Pollini, Tournee mit den Wiener Philharmonikern nach Japan und China.

1974: Beginn der regelmäßigen Auftritte bei den Berliner Festwochen (Eröffnungskonzerte mit den Wiener Philharmonikern: Schönberg, *Ein Überlebender aus Warschau*; Berg, op. 6; Webern, *Passacaglia*; Bruckner, Siebte Symphonie).

1975: Uraufführung von Nonos *Al gran sole carico d'amore* (Regie: Jurij Ljubimov); Teilnahme am International Festival of Youth Orchestras in Aberdeen.

1978: Gründungsdirektor und Chefdirigent des European Community Youth Orchestra.

1979: Chefdirigent des London Symphony Orchestra; *Boris Godunow* von Modest Mussorgskij (Regie: Jurij Ljubimow) in Mailand.

1981: Künstlerischer Berater und Hauptdirigent des Chamber Orchestra of Europe.

1982: Gründungsdirektor und Chefdirigent des Orchestra Filarmonica della Scala; »principal guest conductor« in Chicago.

1983: Mussorgskijs *Boris Godunow* (Regie: Andrej Tarkowskij) in Covent Garden London; Musikdirektor des London Symphony Orchestra.

1984: Uraufführung von *Prometeo. Tragedia dell'ascolto* von Nono in Venedig; Rossinis *Il viaggio a Reims* (Regie: Luca Ronconi) mit dem Chamber Orchestra of Europe in Pesaro, Debüt an der Wiener Staatsoper mit Verdis *Simon Boccanegra*; designiert als Musikdirektor der Wiener Staatsoper an der Seite von Claus Helmut Drese.

1985: Zweite Fassung von Nonos *Prometeo. Tragedia dell'ascolto* in Mailand; Künstlerische Leitung des Festivals »Mahler, Vienna and the 20th Century« in London.

1986: Abschied von Mailand mit Debussy-Zyklus, *Pelléas et Mélisande*; Beginn der Tätigkeit als Musikdirektor der Wiener Staatsoper bis 1991; Gründung des Gustav Mahler Jugendorchesters.

1987: Generalmusikdirektor der Stadt Wien und Gründung des Vereins »Wien Modern« zur Pflege der zeitgenössischen Musik; das Gustav Mahler Jugendorchester tritt zu seiner ersten Probenphase in Oberschützen zusammen und geht anschließend auf Europa-Tournee.

1988: Start des Festivals »Wien Modern«; Wiener Festwochen: Schubert, *Fierrabras* (Regie: Ruth Berghaus), Uraufführung von Wolfgang Rihms *Die Abreise*; Auftritte in Berlin mit der Wiener Staatsoper (*Wozzeck*, Regie: Adolf Dresen; *Simon Boccanegra*, Regie: Giorgio Strehler), den Wiener Philharmonikern, dem Gustav Mahler Jugendorchester zusammen mit dem European Community Youth Orchestra (Mahlers Dritte Symphonie mit Jessye Norman in der

Waldbühne), Arnold Schönbergs *Gurre-Lieder* mit dem Gustav Mahler Jugendorchester in der Philharmonie bei den Berliner Festwochen; erste Saison des Chamber Orchestra of Europe als »orchestra in residence« im Kammermusiksaal der Berliner Philharmonie.

1989: Mussorgskijs *Chowanschtschina* (in der Urfassung mit Strawinskys Finale, Regie: Alfred Kirchner) an der Wiener Staatsoper; am 8. Oktober Wahl zum Künstlerischen Leiter und Chefdirigenten des Berliner Philharmonischen Orchesters nach Karajans Rücktritt und Tod im April bzw. Juli 1989; erste Konzerte am 16. und 17. Dezember (Schubert, »Unvollendete« Symphonie h-moll, Rihm, *Dämmerung*; Mahler, Erste Symphonie); Beginn der Künstlerischen Kooperation mit Ferrara Musica – das Chamber Orchestra of Europe wird »orchestra in residence«.

1991: »Wien Modern« – In memoriam Andrej Tarkowskij: Luigi Nono, *No hay caminos, hay que caminar ... Andrej Tarkowskij*; György Kurtág, *Samuel Beckett / What is the Word*; Beat Furrer, *Face de la Chaleur;* Wolfgang Rihm, *bildlos/weglos* im Musikverein mit dem Ensemble Anton Webern (hervorgegangen aus dem Gustav Mahler Jugendorchester); in der Staatsoper *Boris Godunow* (Regie: Andrej Tarkowskij), Filmretrospektive im Stadtkino und Ausstellung »Von Eisenstein bis Tarkowski – Die Malerei der Filmregisseure in der UdSSR« im Künstlerhaus; mit den Berliner Philharmonikern in Moskau und St. Petersburg; Beginn der thematischen Berliner Zyklen mit »Prometheus« (Konzerte, Theater/Tanz, Literatur, Film, Ausstellungen, Vorträge).

1992: Eröffnung der renovierten Philharmonie in Berlin mit Schönbergs *Gurre-Lieder*; bei den Salzburger Festspielen Leoš Janáček *Aus einem Totenhaus* mit den Wiener Philharmonikern (Regie: Klaus Michael Grüber).

1993: Hölderlin-Zyklus in Berlin.

1994: Künstlerischer Leiter der Salzburger Osterfestspiele; Gründung der Reihe »Kontrapunkte«; *Boris Godunow* in Berlin konzertant und bei den Salzburger Osterfestspielen in der Regie von Herbert Wernicke (Wiederholung im Rahmen der Salzburger Festspiele mit den Wiener Philharmonikern); Faust-Zyklus in Berlin.

1994/95: Antike-Zyklus in Berlin.

1995: *Elektra* von Richard Strauss in Berlin konzertant und bei den Salzburger Osterfestspielen (Regie: Lew Dodin).

1995/96: Shakespeare-Zyklus in Berlin.

1996: Verdis *Otello* in Berlin und bei den Salzburger Osterfestspielen (Regie: Ermanno Olmi), Entstehung des Mahler Chamber Orchestra aus Mitgliedern des Gustav Mahler Jugendorchesters (»orchestra in residence« in Ferrara)

1996/97: Berg-Büchner-Zyklus in Berlin.

1997: *Wozzeck* in Berlin konzertant und bei den Salzburger Osterfestspielen in der Regie von Peter Stein (Wiederholung im Rahmen der Salzburger Festspiele mit den Wiener Philharmonikern).

1997/98: Wanderer-Zyklus in Berlin.

1998: *Falstaff* an der Staatsoper Unter den Linden (Regie: Jonathan Miller); in Aix-en-Provence Mozarts

Don Giovanni (Regie: Peter Brook) mit dem Mahler Chamber Orchestra.

1998/99: Zyklus von Liebe und Tod *(Tristan)* in Berlin.

1999: Wagners *Tristan und Isolde* in Salzburg (Osterfestspiele), zuvor halbszenisch in Berlin (Regie: Klaus Michael Grüber), *Falstaff* in Ferrara mit dem Mahler Chamber Orchestra.

2000: Mozarts *Così fan tutte* in Ferrara (Regie: Mario Martone), Verdis *Simon Boccanegra* (Regie: Peter Stein) in Berlin und Salzburg; im Rahmen einer Tournee mit den Berliner Philharmonikern *Tristan und Isolde* in Tokyo.

2000/01: Zyklus »Musik ist Spaß auf Erden« *(Falstaff)* in Berlin.

2001: Beethoven-Zyklus; *Falstaff* in Salzburg bei den Osterfestspielen (Regie: Declan Donnellan).

2001/02: Zyklus »Zum Raum wird hier die Zeit« *(Parsifal)* in Berlin; Wagners *Parsifal* in Berlin konzertant und in Salzburg (Osterfestspiele) in der Inszenierung von Peter Stein; Tournee mit dem Gustav Mahler Jugendorchester: *Parsifal* szenisch in Edinburgh, konzertant in Luzern.

2002: Mit drei Konzerten am 24., 25. und 26. April in der Philharmonie endet die zwölfjährige Amtszeit als Künstlerischer Leiter und Chefdirigent der Berliner Philharmoniker (u.a. Schostakowitschs Musik zum Lear-Film von Kosinzew mit Projektion); am 12. und 13. Mai zum Ende einer Italien-Tournee letzte Konzerte als Chefdirigent der Berliner Philharmoniker im Wiener Musikverein (Mahler, *Rückert-Lieder* mit Waltraud Meier und Siebte Symphonie; Schönberg, *Pelleas und Melisande*); Ernennung zum Ehrenmitglied des Orchesters, Verleihung des Großen Bundesverdienstkreuzes mit Stern durch Bundespräsident Johannes Rau.

2003: In Luzern Wiedergründung des Festspielorchesters, zusammengesetzt aus ehemaligen Konzertmeistern und Solospielern der Berliner Philharmoniker, Solisten wie Natalia Gutman, Diemut Poppen, Sabine Meyer mit ihrem Ensemble, dem Hagen-Quartett, Mitgliedern der Wiener Philharmoniker und des Mahler Chamber Orchestras; Fortführung der Tätigkeit als Musikdirektor des Gustav Mahler Jugendorchesters.

Nach dem Ernst-von-Siemens-Musikpreis 1994 erhält Claudio Abbado den höchsten Musikpreis, den Praemium Imperiale 2003 – insbesondere für seine Arbeit mit den Berliner Philharmonikern und den Jugendorchestern, seine Beiträge zu den großen europäischen Musikfestspielen und seinen Einfluss auf die künstlerische Entwicklung des 20. Jahrhunderts durch maßstabsetzende Interpretationen zeitgenössischer Musik.

Claudio Abbado hat 618 Konzerte der Berliner Philharmoniker geleitet: 36 Konzerte in Berlin als Gastdirigent in den Jahren 1966 bis 1990 (viele als Festwochen-Konzerte), 286 als Künstlerischer Leiter zwischen 1989 und 2002, darüber hinaus 296 Konzerte auf Reisen in Europa und Übersee.

Am 3., 4. und 5. Juni 2004 wird Claudio Abbado als Gastdirigent für Konzerte mit Frank Martins *Jedermann-Monologen* und Mahlers Sechster Symphonie an das Pult der Berliner Philharmoniker zurückkehren.

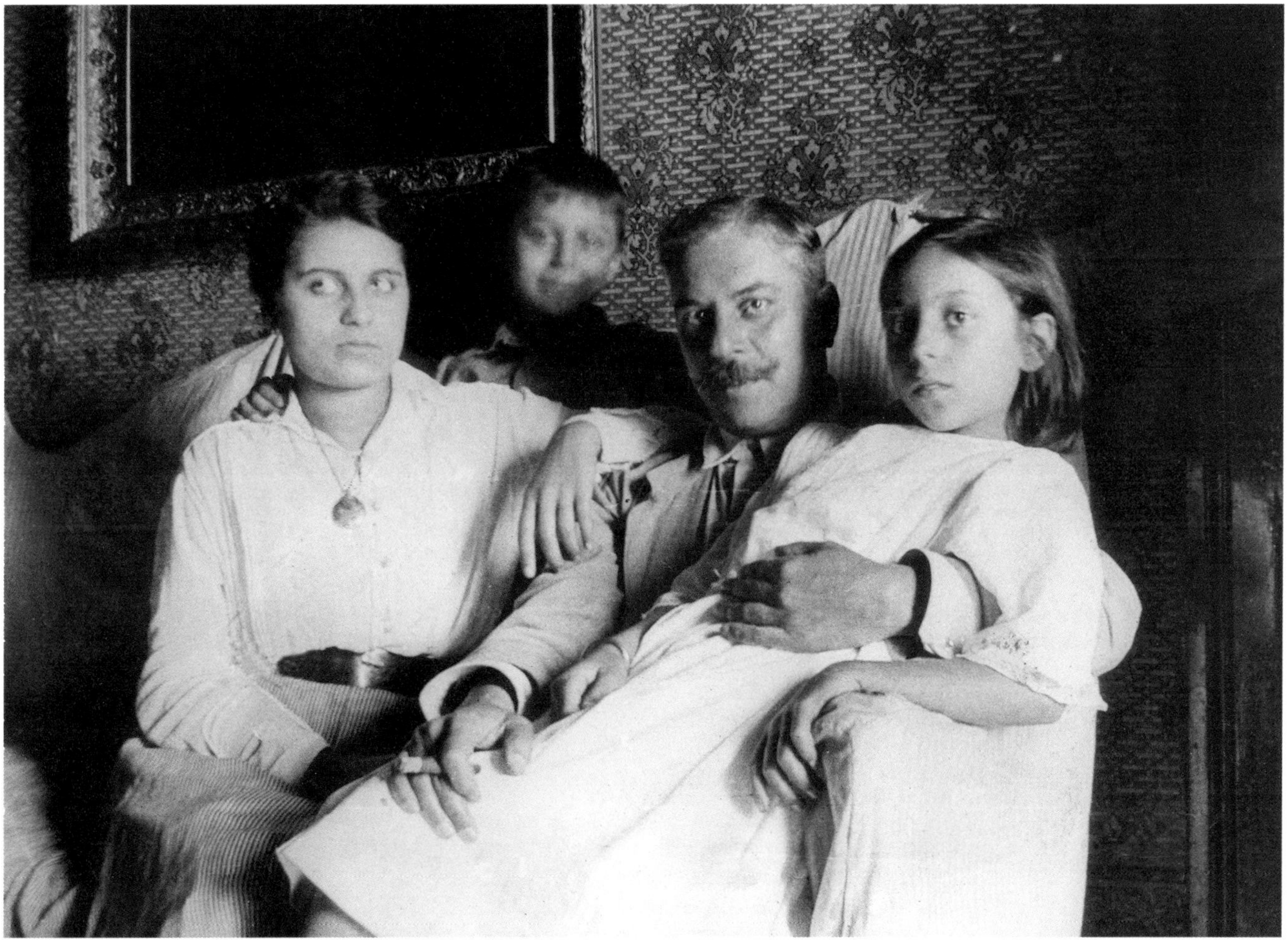

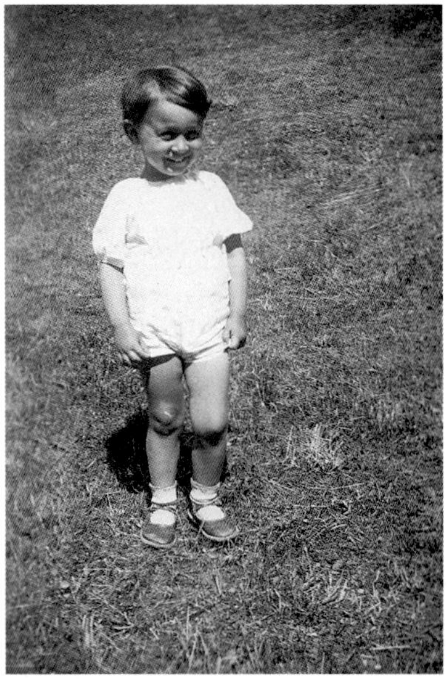

Ulrich Eckhardt

Musiker – Europäer – Zeitgenosse

Das Bild bleibt haften im Gedächtnis: Die Berliner Philharmoniker haben die Bühne verlassen. Auf dem mit Rosenblättern übersäten Podium des Wiener Musikvereins steht er da – ganz allein und auf eine anrührende Weise mit einer Geste der Umarmung sich dem halbstündigen Jubel aussetzend. Ein Star, ein Prophet, ein Herrscher? Erkennbar sind die wie Flügel ausgebreiteten Arme nicht der Ausdruck eines Triumphators, eher des aus seiner Welt gefallenen und vom Lärm überraschten Eremiten, der gleichwohl dankbar die Zeichen von Zuneigung empfängt. Ruhm und Einsamkeit – wie geht das zusammen?

Das war am 13. Mai 2002 – letztes Konzert im philharmonischen Dienst –, aber nicht in Berlin, wo der Dirigent seine Arbeitsstätte und Wohnung, sein privates Refugium in urbaner Dachlandschaft hatte, vom nahen Kirchturm regelmäßig an Zeit und Vergänglichkeit gemahnt. Auf der Orgel hatte er hier nicht gespielt, aber vielleicht sich doch an seine frühen Bach-Exerzitien erinnert: »Soli deo gloria«, so steht es oft am Ende Bach'scher Kompositionen.

Berlin war die vierte Station einer organisch aufgebauten, klug disponierten künstlerischen Entwicklung, und das war – nach Milano, London und Wien – die Zeit der reifen Meisterschaft zur rechten Zeit am richtigen Ort, getragen und befeuert von historischen Veränderungen, von harten Brüchen und Wendungen am Schnittpunkt gesellschaftlicher Umwälzungen mit tief greifenden Wirkungen für individuelle Lebensentwürfe. Die seismografische Qualität einer Grenzstadt, wie diese besondere politische Einheit »Westberlin« es doch war, wurde eben in Abbados Zeit überlagert von der mitunter schmerzhaften Transformation unterschiedlicher Lebenswelten, die in einem einzigen Gemeinwesen, innerhalb der Mauern einer Stadt aufeinander stießen. Berlin stand im Brennpunkt historischer und politischer Metamorphosen. In solchem geistigen, künstlerischen, intellektuellen und ästhetischen Klima konnte genau das gedeihen, was Abbados Interpretationen beabsichtigen: ohne Beschönigung, aber mit Empathie, ohne Verklärung, aber mit Respekt, ohne Verkleinerung, aber mit Genauigkeit darzustellen, was Menschen erleiden und erdulden, was Menschenwürde bedeutet im Blick auf die Gefährdungen durch Gewalt, Anarchie, Lüge und Feigheit.

Ein halbes Jahrhundert nach der Menschheitskatastrophe, die von Berlin aus Europa ins Unglück gestürzt hatte, war in aller Deutlichkeit und Härte wieder zu erkennen, was Gustav Mahlers Symphonien so bestürzend aktuell macht. Wieder erschien es so, als sei diese Musik so zeitgemäß wie nie – als Erinnerungsarbeit und mahnende Botschaft. Abbado und Mahler – anscheinend ein symbiotisches Verhältnis. Auch am 13. Mai 2002 erklang Mahler zum Abschied. Er wird den Dirigenten wieder begleiten hinein in die nächste Etappe seiner Wanderschaft.

Mahlers Musik vereint in gewaltiger großräumiger Synthese divergierende Klangwelten, mit denen sich Abbado über Jahrzehnte unermüdlich in großen Anläufen und stets aufs Neue auseinander gesetzt hat. Ihn interessieren die starken Gegensätze: »Mahler hat diese Vielfarbigkeit für seine innere Idee benutzt. Er ist einer der größten Komponisten, der über die Kontraste im Leben zwischen Leben und Kunst oder Liebe und Tod gesprochen hat. Mich fasziniert die emotionale Tiefe, seine Erinnerungsarbeit. Die Fanfaren in Mahlers Dritter – das ist sein Leben, seine

Seele, dafür komponiert er die Vielfalt. Jede Symphonie ist wie eine große Oper, eine Welt, eine lange Geschichte. Man spricht immer über Mahlers Beziehung zu Wagner oder zu Bruckner. Aber für mich ist das Wesentliche seine Verbindung zu Schubert, auch zu den Liedern, zur Kammermusik, zu seiner Innerlichkeit.«

*****

Beruf: Dirigent – eine seltsam ungreifbare, rätselhafte, schwer zu beschreibende Profession, schon eher ein konstitutioneller Habitus, der die ganze Existenz ergreift – jedenfalls immer dann, wenn der Ausübende seine Tätigkeit streng, diszipliniert und kompromisslos wahrnimmt. Dann werden Dirigenten zu Autokraten mit hohem Energieverbrauch, Menschen- und Materialverschleiß, ohne sich dessen schämen zu müssen, ohne es selbst recht zu bemerken, weil das zur Profession dazu gehört. Der Wille zur Macht erscheint in aller Unschuld und darf nicht mit Eitelkeit verwechselt werden. Das Diktat der hohen Sache aus Verkündigung und Erhebung zeigt sich von der menschenfreundlichsten Seite.

Die Herrschaft über nichts Geringeres als die Zeit der Hörer und Bewunderer beginnt indessen mit Handwerk und fände ihr vorzeitiges unrühmliches Ende mit Effekt-Hascherei. Gesten und Mimik, Augen, Ohren und vor allem der Atem sind die Instrumente, um das Körperliche der Musik zum Schwingen, Tanzen, Schweben zu bringen und ins Geistige zu übertragen. Dirigieren ist insofern das Hilfsmittel, um Bewusstsein herzustellen, bei Abbado auf keinen Fall ein dämonisches Ritual aus ungehemmter Emotionalität. Vielmehr vertreibt Nachdenklichkeit jegliches Pathos, ohne die spirituelle Grundqualität von Musik zu vernachlässigen. Abbado weiß genau, dass der Dirigent nichts ist ohne die Anderen, dass seine Macht umstandslos umschlagen kann in völlige Ohnmacht, wenn es ihm als Einzelnem (in manchen Momenten als Einsamem) nicht gelingt, seine eigenen Zweifel an sich selbst zugunsten der Überzeugung von höherer Einsicht durch sorgfältigste Vorbereitung und genaueste Einübung zu überwinden. Und die anderen sind nicht nur die ihm anvertrauten Orchestermitglieder, sondern auch das anonyme, nur schwer fassbare Auditorium. Sie wollen oder brauchen ihn in beiderlei Gestalt: als Schamane und als Handwerksmeister, als Star und Diener, ebenso charismatisch wie handfest als Vermittler und Akkumulator von Kraftströmen. Und keiner weiß besser als Abbado, der Dirigent, dass die Ergebnisse strengster Disziplin und fleißigster Vorbereitung am Ende alles andere als sicher gelten können, schwankend von Tag zu Tag, von Stunde zu Stunde, sogar von Minute zu Minute. Aber solche Fragilität berührt die menschliche Empfindung und öffnet die Tür zur Erkenntnis – weit wirksamer und nachklingender als selbstsicheres Exekutieren stramm geplanter, straff geprobter Lesarten symphonischer Partituren. Vom Scheitern zu wissen, macht auratischer, macht das Glück des Gelingens vollkommener. Musik ist eben nicht nur Spaß auf Erden, sondern kann durch Schmerz und Traurigkeit hellhöriger und empfindsamer empfangen werden. Verletzlichkeit ist keine Schwäche, sondern die Tugend der Wissenden und Suchenden.

*****

Drei Namen – auf höchst unterschiedliche Weise, jedoch gleichermaßen stark – haben Abbado begleitet auf seinem Weg der Erkenntnis über das innere Wesen künstlerischer Prozesse: Andrej Tarkowskij – mit ihm erreichte er eine kongeniale Produktion des *Boris Godunow* in Covent Garden, und ihm fühlte er sich

intuitiv besonders nahe; Rudolf Serkin – von ihm erfuhr er, was es heißt, gemeinsam freundschaftlich zu musizieren, durch ihn lernte er Mozart kennen, sein rigoros uneitler Zugriff, sein vergeistigtes Spiel erfüllten die Maxime seines Lehrers Schönberg, Kunst solle nicht schmücken, sondern wahr sein; und von Anfang an: Luigi Nono, der von heiligem Ernst durchglühte Venezianer.

Luigi Nono hat zum Glück des Dirigenten unübersehbar auf dessen Berufsausübung eingewirkt und Einfluss genommen auf sein Musikdenken. Er war ein großer Freund und Anreger, dem Abbado vertraute und dessen metaphysische Orientierung er nachvollzog und zum Klingen brachte. Von ihm lernte er, der Weg sei das Ziel, auch wenn dieser unsicher, gefährlich, dunkel oder verschlungen sein mag: »No hay camino, hay que caminar« (Nonos Titel für ein Andreij Tarkowskij gewidmetes Orchesterwerk von 1987). »Wanderer, Deine Spuren sind der Weg, sonst nichts; Wanderer, es gibt keinen Weg. Weg entsteht im Gehen. Im Gehen entsteht der Weg, und schaust Du zurück, siehst Du den Pfad, den Du nie mehr betreten kannst. Wanderer, es gibt keinen Weg, nur eine Kielspur im Meer« (aus einem Gedicht von Antonio Machado, angeregt durch eine Inschrift, eingeritzt in die Mauer eines Klosters von Toledo, überliefert durch Luigi Nonos *Caminantes ... Ayacucho* von 1986/87). Nonos Summum Opus *Prometeo* (1984/85), die er eine »tragedia dell'ascolto« nannte, hat Abbado immer wieder in einbrennend hellem Licht mit scharfer Kontur in die Konzertsäle eingeschrieben als exemplarische Nachschöpfung.

* * * * *

Mediterranes Denken ist in Abbados Interpretationen als Grundzug erkennbar – nicht gemeint als sinnenfrohe Auflösung von engen Prinzipien aus strikt kausalen Ableitungen, sondern verstanden als organisch wachsender, überraschende Fusionen einkalkulierender Zusammenklang des Gegensätzlichen aus zahllosen, einander reibenden und durchdringenden kulturellen Überlieferungen. Die Abbadiden waren vor 900 Jahren maurische Krieger in Sevilla. Einer ihrer Nachfahren wanderte aus ins piemontische Alba. Claudios Vater Michelangelo war der friedliebende Patron eines musikerfüllten Elternhauses. Die Mutter trug normannisch-sizilianische Traditionen hinein. Der bewunderte Großvater, im Generationensprung dem Enkel besonders eng vertraut, eignete sich als Archäologe, Ethnologe und Linguist mehrere alte, ausgestorbene Sprachen früher Völker des Mittelmeerraums an, studierte Papyri und alte Schriften – auf der Suche nach den Wurzeln europäischer Kultur.

Solcher Hintergrund ist ein kaum zu überschätzender Quell gedanklicher Inspiration und – wenn auch weitgehend unbewusster – ästhetischer Musterprägung in der Arbeit am musikalischen Erbe, auch in der Entwicklung von Maßstäben für das Neue.

* * * * *

Die Entdeckerlust des Dirigenten ist gleichwertig seiner Freude an akribischer Quellenforschung. Er nimmt sich die Zeit, um den Urschriften nachzugehen, sich detektivisch auf Fehlersuche zu begeben, Schlampereien aufzudecken, unterschiedliche Lesarten, abweichende Drucke zu interpolieren.

Der ersten Phase des Partiturstudiums und der Recherche – verbunden mit kontemplativer Versenkung und literarisch-belletristischer Begleitung – folgt dann die Zeit der Einstudierung in Orchesterproben, der Übung für den Ernstfall des abschließenden Konzerts oder der nachgehenden Tonträgeraufnahme. Für seine Probenarbeit nutzt Abbado intuitiv eine manchmal missverstandene eigenwillige Strategie. Sie basiert auf dem Vertrauen, dass im Konzert unter den spezifischen Bedingungen der konzentrierten Anspannung und der Interaktion mit der Hörerschaft auch das erscheint, erklingt, was in vorangegangenen Exerzitien noch nicht vorhanden war oder zutage trat, nur angedeutet oder angesprochen war in der gemeinsamen Betrachtung des Notentextes. Niemals könnten seine Orchesterproben die quasi religiöse Aura haben wie Celibidaches öffentliche Generalproben, ausladende Rituale mit stundenlangen Pausen. Abbados präsente Arbeitsweise ist hingegen eher technisch-handwerklicher Art. Die Magie des Moments stellt sich ernstlich erst ein, wenn die intern bleibenden Proben abgeschlossen sind und der eigentliche künstlerische Dienst am Publikum im Raum beginnt.

»Was zählt, ist doch die Aufführung. Und da hat der Dirigent nur die Hände und die Augen, um zu kommunizieren. Dann muss sich dieser Magnetismus einstellen, die Spannung, die sich aufs Orchester überträgt … Eine gute Technik vereinfacht die Sache, aber letztlich zählt sie nicht viel.«

Potenziell hält jedes Konzertereignis unerwartete Überraschungen bereit. Im Konzert kann gelingen, was in den Proben unerreichbar schien – aber es kann auch umgekehrt verlaufen: In Proben unter Druck Gelungenes, Erzwungenes, Befohlenes kann im Konzert verdrängt oder schlicht vergessen sein oder durch Ablenkung misslingen. Solche Erkenntnis relativiert die Bedeutung der Proben für das Konzert mit seinen irrationalen Begleitelementen und Imponderabilien. Das Imperfekte einzubeziehen und auf den magischen Augenblick der Begegnung auf höherer Ebene zu setzen, ist zutiefst menschlich. Emotionalität ist nicht unbedingt programmierbar. Das Handwerkliche hingegen ist jederzeit verfügbar. Proportionen, Architektur, Dramaturgie, Linienführung, Balance des Klangs, Mischung der Klangfarben können ohne langatmige Erklärungen, ohne literarische Vergleiche den Spielern vermittelt werden. Notengetreue Verwirklichung des kompositorischen Willens setzt praktisch-nüchterne Verständigung unter den Orchestermusikern voraus; denn zuweilen stecken die Orchesterstimmen voller Fehler aus verfälschenden Überlieferungen früherer Interpreten, Dirigenten wie Spieler. So sieht man Abbado häufig während der Einstudierung mit der Partitur in der Hand auf die Notenpulte zugehen, mit der Spitze des Taktstocks vermutete Irrtümer aufspießend.

Endlich läuft alles Vorhergegangene unaufhaltsam zu auf das Quasi-Hochamt der Musik, hier bündeln sich die angestauten, aufgebauten Energieströme. Hier entscheidet sich in der Vorstellung des Dirigenten, ob die Spannung entstehen kann, sich wieder lösen lässt, das Werk aus dem Kontinuum der Zeit herauswächst und wieder einkehrt in die Unendlichkeit: alles oder nichts, ohne Wenn und Aber, höchste Erfüllung aller mobilisierten Gefühle – das absolut geltende Zentrum musikalischer Substanz.

»In dem Moment, wo man auf dem Podium steht, darf man überhaupt nicht mehr unsicher sein. Man muss ganz sicher sein.« Denn der Dirigent ist der Lotse auf der Fahrt durch Stromschnellen, Untiefen, zerklüftete Ufer – oder er ist ein Hirte auf dem weiten Felde der überraschenden, unverhofften Erscheinungen.

Im Konzert hält Abbado ununterbrochen Augenkontakt zu den Musikern, hellwach und durchdringend; jeglicher Blick in die Partitur wäre hinderlich – sogar im Orchestergraben der Oper, selbst bei Werken der zeitgenössischen Musik. Nur in seltenen Ausnahmefällen und ersichtlich ungern benutzt er die Partitur auf dem Dirigentenpult. Auffällig auch, dass er das Podest, auf dem der Dirigent bei der Arbeit steht, möglichst flach und ohne rückwärtiges Geländer wünscht, um jeden Anschein von Theatralik zu vermeiden. Wer sicher und fest geerdet steht, um sich ganz auf seine Handbewegungen und Augenkontakte zu konzentrieren, kann darauf verzichten. Am liebsten wäre es ihm wohl, wenn auch seine Mitwirkenden, Instrumentalisten wie Sänger, ohne in die Noten zu blicken und zu blättern, musizieren könnten. Um die Rampe nicht zu betonen, platziert Abbado seine Gesangssolisten mit Vorliebe inmitten der vom Orchester erzeugten Klanggebirge, selbst auf die Gefahr der Unterlegenheit hin; denn wichtiger sind ihm Mischungen und Schichtungen, die den Sinn und Wahrheitsgehalt der Werke herausstellen, wichtiger als schön klingende Oberflächen.

Sein Blick in die aus vielen Individuen zusammengesetzte Gemeinschaft der Instrumentalisten enthält die ständige Aufforderung, mit demselben Augenkontakt miteinander zu kommunizieren, untereinander zu reagieren, in Phrasierung und Linienführung aufeinander zu achten und zu hören – um der Durchsichtigkeit willen, aber auch um die Dynamik zu verstärken.

Als behutsamer Sachwalter motiviert der Dirigent die ihm anvertrauten Orchestermitglieder durch Kollegialität in der Profession. Seine Autorität erweist sich in der Sache. Er hat ein natürliches Gespür für die Psychologie eines gemeinsam musizierenden Orchesters. Er lässt wachsen ohne Druck, ohne Hektik. Ohne Zwang vollzieht sich die gemeinsame Annäherung an das Werk, als sollte es zum ersten Male zu hören sein. Die kollektive Anstrengung wächst organisch aus Verantwortung und Überzeugung des Einzelnen.

PACE

Die Gebärdensprache des Dirigenten Abbado, der mit wachem Blick die Verbindung zu den Instrumentalisten hält, zeigt deutlich, wie ernst es ihm ist mit der Wahrheit der Empfindungen. Er ist glaubwürdig, weil er die Musik lebt, weil er sie in sich, nicht vor sich her trägt.

Er dirigiert, als halte er ein sehr zerbrechliches Gefäß in Händen. Das Dirigentenpodest ist eng begrenzter Arbeitsplatz, keine Kanzel, kein Katheder, kein Kommandostand. Hier soll nichts in Szene gesetzt werden, nicht die Täuschung erzeugt werden, als begänne erst hier die Existenz der Musik. Eher soll das Publikum assoziieren, die Musik sei immer schon da und werde am Ende des Konzerts weiterklingen. So beginnt Abbado seine Konzerte: Er zaubert aus dem Frackärmel ein kleines Stäbchen – ganz absichtslos, wie von ungefähr einschwingend, als wollte er die Musik aus der imaginierten Unendlichkeit hereinholen. Dann aber – ohne nachgiebige Konzessionen – steuert er zielstrebig aus Intuition und Kenntnis die Knotenpunkte an, wo die Elemente der kompositorischen Erfindung und Form kulminieren, wo sich schließlich das Unerhörte ereignet, wo der Fluss der Musik unverhofft anhält, sich das Fenster öffnet, die Kühnheiten des musikalischen Prozesses aufscheinen und der Blick oder das Ohr sich weitet. Und am Schluss, der keiner sein soll, tritt kein Priester oder Triumphator von der Bühne ab, sondern ein Diener und Vermittler, der die Erschöpfung nicht verbirgt, wenn er sich verausgabt hat.

Natürlich ist es das Ziel dirigentischer Kunst, die Gemeinschaft der Einzelnen, Musiker wie Hörer, zu einem kollektiven Erleben zusammenzuzwingen, sie zu höchster Aufmerksamkeit und Anspannung zu führen, sie das Alltägliche übersteigen zu lassen, sie zum Träumen oder zum Erschrecken zu bringen, ihnen die Ohren zu öffnen für Schönheit und Wahrheit, die tönend in ihr Inneres dringen soll. Menschenfreundliche Musikübung verschließt sich nicht hermetisch, sondern öffnet sich weit, den großen Gefühlen nichts schuldig bleibend, Ergriffenheit nicht vorenthaltend.

* * * * *

»Der Vortrag in der Musik stammt aus jenen freien Höhen, aus welchen die Tonkunst selbst herabstieg. Wo ihr droht, irdisch zu werden, hat er [der Interpret] sie zu heben und ihr zu ihrem ursprünglichen schwebenden Zustand zu verhelfen ... Der Vortragende hat die Starrheit der Zeichen wieder aufzulösen und in Bewegung zu bringen ... Musik ist ein Teil des schwingenden Weltalls ... Das musikalische Kunstwerk steht vor seinem Ertönen und, nachdem es vorübergeklungen ist, ganz und unversehrt da. Es ist zugleich in und außer der Zeit, und sein Wesen ist es, das uns eine greifbare Vorstellung des sonst unbegreifbaren Begriffs von der Idealität der Zeit geben kann«, schrieb Ferruccio Busoni, ein anderer »italienischer Preuße« in Berlin zu Beginn des 20. Jahrhunderts.

Musik ist die Kunst der Zeit, des Augenblicks, des Wimpernschlags, des Werdens und Vergehens, der Geburt und des Todes, des Aufglühens und Verlöschens. Der Klang kommt aus der Stille. Zu-Hören gilt Abbado als höchste Tugend; gepaart mit der Geduld der Wahrnehmung ist ihm das Zu-Hören Voraussetzung des Musik-Erlebens. Hören, was Worte nicht sagen oder erklären können – Hören, was die innere Stimme aus der Weite und Tiefe des Unterbewusstseins herbeiruft – Hören mit dem dritten Ohr ...

»Ascolta« lautet Nonos Botschaft und Aufforderung zur Humanität; für den durchdringenden Schrei verwendet er die extrem gesteigerte Form des vierfachen Pianissimo. So auch Abbado: Ihm ist das Pianissimo, fahl oder farbenreich, außerordentlich wichtig als Übergang in die Stille, als höchste Erfüllung seiner musikalischen Vorstellung. »Nono wollte wieder die Bedeutung jedes einzelnen Tons klar machen, wollte der Pause, der Stille zwischen zwei Tönen ihren Wert zurückgeben. Das gibt es schon bei Schubert. Auch bei Mahler hat die Stille oft mehr Gewicht als der Klang davor. Stille hilft, Gedanken zu vertiefen.«

Abbado ist – das mag seltsam klingen – ein Meister der Pausen in der Musik. Pausen sollen erfüllte, gespannte, expandierende, aufgeladene Zeit sein. Ohne gestaltete Stille ist Musik nicht lebendig. Kosmisches Schweigen berührt sich in der Imagination mit dem tönenden Universum. In Pausen überlagern sich Unendlichkeit und Erdzeit. In den Partituren sind die Pausenzeichen die Anti-Noten in unzähligen Arten der Ausführung; sie wollen mit aller Genauigkeit und Delikatesse behandelt sein. Akustisch ist die Pause kein Nichts, sondern Raum für Nachhall, Hinterherlauschen, Verströmen in Freiheit oder strikte Lautlosigkeit, Freiraum für das Atemholen, für das Aufladen neuer Energien, Zwischenraum für empfundene Lebenszeit, Balance am Abgrund, Nachbarschaft zum Absturz. Die Pause macht Musik in diesem Sinne existenziell. »Stille wahren zu können, bedeutet besonders intensiv zugehört zu haben.«

Hören und Denken, Zu-Hören und Nach-Denken gehen eine erhellende Verbindung ein. Zwischen Intellekt und Emotion, Kalkül und Empfindung, Phantasie und Rationalität hält Abbado ein sensibles Gleichgewicht. Wenn er musiziert, kann es keine Nebensächlichkeiten geben. Innerhalb des großen Ganzen, über dem sich der architektonisch gedachte Bogen der Form wölbt, entscheiden die Nuancen, die Feinheiten des Details über den geistigen Rang. Ausgeprägt ist sein Sinn für Proportionen, die das Kunstwerk musikalischer Wiedergabe über mitunter zeitlich weit gedehnte Wegstrecken zusammenbinden. Intensität stellt sich ein ohne Überwältigung. Es mag mediterranes Erbe sein, wenn ihn die Ökonomie der eingesetzten stilistischen Mittel vor Sentimentalität, wie zum Beispiel vor falschen Rubati, schützt. Gefühl ist kontrolliert durch Intelligenz. Aufgeraut und vehement, schlank und sehnig soll der Klang sein, um wahrhaftig zu sein. Human ist Schönheit, wenn nichts beschönigt ist, sondern ihre Gefährdung gleichzeitig beherzigt wird.

Die selbst von kritisch eingestellten Rezensenten gerühmte »selbstverständliche, selbstbewusste Leichtigkeit, die zu beinahe unwirklichen Ergebnissen führt« (Eleonore Büning), ist erkämpft mit der krisenhaften Exponierung des eigenen Ichs, sich jedem Selbstzweifel aussetzend. Selbstkritisch und ernst nimmt Abbado die sich stellenden Herausforderungen an, macht es sich schwer, um höchsten Ansprüchen gerecht zu werden, nie zufrieden mit dem Erreichten. Das mag anstrengend sein für seine Umgebung, führt aber zu den schönsten, glücklichsten Resultaten. Unsicherheit und Ungewissheit, Unvorhersehbarkeit vor dem Konzert sind möglicherweise ausgezeichnete Bedingungen, um ergreifende Wirkungen im Konzert selbst zu erzielen. Die Spontaneität des erfüllten Augenblicks erwächst aus kritischer Vernunft.

*****

Es ist bemerkenswert, wie sich alle großen Dirigenten in Abständen an Beethoven reiben und abarbeiten.

Seine Musik scheint der erratische Prüfstein zu sein. Beethoven-Zyklen enzyklopädischen Ausmaßes und Anspruchs wiederholen sich in regelmäßigen Abständen – so auch in Abbados Entwicklungsgang und vor dem nahenden Ende seiner Berliner Zeit mit den Philharmonikern. Noch einmal war der Blickwinkel verändert, manches umgedeutet worden, um bislang Verborgenes oder Vernachlässigtes zu entziffern. »Transzendenz ist ihm nichts, was entfleucht, Transzendenz meint höchste Klarheit, Deutlichkeit, ja Durchsichtigkeit. Musik ist für Menschen, nicht für Götter. Also hat sie schön zu sein ... Es ist dieser Schönheitsanspruch, diese Gelassenheit wider jede eigene Betroffenheit, die Abbados brillante, in der Tongebung mitunter gar sportlich ehrgeizige Berliner Lesart von anderen, früheren unterscheidet.« (Christine Lemke-Matwey)

Abbados Sicht auf Beethoven öffnet sich Einflüssen sowohl von Nonos metaphysischer, hellsichtiger und unerbittlicher Schärfe als auch aus der Aufführungspraxis von alter Musik. Die aufgewandte Mühe ist noch hörbar, ebenso der starke Wille, schonungslos aufzudecken, was sich vielleicht hinter einem klassizistischen Kanon verbergen könnte. Er identifiziert sich hingebungsvoll mit den Widersprüchen und Schrecken, die in der Form gebändigt sind, und verzichtet nicht auf die Erfahrungen der Gewalt, die andere Interpreten musikantisch umgehen mögen. Die eigenen existenziellen Zweifel haben Einfluss auf die Deutung musikalischen Geschehens. »Abbado und seine Berliner Philharmoniker aber ecken an, wollen anecken, sie wollen die Macht des Affirmativen ein für alle Mal demaskieren, sie wollen dem Missbrauch Beethovens für diese Affirmation ein Ende setzen.« (Reinhard J. Brembeck)

* * * * *

Abbado und das Musiktheater – eine wegweisende, höchst zeitgemäße Affinität. Die konzertanten Opernaufführungen in der Philharmonie waren für viele Liebhaber wahre Entdeckungen, weil musikalische Struktur nicht durch szenische Ablenkungen verstellt oder verunklart wurde. Sie waren gleichzeitig höchste Qualität sichernde Vorbereitungen für die szenische Realisierung in Salzburg – wie schon zuvor in der Ära Karajan. Aufschlussreich waren dann die Möglichkeiten des Vergleichs. Weil Abbado eine entschiedene Abneigung hat gegenüber Lärm, Phrasen, Formeln, verbalen oder szenischen Verkürzungen, weil er sich vor Prätention und Plattitüden fürchtet, interessieren ihn die großen, schwierigen, komplexen Werke der Operngeschichte: *Boris Godunow*, *Simon Boccanegra*, *Falstaff*, *Don Giovanni*, *Fierrabras*, *Chowanschtschina*, *Aus einem Totenhaus*, *Wozzeck* ... »Letztlich interessieren mich nur Werke, die sich nicht sofort erschließen.«

Und deshalb sucht und pflegt er die Nähe zu Regisseuren des aktuellen Sprechtheaters: Giorgio Strehler, Antoine Vitez, Luca Ronconi, Ruth Berghaus, Luc Bondy, Klaus Michael Grüber, Adolf Dresen, Peter Stein, Peter Brook – sowie zu Andrej Tarkowskij, dem genialen Filmregisseur, mit dem ihn eine geistige Übereinstimmung und persönliche Zuneigung besonders eng verband. Von ihrer Intelligenz, ihrem analytischen Esprit, fernab opernhafter Routine, lässt sich Abbado auch für die musikalische Textur inspirieren. Den Einstudierungen, für die er sich viel Zeit nimmt, die er von Anfang an aktiv begleitet, geht das intensive Quellenstudium, die minutiöse Kontrolle überlieferter Fassungen voraus.

* * * * *

Abbado und Berlin – eine besondere Beziehung, von starker Zuneigung und Anziehungskraft geprägt, die sich im Laufe der Zeit in zahlreichen regelmäßig wiederkehrenden Begegnungen mit der Stadt und ihrer spezifischen kulturellen Atmosphäre immer mehr vertieft hat. Die Ära Abbado in Berlin wurde erst dadurch möglich, dass er präsent und sesshaft wurde – in einer bislang in der Philharmonie ungewohnten Dichte und Effizienz. Der Vorgänger Herbert von Karajan hat in vierzig Jahren nie eine Berliner Privatwohnung besessen; sein Flugzeug parkte in Tempelhof zur raschen Rückkehr in heimatliche Gefilde. Und von »Karriere« wollte Abbado nie etwas wissen oder hören; schon das Wort bereitet ihm Unbehagen. Er hat Berlin wirklich als eine Berufung im höheren Sinne empfunden; das war mehr als das Ergebnis einer Wahlprozedur oder von Vertragsverhandlungen, etwas anderes als die Übertragung eines öffentlichen Amtes. Er beanspruchte mehr zu sein als nur Chefdirigent; als Künstlerischer Leiter hat er sich gesehen und dementsprechend seine Aufgabe umfassend wahrgenommen.

Was als konsequente Destination erscheint, hat eine frühe Wurzel. Die Saat zur späteren Blüte war weit im Voraus gelegt. Der beruflich-biografische Sprung in die Musikwelt lässt sich durchaus mit den beiden Berliner Debüts in den Jahren 1963 und 1964 in Verbindung bringen – abgesehen von den sowohl musikalisch wie geistig-kulturell prägenden Wiener Jahren bei Hans Swarowsky, dem Webern-Schüler, und als Hörer (und Chorsänger) im Musikverein wie in der Staatsoper. Gewiss war es der Erfolg des 25-jährigen Aufsteigers in Tanglewood, der daraufhin zum Engagement beim Radio-Symphonie-Orchester Berlin führte. Für »Entdeckungen« junger Talente im Konzertleben war das RSO (wie heute das Deutsche Symphonie-Orchester immer noch) als zweites, als »anderes« Orchester der Musikstadt Berlin zuständig. Der erste Berliner Auftritt Abbados fand am 27. Oktober 1963 im Sendesaal statt – gemeinsam mit Maurizio Pollini in Beethovens Drittem Klavierkonzert. Schicksalhaft war die zweite Berliner Begegnung, datiert am 18. August 1964; denn sie löste die Einladung seitens Karajans aus, ein Konzert der Wiener Philharmoniker bei den Salzburger Festspielen zu dirigieren (auf Wunsch Abbados wurde es keine geringere, weniger tollkühne Aufgabe als die Interpretation von Mahlers Zweiter Symphonie). Das war eine entscheidende Weichenstellung, und sie ging von Berlin aus. Der Mitropoulos-Wettbewerb in New York beschleunigte noch zusätzlich den internationalen Durchbruch und Aufstieg.

In Abständen folgten Gastdirigate beim Berliner Philharmonischen Orchester; indessen wurden ab 1974 regelmäßige Einladungen zu den herbstlichen Berliner Festwochen eine weitere wichtige Basis für die spätere Berufung zum Nachfolger des 1988 (nach einer bewegenden letzten Aufführung von Verdis *Requiem* bei den 38. Berliner Festwochen, an denen er 38 Jahre teilgenommen hatte) zurückgetretenen und wenig später verstorbenen Herbert von Karajan, der vom Orchester auf Lebenszeit gewählt war. Über die folgenden Jahre hatten Orchester, Musikkritiker, das musikbesessene Berliner Publikum und Abbado reichliche Gelegenheiten, einander kennen und verstehen zu lernen – anhand unterschiedlicher Programme mit verschiedenen Orchestern.

Allmählich und mit stetig wachsender Neugier eroberte Claudio Abbado die Stadt für sich, spürte er ihr unbequemes, zur Auseinandersetzung herausforderndes geistiges Klima. Für seine weit gespannten Interessen fand er die richtigen Angebote. Er besuchte, wenn er da war, Theater, Galerien und

Museen in West- und Ost-Berlin. Ihn faszinierte unter anderem die weltweit einzigartige Papyrus-Sammlung des Ägyptischen Museums im damaligen Bode-Museum am Kupfergraben, in deren Kabinetten er die Objekte der Begierde und Liebe seines vergötterten Großvaters wiederfand.

An Berlin schätzte Abbado die Nähe zu Schauspielern, Regisseuren, Schriftstellern, die kreative Szene der bildenden Kunst und neuen Medien, den offenen Umgang mit benachbarten Museen und Ausstellungshäusern. Philharmonie und Nationalgalerie bildeten für ihn eine Brücke gemeinsamer künstlerischer und kulturpolitischer Ziele im Dienste von Erneuerung und Erweiterung. Die sorgfältig geplanten und durchdachten Berliner Zyklen sind wegweisende Initiativen interdisziplinärer Programm-Dramaturgie.

Die Intensivierung der Berlin-Kontakte geht zurück auf das Jahr 1974, als Abbado am 7. September mit den Berliner Philharmonikern das Eröffnungskonzert der dem Werk Arnold Schönbergs gewidmeten 24. Berliner Festwochen gestaltete und im selben Monat auch noch die Wiener Philharmoniker in die Stadt führte, mit denen er in der Folgezeit mehrfach zu Gast war. Die drei wahlverwandten italienischen Musiker Abbado, Nono und Pollini vereinte zu den Berliner Festwochen des Jahres 1978 die Aufführung von *Como una ola de fuerza y luz*. Mit dem London Symphony Orchestra kam Abbado zum Strawinsky-Zyklus 1980 und zum Gustav-Mahler-Fest 1982 nach Berlin. Am 14. August 1985 ereignete sich etwas Außergewöhnliches, Ungewohntes, Erstmaliges in solcher Dimension und solchem Anspruch: Vor mehr als 20 000 Hörern erklang in der Berliner Waldbühne Gustav Mahlers Zweite Symphonie mit dem European Community Youth Orchestra, dem Wiener Jeunesse Chor und den Solistinnen Christa Ludwig und Karita Mattila – nicht weniger spektakulär dann drei Jahre später am selben Ort Mahlers Dritte, nunmehr mit beiden großen europäischen Jugendorchestern, dem European Community Youth Orchestra und – zum ersten Male in Berlin und durchaus damals auch ein Politikum – dem Gustav Mahler Jugendorchester sowie Jessye Norman. Es folgte dann noch eine Aufführung der *Gurre-Lieder* von Schönberg in der Philharmonie. Ebenfalls im Jahre 1988 begann auf beharrliche Anregung Abbados hin die Residenz des Chamber Orchestra of Europe im soeben eröffneten Kammermusiksaal der Berliner Philharmonie. Als dann noch das von Abbado geleitete Konzert der Berliner Philharmoniker zur Eröffnung der Berliner Festwochen 1989 mit der Dritten Symphonie von Johannes Brahms zu einem – auch aus Sicht des Orchesters – ganz außergewöhnlichen Erfolg geriet, hatte sich eine derart akkumulierte Intensität künstlerischer Präsenz und Begegnung eingestellt, dass die einen Monat später abgehaltene geheime und mit allseits großer Spannung verfolgte Wahl in der Orchesterrepublik Philharmonie wie ein durchaus logisches und konsequentes Ergebnis wirkte.

»Meine so genannte Karriere war immer eine Entdeckungsreise.« Die stetig sich entfaltende, schrittweise neue Etappen einer konsequenten Wegführung erreichende Künstlerlaufbahn führte Abbado fast zwangsläufig nach Berlin in die Philharmonie. Hier erreichte er eine unerhörte Höhe – durch disziplinierte Arbeit und vorbildliche Präsenz, die im heutigen Musikbetrieb selten geworden ist. In seiner Amtszeit vollzog sich der Generationswechsel innerhalb des Orchesters. Weit mehr als die Hälfte der heutigen – sämtlich hoch qualifizierten – Mitglieder wurde neu berufen. Mit besonderer Sorgfalt widmete er sich der Auswahl von Musikern für solistische Positionen, vor allem an den Pulten der Konzertmeister (unter anderem gewann er Rainer Kussmaul und Kolja Blacher). Er bewirkte eine bewunderte Verjüngung und Neuorientierung der Philharmoniker in Richtung größerer Variabilität und Diversifizierung des Orchesterklangs. Gemeinsames Ziel war es, einem stromlinienförmig geglätteten Einheitssound zu entgehen und stattdessen unterschiedliches Repertoire mit jeweils angepasstem Klang realisieren zu können, ob barock, klassisch, romantisch oder avantgardistisch. Abbado konnte seinem Nachfolger Sir Simon Rattle eine hoch motivierte, technisch und interpretatorisch erstrangige Gemeinschaft auch solistisch profilierter Musikerinnen und Musiker übergeben.

»Machtbesessen war Abbado jedenfalls nicht, er hat einen antiautoritären, demokratisch kollegialen Umgang mit dem Orchester gepflegt. Abbado dehnte das Repertoire: Mahler, Janáček, Wiener Schule: Schönberg-Berg-Webern, Nono, Ligeti, Kurtág, Stockhausen, Rihm, Furrer. Und er liebte Themenprogramme – Faust, Hölderlin, Shakespeare, Prometheus. Zudem führte er die Philharmoniker zu unkonventionellem Musiktheater. Abbados Innovationen gelangen nicht konfliktlos ... Im Ganzen aber war die Ära Abbado ein Glücksfall, erwies er sich als der unter den Pultstars seiner Generation weitaus aufgeschlossenste. Natürlich haben sich Spielweise und Klang des Orchesters gewandelt ... hin zum helleren, leichteren, flexibleren, gelegentlich auch schärferen, dynamisch noch weiter gefächerten Agieren ... und oft konnte man hören, dass sein musikalisches Weltbild von der Moderne, nicht zuletzt von Nono, geprägt ist, immer mehr auch von deren Fragestellungen: Wie leise kann Musik sein, welche Rolle spielen Einzelton wie Pause, was sagt eine Partitur heute? Was bringen analytisches Bewusstsein und ›historische‹ Aufführungspraxis für Bach wie Beethoven? Die Ergebnisse frappierten.« (Gerhard R. Koch)

Als Claudio Abbado im Jahre 1963 zum ersten Male nach Berlin kam und das (aus Ferenc Fricsays RIAS-Symphonie-Orchester hervorgegangene) Radio-Symphonie-Orchester dirigierte, war West-Berlin eine ummauerte Insel geworden – die Grenze zu den Westsektoren hatte die DDR-Führung am 15. August 1961 betoniert. Erst seit dem 17. Dezember 1963 ermöglichte ein deutsch-deutsches Passierscheinabkommen West-Berlinern den Besuch im Ostteil der Stadt. Die von Hans Scharoun im Zusammenwirken mit Herbert von Karajan erdachte und erbaute Philharmonie am Rande des Tiergartens, im harten Kontrast zur grauen Mauer von einer goldfarbenen Hülle ummantelt, wurde am 15. Oktober 1963 mit der Legende gewordenen Rede Adolf Arndts eröffnet. Christa Wolf schrieb ihren Roman *Der geteilte Himmel*.

Abbado konnte nicht ahnen, dass dieses Haus eine Generation später der Ort seiner Erfolge im Zenit einer Laufbahn werden sollte und die Stadt genau an dieser Stelle ihre neue ungeteilte Mitte wiederfinden würde. Seine Berufung fiel zusammen mit dem Beginn einer Epoche. An Zufall mag man nicht glauben, eher schon an weise Fügung; denn der historisch verwandelte Ort deckt sich mit den künstlerischen Intentionen in einem neuen Kapitel der Lebensgeschichte Abbados. Hier fand der Dirigent die erstrebte Offenheit für Gegenwart und Zukunft in geschichtsträchtiger Inspiration und im politischen Kontext. Hier war der zutreffende Platz für einen nachdenklichen und den Zeitläufen nachspürenden Musiker. Hier wurde er angeregt durch harte Realität ebenso wie durch die Synthese west-östlichen dialogischen Denkens.

»Die alten Ideale, das ethische und idealistische Engagement aus seiner Mailänder Zeit flammten wieder auf, noch einmal schien es, als sollte sich die

Kunst brüderlich in die Politik mischen dürfen und dabei helfen, festgefahrene Haltungen zu überprüfen ... Erste Konzertprojekte setzten diesen erweiterten Kulturbegriff tatkräftig um. Man nahm sich die großen mythischen Themen vor und musizierte einmal rund um Menschwerdung und Aufklärung: mit ›Prometheus‹ 1991, ›Hölderlin‹ 1992 und ›Antike‹ 1993. Film, Theater, Kunst und Literatur wurden interdisziplinär mit in die philharmonischen Programmzyklen einbezogen, Jugendprogramme geplant, Unbekanntes mit Vertrautem verknüpft und alte Musik neben neue Werke gestellt, um die Rituale des Konzertbetriebes aufzubrechen.« (Eleonore Büning)

»Auf die Frage, welches Publikum ihm denn das liebste sei, das Mailänder, Wiener, Londoner oder Berliner, zögert er, meint dann aber: Womöglich gebe es doch ein Kriterium künstlerischer Aufnahmefähigkeit – die Pause zwischen dem Ende von Mahlers Neunter und dem Einsetzen des Applauses. In Berlin sei die Zäsur deutlich länger gewesen. Ein sublim-emphatischeres Bekenntnis zur Musikstadt Berlin kann man sich schwerlich vorstellen.« (Gerhard R. Koch)

Berlin war der richtige Ort für ein neues Kapitel, das nun abgeschlossen ist, war die richtige Entscheidung aus innerer Notwendigkeit und zudem zeitgleich mit einem außergewöhnlichen, unerwarteten geschichtlichen Umbruch. Berlin war der Prüfstein, die Zerreißprobe; denn die Stadt hält Strenge, Vielstimmigkeit, intellektuelle Härte, sinnliche Vielfalt und vielfache Grenzüberschreitungen für diejenigen bereit, die das aushalten wollen und können.

Berlin war Abbados utopischer Ort, wo er als Wanderer seine Erkundungen fortsetzen konnte, inspiriert von den unruhigen Veränderungen rings um die Philharmonie, die unerwartet vom Rand in die Mitte rückte. Als er gewählt wurde in geheimer Abstimmung, war rundherum nur Brachland im Schatten der Mauer.

Das Pathos der Nüchternheit, die Zuwendung aus Distanz und die Lust auf das Neue kennzeichnen Berlin und entsprechen dem Wesen beider Musiker, die aus Italien in die Stadt kamen, um ihren Anteil zu nehmen am Werden der Menschenwerkstatt: Busoni am Beginn, Abbado am Ausgang des 20. Jahrhunderts. Wie Abbado in der Gegenwart, entwickelte Busoni in den zwanziger Jahren maßstabsetzende innovative Konzertprogramme für das Berliner Philharmonische Orchester.

* * * * *

Claudio Abbado formuliert als Zeitgenosse sein kulturpolitisches Credo so: »Die freie Entfaltung der schönen Künste ist nicht ein luxuriöses Resultat von gesellschaftlichem Reichtum, sondern umgekehrt: Die Kultiviertheit schafft erst den Reichtum.«

Musik ist nicht voraussetzungslos; sie lebt wie jede Kunst in der Geschichtlichkeit und in gesellschaftlichen Zusammenhängen. Claudio Abbado flieht nicht aus der unwirtlichen Gegenwart. Vielmehr ist er sich der Notwendigkeit bewusst, Musik zu aktualisieren, sich für die Zeit und ihre Nöte zu engagieren, als Künstler Zeichen der Humanität zu setzen. Er nutzt seine Fähigkeiten zur Beobachtung und Bearbeitung von Fragen, die auf den Nägeln brennen. Seine Neugier und Sensibilität halten ihn wach.

Weil er für das Neue aufgeschlossen ist, interessieren ihn die Grenzübergänge zwischen den Kunstsparten. Er empfängt und vermittelt Anregungen aus Literatur, Film, Architektur, bildender Kunst, Video und

Theater. Unermüdlich erfindet und entwickelt er Anregungen und Initiativen (wie das Festival »Wien Modern« oder die aus den großen Jugendorchestern hervorgegangenen Kammerensembles). Er lockt und überredet die Trägen zu neuen Taten. Er will die besten Köpfe um sich haben und sie zu weiteren Herausforderungen verleiten.

Für ihn ist kaum vorstellbar, dass Musik der Vergangenheit und Musik der Gegenwart voneinander zu trennen wären. Wer dem zeitgenössischen Komponieren gegenüber gleichgültig eingestellt ist, kann das Tradierte nicht richtig verstehen und interpretieren. Neue Musik ist die Probe auf das Elementare des Klangs. Er ist überzeugt, dass Musik der Vergangenheit nur durch diejenigen Musiker richtig wiedergegeben werden kann, denen die Musik der eigenen Zeit als Ausdruck historischer Bedingungen wichtig ist. Deshalb fördert Abbado nicht nur Komponisten durch Aufträge, sondern ebnet auch dem interpretatorischen Nachwuchs die Wege. Seit seiner kammermusikalischen Lehrtätigkeit in Parma, seit seiner Begegnung mit Jugendorchestern in Aberdeen widmet er sich beharrlich und lustvoll seinen Schützlingen – in der Vergangenheit dem damaligen European Community Youth Orchestra sowie dem Chamber Orchestra of Europe, derzeit besonders intensiv dem Gustav Mahler Jugendorchester und dem Mahler Chamber Orchestra. Wenn er mit ihnen arbeitet, zeigen sich noch ganz andere Qualitäten des Dirigenten, die über das streng professionalisierte Zusammenwirken mit den Berliner Philharmonikern hinausgehen. Auf Beobachter wirkt Abbados Leidenschaft für junge Musiker wie ein Jungbrunnen für ihn selbst. Er gewinnt daraus neue Kräfte und Energien.

* * * * *

Jetzt hat er sich zu einer frühzeitig angekündigten Zäsur entschlossen und sich von den auch vorhandenen Zwängen eines Künstlerischen Leiters und Chefdirigenten befreit. Neues wächst aus dem Alten: Philharmonische Erfahrungen verbinden sich mit jugendlichem Elan in der Neugründung eines Festspielorchesters für Luzern. Das Leben geht weiter. Nicht schließt sich ein Kreis, vielmehr entsteht ein weiterer aus dem vorangegangenen – wie in einer organisch wachsenden Spirale – im Vertrauen auf die Kraft stetiger Erneuerung menschlicher Existenz. Noch einmal Ferruccio Busoni: »Jeder Tag beginnt anders als der vorige und doch immer mit einer Morgenröte.«

Lidia Bramani

Die neue Scala

Insgesamt 18 Jahre – von 1968 bis 1986 – hat Claudio Abbado das traditionsreiche Opernhaus seiner Heimatstadt Mailand als Musikalischer Leiter künstlerisch geprägt. Er setzte seine weit gespannten geistigen und kulturellen Interessen dafür ein, die ehrwürdige Institution zu reformieren und auf die aktuellen Anforderungen der Gegenwart einzustimmen. Seine Amtszeit war für die Weiterentwicklung des Hauses von großer Bedeutung; denn er erneuerte das Repertoire und öffnete einem breiteren Publikum den Zugang. Tendenzen der Demokratisierung erfassten ein eher konservativ orientiertes Opernhaus.

Bisher selten aufgeführte Schlüsselwerke des 20. Jahrhunderts wurden in den Spielplan aufgenommen (*Wozzeck* und *Lulu* von Berg, *The Rake's Progress* und *Oedipus Rex* von Strawinsky, *Moses und Aron* sowie *Erwartung* von Schönberg, *Der wunderbare Mandarin* von Bartók). Alljährlich kamen zeitgenössische Novitäten – teilweise als Uraufführungen – hinzu (*Das verlorene Paradies* von Penderecki, *Donnerstag, Samstag* und *Montag* aus *Licht* von Stockhausen, *La vera storia* von Berio, *Al gran sole carico d'amore* und *Prometeo* von Nono, *Nottetempo* von Bussotti).

Von der Wiener Schule bis zur Gegenwart reichten auch die Konzertprogramme. Konventionen wurden durchbrochen. Mit Weitsicht und ohne Scheu vor Widerständen wurde der Kampf gegen Vorurteile geführt. Konzerte wurden in Fabrikhallen verlegt und der Versuch unternommen, das Publikum aus seiner Passivität herauszuholen und aktiv zu beteiligen durch Gespräche und Begleitveranstaltungen. Bislang selten gehörte Kompositionen – etwa Werke der Wiener Schule, von Prokofjew, Skrjabin, Hindemith oder Britten – tauchten in den Konzerten auf. Allmählich gelang es, das Publikum zu überzeugen und an neue Hörerfahrungen heranzuführen.

Abbado konnte gleichzeitig die Qualität des traditionellen Repertoires durch sorgfältige Probenarbeit steigern. Ausgehend von einer kenntnisreichen musikhistorischen und -theoretischen Analyse wurden die bekannten Werke des Musiktheaters neu und konsequent interpretiert und aus heutiger Sicht gedeutet. Weniger bekannte, verschollene oder zu Unrecht vergessene Opern – wie etwa *Viaggio a Reims* von Rossini – erfuhren durch Abbado eine liebevolle Pflege und Präsentation. Es gelangen Musteraufführungen, die das Repertoire des Musiktheaters nachhaltig bereicherten.

Diesem wichtigen Ziel diente auch die Berufung renommierter Regisseure des Schauspiels für Operninszenierungen – unter anderen Strehler, Ponnelle, Chéreau, Ljubimov und Ronconi. Es wuchs die Bedeutung der Regie, der szenischen und visuellen Realisierung, weil das Publikum anspruchsvoller geworden war und auch den geistigen Gehalt eines Werkes erfahren wollte. Die Oper ist ein Gesamtkunstwerk, an dem jetzt ganz bewusst die besten Vertreter verschiedener künstlerischer Disziplinen beteiligt werden sollten. Auf diese Weise erneuerte Abbado mit wachsender Resonanz eine alte Hochburg der Operngeschichte.

Sänger, Dirigenten, Regisseure und Bühnenbildner von Rang und Namen wirkten oder gastierten an der Mailänder Scala und suchten die Zusammenarbeit mit Abbado. Die Qualität des Scala-Orchesters wurde erhöht durch gezielte Berufungen und energische Probenphasen. Auch die Kammermusik und Solorecitals hielten Einzug in die Spielpläne des Hauses, um Musikkultur als Ganzes begreifbar zu machen. Die Scala begann Kooperationen und Austausch mit anderen internationalen Opernhäusern. So kam es ab 1975 zu einem so herausragenden Projekt wie dem mehrjährigen Zyklus mit Werken von Alban Berg gemeinsam mit der Pariser Opéra, begleitet von einer Ausstellung.

Es waren intensive Jahre musikalischer wie szenischer Interpretationen auf höchstem Niveau. Erschwingliche Eintrittspreise, sorgfältig überlegte Dramaturgie, instruktive Programme von hohem Informationswert, die Zusammenhänge herstellten und kulturelles Wissen vertieften, begleitende Aktivitäten wie Vorträge, Diskussionen und Künstlergespräche, Förderung junger Künstler, Debüts und Wettbewerbe, Aufführungen in Schulen und Konservatorien – all das verschaffte Claudio Abbados Konzeption den notwendigen Widerhall, die erwartete Akzeptanz. Das kulturelle Leben der Stadt Mailand, der Region und ganz Italiens profitierte von dieser Aufbruchsstimmung.

Die erste frühe Berührung des jungen Abbado mit der alten Scala lag in der Kindheit, die erste Opernarbeit in diesem Haus vollzog sich im März 1966, als er – nach einem Konzertdebüt schon im Jahre 1960 – *I Capuleti ed i Montecchi* von Vincenzo Bellini dirigierte und 1967 *Lucia di Lammermoor* von Gaetano Donizetti.

Die erste Begegnung mit Verdi war *Don Carlos* als Eröffnung der Spielzeit 1968/69; Abbado hatte die Oper bereits in der Regie von Visconti in Covent Garden London herausgebracht. Dieses Spätwerk stellt hinsichtlich der ausgefeilten Orchesterbehandlung und der theatralischen Dramatik besonders hohe Anforderungen an die Interpreten. Nicht die populären und bekannten Opern, sondern die »Sorgenkinder« des eminenten Musikdramatikers – wie auch *Simon Boccanegra* oder *Macbeth* – inspirierten den Dirigenten Abbado zu seinen bemerkenswerten, maßstabsetzenden Interpretationen. Mit *Don Carlos* beschritt er einen neuen Weg: Er nahm die Virtuosität der Stimmen zurück, um die Kohärenz und Einheit von Stimmen und Orchesterklang zu unterstreichen und damit den Intentionen Verdis getreulich zu folgen. Der im Stück thematisierte Gegensatz zwischen öffentlicher Stellung und persönlicher Neigung prägte die Inszenierung, die Verdis szenische Anweisungen ernst nahm und dem musikalischen Duktus einfügte.

Diese interpretatorische Linie setzte sich fort: *König Oedipus* von Sophokles mit Musik von Gabrieli wurde an einem Abend kombiniert mit *Oedipus Rex* von Strawinsky; *Wozzeck* von Berg erschien im Bühnenbild von Swoboda. Schon einmal war *Wozzeck* gezeigt worden – in einer skandalumwitterten musikalischen Wiedergabe durch Mitropoulos im Juni 1952. Abbado knüpfte bewusst an diese Überlieferung an, um dieses als schwierig für das Publikum geltende Werk erneut zur Diskussion zu stellen; denn es steht wie wenige andere für Fragen und Nöte des 20. Jahrhunderts.

Mit Verdis *Simon Boccanegra* in der Regie von Strehler wurde die Spielzeit 1971/72 eröffnet. Diese Inszenierung, die noch mehr als zehn Jahre später in Wien von Abbado musikalisch betreut wurde, war eine der erfolgreichsten und schönsten Arbeiten Strehlers und gastierte in London, Paris, Moskau, Washington und Wien. Sie kam einer Wiederentdeckung gleich und hat die Weiterentwicklung des Musiktheaters wesentlich beeinflusst. In Abbados Interpretation kam dem Chor eine tragende Rolle zu, wodurch die dramatische Kraft in einer Weise verstärkt wurde, die an Verdis *Requiem* erinnerte.

Nachdem er die dunklen Schatten und nachdenklichen Aspekte in *Don Carlos* und *Simon Boccanegra* betont hatte, kam in der Regie von De Lullo die *Aida* als weitere Facette der stetigen Auseinandersetzung mit Verdis Schaffen hinzu: Die symphonische Dimension, die Chromatik und die archaische Religiosität wurden hervorgehoben. Die Produktion gastierte bei den Olympischen Spielen in München, kombiniert mit Verdis *Requiem*. Im selben Jahr – und das ist als Kontrast kennzeichnend für Abbados Intentionen – erschien *Como una ola de fuerza y luz* von Nono unter Mitwirkung von Maurizio Pollini. Ponnelle, der bereits 1969 den *Barbier von Sevilla* in Salzburg und Mailand inszeniert hatte, war der Regisseur der 1973/74 folgenden Produktionen *La Cenerentola* und *Die Italienerin in Algier* von Rossini, zu dessen Musik Abbado eine besondere Zuneigung und einen erhellenden Zugang hat; seine Lesarten beruhen auf kritischer Analyse des überlieferten Notentextes. Der Kreis schloss sich mit *Figaros Hochzeit* von Mozart und *Die Liebe zu den drei Orangen* von Prokofjew, eine der ersten Opern, die der junge Kapellmeister am Beginn seiner Laufbahn in Triest, 1961, dirigiert hatte.

Wie konsequent Abbado sein Konzept einer künstlerischen Erneuerung verfolgte, zeigte sich bei der Eröffnung der Spielzeit 1975/76 mit *Macbeth* von Verdi als seinem dritten als schwierig empfundenen Musikdrama. In seiner Interpretation gelang es dem Dirigenten, auch diesem intensiven, von Gegensätzen bestimmten Werk die Dichte und Spannung zurückzugeben, die der Komponist erstrebt hatte. Im Laufe seines Lebens hatte Verdi unermüdlich an der Verfeinerung seiner Ausdrucksmittel gearbeitet, um sein Musiktheater immer eindringlicher und lebensnaher zu gestalten. Regie und Musik stellten sich in den Dienst des Komponisten, der sich Themen wie Gewalt und Wahnsinn annahm und damit die dunklen Seiten der menschlichen Seele und Existenz ausleuchtete. Abbado vermochte es, die Zuhörer und Zuschauer zu fesseln, indem er mit Einfühlungsvermögen die Vielfalt der Stimmführungen und Charaktere herausarbeitete und die zahlreichen Anweisungen der Partitur hinsichtlich Dynamik und Expressivität umsetzte, die von »sotto voce« (flüsternd) oder »sotto voce e cupa« (flüsternd und dunkel) bis »con esclamazione« (ausrufend), »parlante« (sprechend) oder »soffocata« (erstickt) reichen. Trotz der Rigorosität der Nachschöpfung ging nichts verloren an Hingabe und Ausdruckskraft – im Gegenteil: Sie diente der Klarheit und damit der betroffen machenden Eindringlichkeit.

Bergs *Wozzeck* beschäftigte Abbado mehrfach: schon 1969/70 im Bühnenraum Swobodas, dann wieder im April 1977 im Zusammenwirken mit Luca Ronconi und später dann in Wien mit Adolf Dresen, beides Regisseure, die vom Schauspiel herkamen. Jede Einzelheit wurde mit verantwortungsvoller Genauigkeit ausdifferenziert. Die Partitur wurde – den Intentionen des Komponisten gemäß – als Abfolge unterschiedlicher musikalischer Äußerungen, als nuancenreiche Oper verstanden, die eher zu flüstern als zu schreien sei, als eine »Oper des Piano«. Und genau diese Eigenschaft traf Abbado; er vollzog den Wunsch des Komponisten, der vom Musiktheater verlangte, »dass die klassischen Opern so aufgeführt werden, als wären sie modern – und umgekehrt.«

Eine weitere Steigerung erfuhr diese durchdachte Dramaturgie in der Einladung an Pierre Boulez und Patrice Chéreau, im Rahmen des mehrjährigen Berg-

Zyklus die *Lulu* in der von Friedrich Cerha besorgten vollständigen Fassung aufzuführen.

Boris Godunow von Mussorgskij – ein hervorstechendes Beispiel, wie durch musikhistorische Recherchen die Originalgestalt eines Meisterwerks der Opernliteratur wiedergewonnen werden konnte. Abbados *Boris* 1979 war von allen spätromantischen Zutaten und Interpretationsversuchen befreit worden, an die man sich seit der Version von Rimskij-Korsakow gewöhnt hatte. Die Rauheit und Unmittelbarkeit von Klang und Stimmen, die Mussorgskijs Musiksprache so unverwechselbar und authentisch erscheinen ließen, kamen wieder zum Vorschein. Jurij Ljubimov führte Regie (später in London ereignete sich dann das Inszenierungswunder durch Tarkowskij), und Abbado dirigierte die vollständige, ungekürzte Partitur in der originalen Instrumentierung. Der »polnische Akt«, die Szene des Heiligen Basilius und die abschließende Waldszene wurden wieder aufgenommen. Das Bühnenbild war von einer in der Mitte des Raumes aufgestellten großen Ikone beherrscht, die durch Lichteffekte ihr Aussehen änderte und dadurch die archetypischen Eigenschaften der Oper unterstrich. Im Januar 1981, innerhalb eines ganzen Mussorgskij-Zyklus, wurde diese Produktion der Spielzeit 1979/80 kombiniert mit *Chowanschtschina* und *Sorotschinskaja Jamarka* in der von Pavel Lamm wiederhergestellten Originalversion.

Im April 1980 leitete Abbado einen für seine Arbeitsweise besonders charakteristischen Abend: ein Triptychon des 20. Jahrhunderts mit *Oedipus Rex* von Strawinsky (Regie: De Lullo), *Erwartung* von Schönberg (Regie: Ronconi) und *Der wunderbare Mandarin* von Bartók (Choreografie: Roland Petit): drei Werke – drei Wege – drei gültige, werkgetreue Interpretationen.

Richard Wagner erscheint auf Abbados Agenda bemerkenswert spät. Seine erste Beschäftigung mit Wagners Konzeption des Musikdramas war *Lohengrin* zur Eröffnung der Spielzeit 1981/82 und dann wieder im April 1983. Strehler führte Regie unter fantasievoller, symbolhafter Beachtung der musikalischen Leitmotivik. *Lohengrin* stand danach in Wien wieder auf dem Spielplan. Später folgten *Tristan* (Regie: Klaus Michael Grüber) sowie *Parsifal* in Berlin konzertant und in Salzburg in der Inszenierung von Peter Stein, mit dem Gustav Mahler Jugendorchester szenisch in Edinburgh und konzertant in Luzern.

Die Spielzeit 1984/85 wurde mit Bizets *Carmen* in einer kritisch revidierten Fassung eröffnet. Im September 1985 wurde Rossinis *Il viaggio a Reims* wiederholt, der Überraschungserfolg des Rossini-Festivals in Pesaro 1984 in der Regie von Luca Ronconi. Die verloren geglaubte Partitur war seinerzeit in der Bibliothek des Konservatoriums Santa Cecilia in Rom aufgespürt worden. Durch diesen Fund konnte ein farbenreiches Meisterwerk der Opernliteratur für das Repertoire zurückgewonnen werden.

Debussys Musik – und das ist nicht ohne Reiz – setzte den klingenden Schlussstein im imposanten Gebäude von Abbados Musikdenken. Mit *Pelléas et Mélisande* (inszeniert von Antoine Vitez, anschließend auch in Wien) und einem symphonischen Konzert (im Rahmen eines vollständigen Debussy-Zyklus) verabschiedete der Dirigent sich von Mailand. Formale Strenge, Empfindsamkeit für klare, helle Farben und äußerste Genauigkeit im Timbre und in der thematischen Linienführung offenbarten in seiner Wiedergabe die strukturellen Aspekte einer Musik, die direkt in die Musik der Gegenwart hineinführt.

Claudio Abbado begann seine Tätigkeit an der Scala im Zeichen der Reform von Traditionen der italienischen Oper, ergänzte diese Arbeit um exemplarische alternative Ausdrucksweisen des gesamten europäischen Musiktheaters und verknüpfte die musikhistorischen Überlieferungen mit der zeitgenössischen Musik. Mit dramaturgischer Intelligenz und Beharrlichkeit waren die Spielpläne aufgebaut. Regelmäßige Wiederaufnahmen unter den Bedingungen strenger Probenarbeit brachten die notwendige Kontinuität. Der Prozess der Erneuerung hinterließ unauslöschliche Spuren. In seiner Amtszeit gelang der stabilisierende Sprung in die Gegenwart. Eine ehrwürdige Institution verschaffte sich die Legitimation kultureller Relevanz für die Gesellschaft. Die Aktualisierung und Erweiterung künstlerischer Inhalte und ihrer Vermittlung hatte anhaltende prägende Folgen für die Lebendigkeit des Kulturlebens in Europa.

Aus dem Italienischen von Robert Lichtneckert und Ulrich Eckhardt

Wolfgang Schreiber

Das Hören der Musik braucht die Stille

Claudio Abbado, Maurizio Pollini und Luigi Nono – eine musikalische Freundschaft

Es war vor dreißig Jahren, Mitte Oktober 1973. Der italienische Komponist Luigi Nono ist aus Venedig nach München angereist, um bei Proben und einem Abonnementkonzert des Symphonieorchesters des Bayerischen Rundfunks mit dabei zu sein, bei der Deutschen Erstaufführung seiner Kantate *Como una ola de fuerza y luz* (»Wie eine Woge von Kraft und Licht«) für Sopran, Klavier, Tonband und Orchester. Der Dirigent im Herkulessaal der Münchner Residenz heißt Claudio Abbado, die Sopranistin Slavka Taškova, der Klaviersolist Maurizio Pollini. Zu Beginn des Konzerts erklingt Arnold Schönbergs *Ein Überlebender aus Warschau*, nach der Pause dirigiert Abbado die Dritte Symphonie von Johannes Brahms.

Schönbergs *Überlebender* von 1947, das musikalische Mahnmal für die millionenfachen Verbrechen der Deutschen an den Juden, wird von den Zuhörern im Saal mit Aufmerksamkeit bedacht. Nonos dramatische Konzertmusik jedoch, eine zuerst in tiefen Klangfarben brütende, dann aggressiv Schmerz, Trauer und Klage herausschleudernde Komposition zum Gedenken an den chilenischen Freiheitskämpfer Luciano Cruz, verursacht Unruhe im Saal: Irgendwann, so erinnert sich der Autor, verlassen Zuhörer verstört das Konzert. Die amorphen Tonkaskaden, Tastenclusters und rabiaten Sprünge des Klavierparts, die in Rufe und gellende Schreie sich steigernde Sopranstimme, die Frauenchöre vom Tonband, Nonos explosive Orchestersprache – das alles erschreckt viele Konzertbesucher zutiefst. Der Dirigent und die Solisten behalten Ruhe und Übersicht. Claudio Abbado, Maurizio Pollini und Luigi Nono sind sich ihrer Sache, ihrer »Botschaft« sicher. In Italien hatten sie die Uraufführung des Stücks gemeinsam bestritten, eine Plattenaufnahme produziert. Am Ende großer Beifall. Aber vielleicht ist der Protest des Publikums – ex negativo – die eigentliche Anerkennung, die einem solchen Stück entgegengebracht werden kann …

Dem Konzert war eine Begegnung vorausgegangen, ein Zusammentreffen mit den drei italienischen Musikern in einem Probenraum der Münchner Residenz gemeinsam mit dem Frankfurter Kollegen Hans-Klaus Jungheinrich (von der *Frankfurter Rundschau*). Jungheinrich und ich waren uns des Glücksfalls, der Bedeutung dieses Treffens bewusst: Hier saßen wir mit den Protagonisten der Musikkultur Italiens, deren Freundschaft offensichtlich war, an einem Tisch und sprachen mit ihnen über so umstrittene Themenkomplexe wie Musik und Politik, Avantgarde und Publikum, Konzertbetrieb und gesellschaftliche Veränderung. Abbado und Pollini hatte ich zwei Jahre zuvor im Wiener Musikvereinssaal zum ersten Mal beim gemeinsamen Auftritt gehört und damals auch kennen gelernt. Nono war ich, ebenfalls Anfang der Siebziger, erstmals in Venedig begegnet, bei der von Mario Messinis veranstalteten Musik-Biennale. Das Erlebnis seiner Musik entsprach ganz dem Wort Karl Amadeus Hartmanns: »Nono klagt an, und seine Sprache ist Feuer.«

Im Gedächtnis geblieben ist die Vertrautheit, die Selbstverständlichkeit der drei Künstler im Umgang miteinander. Ihre – bei aller inneren Anspannung – emotionale Sicherheit, Ruhe, Natürlichkeit. Und sie sprachen mit uns nicht wie Repräsentanten des musikalischen Starbetriebs, sondern als Zeitgenossen, die sich von einer besonderen künstlerischen Sensibilität und politischen Verantwortung getragen wussten. So stand im Mittelpunkt unseres »Informationsgesprächs« die Frage, welche Chancen die klassische, speziell die Neue Musik, im traditionellen Opern- und Konzertleben der Gesellschaft, vor allem Italiens, wahrzunehmen habe, überhaupt die Rolle, die die Musik im Bewusstsein der Menschen – und für eine Veränderung der gesellschaftlichen Verhältnisse – spielen könnte. Allen drei gemeinsam war die – leise und bestimmt vorgetragene – Entschiedenheit ihrer ästhetischen und kulturpolitischen Überzeugungen. Und da gab es durchaus auch Vorstellungen und Wünsche, die – so sollte sich später herausstellen – den Bereich des Utopischen (und des Illusorischen?) berührten.

Luigi Nono, hoch motiviertes und streitbares Mitglied der Kommunistischen Partei Italiens, war es, der seit den sechziger Jahren mit seiner komplex-avantgardistisch organisierten, lyrisch-expressiven Musik gezeigt hatte, wie sich musikalische Avantgarde, lyrische Intensität und Poesie auf der einen Seite und gesellschaftspolitische Ziele und Forderungen auf der anderen in Einklang bringen ließen. Wie Einmischung, Bekenntnis, Appell für eine politische Veränderung, an die nicht nur damals viele Künstler glaubten, ästhetisch funktionieren könnte, ohne im plakativen Agitprop zu landen. Werke wie das Musiktheater *Intolleranza 1960. Azione scenica*, das Stück für Tonband und Sopranstimme *La fabbrica illuminata*, *Ricorda cosa ti hanno fatto in Auschwitz* für Tonband oder *Musica-Manifesto n.1: Un volto del mare*, auch die Kantaten *Ein Gespenst geht um in der Welt* und *Como una ola de fuerza y luz* – sie alle standen für diesen Spagat zwischen einer leidenschaftlichen Parteinahme »für die Kreatur im Kampf gegen die Unmenschlichkeit« (Hartmann) und einer rigorosen, musikalische Komplexität nie verratenden ästhetischen Kunsthaltung, mit der Luigi Nono bewusst an Grenzen stieß und das Risiko einging, nicht verstanden zu werden.

Im Münchner Herbst 1973 sprachen wir mit Nono, Abbado und Pollini aber auch ganz konkret über ein Stichwort, das den Namen einer mittelgroßen Stadt in der Region Emilia Romagna trug: Reggio Emilia. Hier hatten die drei Musiker auf Initiative Nonos mit einer musikalischen Kulturarbeit sozusagen an der Basis begonnen: mit Konzerten in Fabriken und Schulen, mit Einführungs- und Diskussionsveranstaltungen zur klassischen Musik, mit öffentlich gemachten Proben sowie Debatten zu Politik und Kultur. All das war Teil der Kultur des Städtchens Reggio Emilia geworden, wurde wegen der international berühmten Namen der drei Musiker weithin beachtet und in Italien sozusagen als Modell dafür angesehen, wie der öffentliche, demokratisch gemachte Umgang mit Musik und Kunst neu, anders als konventionell (im Grunde: spätfeudal) aussehen könnte. Claudio Abbado über die siebziger Jahre in Italien und die in Reggio Emilia gemeinsam mit Nono und Pollini veranstaltete Reihe »Musica/Realtà«: »Wir waren voller Enthusiasmus ... Die Mittel, die man heute überall verwendet, probierten wir damals aus. Wir schrieben Konzepte, entwarfen Arbeitspläne, konnten Politiker wie den Bürgermeister von Reggio Emilia zur Mitarbeit gewinnen, befragten die Arbeiter der Stadt nach ihren musikalischen Vorstellungen. So sind die Workshops der ›Musica/Realtà‹ entstanden, diese Mischungen von Avantgarde- und Konsummusik, Gesprächskonzerten und Vorträgen. Die Organisation übernahmen die Gewerkschaften und die KPI, die an den Arbeitsplätzen für die Veranstaltungen warben.«

Seit 1972 war Claudio Abbado Musikalischer Leiter des Mailänder Opernhauses, des legendären Teatro alla Scala. Gemeinsam mit Maurizio Pollini organisierte er die Reihe »Musica nel nostro tempo«, um zeitgenössische Musik in Italien stärker bekannt zu machen. Mehr als Abbado war es allerdings Pollini gewesen, der Anfang der siebziger Jahre zum Thema Musik und Politik von sich reden gemacht hatte – er war nicht nur als Musiker, sondern als politisch denkender Künstler in die Schlagzeilen geraten. Sogar in Deutschland hatte sich die Nachricht von dem Mailänder »Skandalkonzert« verbreitet, das Pollini heraufbeschworen hatte: Unmittelbar vor einem Chopin-Programm wollte er auf dem Podium eine Protestnote verlesen gegen ein am selben Tag bekannt gewordenes verheerendes Bombardement der Amerikaner in Vietnam. Als die empörten Mailänder Konzertbesucher ihm das Wort verbieten wollten und stur nach der Musik verlangten, ließ Pollini das Konzert platzen. Wochenlang diskutierten in Italiens Tageszeitungen Künstler und Intellektuelle des Landes (Pier Paolo Pasolini und Alberto Moravia etwa) das Ereignis und somit nur ein einziges Thema: Was hat Musik mit Politik zu tun? Sollen, dürfen Künstler sich zu politischen Handlungen, tagesaktuellen Vorkommnissen äußern? Oder sollen, ja müssen sie es nicht gerade tun? In der *Neuen Musikzeitung* veröffentlichte ich ein ganzseitiges Pollini-Porträt, das aus Gesprächen mit ihm und den Beobachtungen bei mehreren der von Pollini initiierten so genannten »Vietnam-Konzerte« in Mailand und Turin entstanden war.

Für Claudio Abbado, den introvertierten Musiker, scheint es in seinem Verhältnis zu Luigi Nono von Anfang an eine dreifache ästhetische Anziehung, auch moralische Konstante, gegeben zu haben: die beharrliche Kraft der musikalischen und dichterischen Poesie, der Einsatz für humane Gerechtigkeit, eine innere Stimmigkeit von Denken und Handeln jenseits parteipolitischer Interessen. So erklärt sich das Misstrauen Claudio Abbados gegenüber jedem lauten öffentlichen Bekenntnis.

Die Gedankenwelt Luigi Nonos, dieses Nachdenken über Musik, Stille, Wahrnehmung, Innerlichkeit, Dialog – das entsprach im Innersten Claudio Abbados Überzeugung. Das Erleben, das Reflektieren der Vielfalt der Musik, die Weite des Hörens, des Horchens, des Zuhörens musste gerade ihn, den Zurückhaltenden, den Wortkargen, von Anbeginn an ins Herz treffen. Und die Zusammenarbeit, die Freundschaft, der Austausch von Gedanken und Empfindungen mit dem fast ein Jahrzehnt älteren Komponisten aus Venedig war und blieb für Abbado wie für Pollini das prägende Erlebnis, eine Art Kraftzentrum künstlerischen und menschlichen Handelns.

Zurück in die siebziger Jahre: Nach der Kantate *Como una ola de fuerza y luz* von 1972 war es drei Jahre später wiederum ein Hauptwerk Luigi Nonos, das Claudio Abbado in Mailand aus der Taufe hob: Die Szenische Aktion *Al gran sole carico d'amore* (»An die große Sonne, von Liebe beladen«) wurde am 4. April 1975 in Mailand uraufgeführt – eine Produktion der Scala im Teatro Lirico. Die Aufführung wurde zum Triumph eines zeitgenössischen Musiktheaters, in dessen Mittelpunkt die Rolle der Frauen in den Revolutionen des 19. und des 20. Jahrhunderts steht. Ein unerhörter Aspekt, eine Tat! Triumph auch für die gestisch expressive Bühnensprache des Moskauer Theaterregisseurs Jurij Ljubimov, der in der Sowjetunion persona non grata geworden war, in den flammenden Bildern der Bühne David Borovskijs. Dabei hatte die Partei der Democrazia Cristiana die Aufführung verbieten wollen, nicht zuletzt die Künstler selbst – Abbado und Pollini an der Spitze – wussten den Eklat mit ihrer ganzen Autorität, ihrem Einsatz zu verhindern. Nur ein Jahr danach dirigierte Abbado in Köln die Uraufführung der Konzertfassung mit »Fragmenten« aus *Al gran sole*. Abbado und der sozialistische Scala-Intendant Paolo Grassi luden Jurij Ljubimov ein, an der Mailänder Scala wenig später Mussorgskijs *Boris Godunow* zu inszenieren – in russischen Bildern einer grandios ausgesparten, konturscharfen Poesie. Übrigens: Als sich Abbado und Ljubimow nach Jahrzehnten wieder begegneten, im Oktober 1999 beim Gastspiel der Berliner Philharmoniker in Moskau, da schien es für den Beobachter der anrührenden Szene ganz so, als habe die spontane Wiedersehensfreude des Dirigenten und des nun achtzigjährigen Regisseurs aus alten »Kampftagen« einen fern gerückten und doch nahe gebliebenen Zeugen: Luigi Nono.

Al gran sole carico d'amore bedeutete für Nono den Abschluss der Phase von im engeren Sinn politisch reflektierter, klassenkämpferisch emotionalisierter Musik. Ein Weg von außen nach innen, ein Wandel vom öffentlich-gesellschaftlichen Appell zum intimen Dialog bahnte sich an. Die Radikalität musikalisch-politischen Agierens wurde von Luigi Nono nun stärker ins Zwischenmenschliche verlagert – ins Zuhören als Grundlage für politische Veränderung. Was nach Mitte der siebziger Jahre bei Nono erfolgte, war jedoch kein »Paradigmenwechsel«, sondern eine Weiterentwicklung des Durchdenkens und Findens einer musikalischen Sprache, anderer lyrischer Zusammenhänge, einer anderen, weiter gefassten, »reineren« Poesie. Mit einer Zentralfigur: Friedrich Hölderlin. Es entstand für Pollini 1976 das Klavier-Tonbandstück *... sofferte onde serene ...*, es entstand das Hölderlin-Streichquartett *Fragmente – Stille. An Diotima*, und es begann der lange Anstieg zum späten Hauptwerk *Prometeo* (auf Texte von Aischylos, Hölderlin, Walter Benjamin und Massimo Cacciari), das von Nono im Beititel »Tragödie des Hörens« genannt wurde. Im September 1984 dirigierte Claudio Abbado in Venedig die Uraufführung dieses neuen, in langen Prozessen, Experimentalschüben herangewachsenen Werkes – in der von dem Architekten Renzo Piano zur komplexen Hörgrotte umgestalteten ehemaligen Kirche von San Lorenzo. Vielleicht war dieser venezianische Moment für Claudio Abbado der Höhepunkt seiner Auseinandersetzung mit dem Werk Luigi Nonos. Auf die Frage, welcher Teil in dem nicht leicht überschaubaren, diffizil auszulotenden Monumentalepos *Prometeo* ihm der liebste sei, antwortet Abbado später einfach nur: Hölderlin. Und Hölderlin, einem seiner Lieblingsdichter überhaupt, galt 1993 der erste der Jahresthemenzyklen der Berliner Philharmoniker. Erst im Jahr danach stand *Faust* im Mittelpunkt der Konzertsaison.

Luigi Nono, Claudio Abbado und Maurizio Pollini teilten die Überzeugung: In einer von Horizonten der Vergangenheit umstellten Musikkultur muss der Musik der Moderne und der Gegenwart, vor allem den lebenden Komponisten, mehr Recht und mehr Gehör verschafft werden. Überblickt man die Liste sämtlicher Berliner Konzerte Abbados, die die Berliner Philharmoniker nach Ende der zwölfjährigen Berliner »Ära Abbado« zwischen Oktober 1989 und Juni 2002 herausgegeben haben, so wird ein solcher Programm-Imperativ greifbar: Die Zweite Wiener Schule der Komponisten Schönberg, Berg und Webern, Strawinsky, Janáček und Bartók, die Russen Prokofjew und Schostakowitsch, die Franzosen Debussy und Ravel, schließlich Gustav Mahler als die entscheidende Portalfigur des 20. Jahrhunderts – sie alle spielen in Abbados Berliner Konzertprogrammen durchgehend eine große Rolle; ebenso die Erbschaft seiner Italianität, die Liebe zu Rossini und Verdi – neben dem klassisch-spätromantischen Kanon zwischen Mozart und Bruckner, Beethoven, Schubert und Brahms, Schumann und Strauss. Regelmäßig konzertierten Abbado und die Berliner Philharmoniker mit Maurizio Pollini, der die Beethoven- und die Brahms-Klavierkonzerte spielte. Auch Bartók, Schönberg und Schumann standen auf dem Programm. Und immer wieder studierte Abbado Werke seines Freundes Luigi Nono ein, der 1990 in Venedig gestorben war: 1992 *Il canto sospeso*, die Kantate nach Brieftexten von zum Tode verurteilten Widerstandskämpfern (gelesen von Bruno Ganz), ein Jahr später der Hölderlin-Abschnitt aus *Prometeo*, 1997 *No hay caminos, hay que caminar... Andrej Tarkowskij* und schließlich 1999 die aus der *Tragedia dell'ascolto* gewonnene kürzere *Prometeo-Suite* im Kammermusiksaal der Berliner Philharmonie. Als von ihm aufgeführte Komponisten der Gegenwart sind hauptsächlich György Kurtág, Wolfgang Rihm und Matthias Pintscher zu nennen.

Nono, Abbado, Pollini – die einzigartige musikalische Partnerschaft und Freundschaft der drei italienischen Musiker, die sich schon in den sechziger Jahren kennen gelernt hatten, drängte geradezu nach einer Durchdringung in Bildern zur Musik, nach einer Darstellung im Medium des Films. Die Idee zum poetisch-dokumentarischen Filmessay äußerte spontan die Münchner Filmemacherin und Publizistin Bettina Ehrhardt, nachdem ich ihr gelegentlich von Erlebnissen in den siebziger Jahren berichtet hatte: »Man müsste einen Film machen über die Freundschaft von Musikern, über das, was Claudio Abbado, Maurizio Pollini und Luigi Nono miteinander erlebt und geteilt, was sie gemeinsam entdeckt haben.« Nuria Nono, der Witwe des Komponisten und Tochter Arnold Schönbergs, leuchtete die Filmidee auf Anhieb ein. Auch Abbado und Pollini, beide im Umgang mit den Medien normalerweise zurückhaltend, versprachen spontan ihre Mitarbeit. Und so geschah es: Bettina Ehrhardt schrieb das Buch und führte Regie, die Interviews und Gespräche mit den Künstlern und mit Nuria Nono über den Komponisten und Freund Luigi Nono machten wir gemeinsam. Die Entstehung des Films war ein spannender Dialog, ein Prozess über drei Jahre hinweg.

Der Titel *Eine Kielspur im Meer* zitiert die poetisch-philosophische Lieblingsidee aus Nonos späten Jahren: »Wanderer, Deine Spuren sind der Weg, sonst nichts ... Wanderer, es gibt keinen Weg, nur eine Kielspur im Meer.« Nonos Musik verbindet sich im Film mit Bildern und Eindrücken Venedigs. Seine Vorstellung von »Raumklang«, seine intensive Beschäftigung mit dem Phänomen »Klangraum« hat viel mit den akustischen Verhältnissen, mit der Aura Venedigs zu tun – mit Bewegungsrhythmen, die vom Wasser geprägt sind, von den Stimmen und Echos auf den Plätzen, in den Gassen dieser Stadt. So wie in seiner Musik auch Erinnerungen an die Madrigalkunst der Renaissance lebendig werden, die der junge Nono in sich aufnahm, auch die venezianische Tradition des mehrchörigen Dialogs. Abbado und Pollinis Erinnerungen an den gemeinsamen Freund sind ernst, verinnerlicht: »Ich erinnere mich an Nonos ganz unverwechselbare Wesenszüge von Großmut und Weitblick«, sagt Maurizio Pollini. Und Claudio Abbado: »Ich denke, die Stille in Nonos Musik, wie auch in Mahlers Musik, ist sehr wichtig. Ich denke an den letzten Satz der Neunten, an die Augenblicke der Stille, die es vor dem Ende gibt – vor dem Tod. Oder vielleicht ist diese Stille der Tod. Genauso ist es auch bei Nono, mit dieser im Raum kreisenden Musik, die langsam in die Stille entschwindet. Und diese Stille dauert an, da gibt es keine Grenze.« Am Ende des Films macht Mahlers melancholischer Abschied in dem Adagio seiner Neunten Symphonie, wie Claudio Abbado ihn in der Probe mit den Berliner Philharmonikern gestaltet, noch einmal den schmerzlichen Grundton all dessen lebendig. An Augenblicke der Stille erinnert sich auch Nuria Nono. Oft sei zwischen Nono, Abbado und Pollini nur wenig gesprochen worden – »sie verstanden einander ohne viele Worte«.

Angela Ida De Benedictis

Begegnungen *Die zeitgenössische Musik in Abbados Konzerten*

»Die musikalischen Meisterwerke der Vergangenheit aufzuführen, ist jedes Mal ein neues und außergewöhnliches Ereignis. Aber nicht weniger bedeutsam ist es, die Musik der eigenen Gegenwart aktiv zu erleben und zu fördern. Neue Werke aufzuführen, hat mich immer fasziniert, insbesondere wenn es sich um Uraufführungen handelt; denn bei ihnen kommt zur Befriedigung, neue Musik zu spielen, die ganz besondere Freude hinzu, einer Geburt beizuwohnen, die so unterschiedlich sein kann wie die Komponisten selbst. Luigi Nono, György Kurtág, Wolfgang Rihm, György Ligeti: Jeder hat seine eigene Welt und Persönlichkeit, und es liegt an uns Ausführenden, diese zu erfassen, um seine Musik so gut wie möglich zu interpretieren.«*

Seit seiner Studienzeit Anfang der fünfziger Jahre am Konservatorium Giuseppe Verdi in Mailand war Claudio Abbado davon überzeugt, dass es für ihn in der Musik keine zeitlichen Schranken und Grenzen geben könne. Noch ehe er sein Diplom in Orchesterleitung erworben hatte, leitete er seine ersten Proben mit Musik des 20. Jahrhunderts. In den Jahren 1953 und 1954 begann Abbado mit einem kleinen Kammerensemble zu arbeiten, das vor allem aus Studenten des Konservatoriums bestand, den Solisti di Milano. Musiker wie Bruno Canino und Giulio Franzetti gehörten dazu. Sie studierten das klassische Repertoire, erweiterten es aber auch um Stücke wie die *Kammermusik I* von Paul Hindemith oder die *Sonata da camera* für Cembalo und zehn Instrumente von Goffredo Petrassi. »Wir waren jung und begeisterungsfähig. Wir wollten neue Musik hören und aufführen; die Möglichkeiten, zeitgenössische Kompositionen zu hören, waren sehr gering; selbst die Musik von Schönberg, Berg oder Webern wurde höchst selten in Konzerten gespielt. Ich begeisterte mich für Bartóks Kompositionen, die man völlig zu Unrecht als ›perkussionistische Musik‹ bezeichnet hat. In den letzten Kriegsjahren schrieb ich an Hauswände ›Viva Bartók‹. Die Gestapo kam zu meinen Eltern nach Hause, um sich zu erkundigen, ob es sich hier um den Namen eines Partisanen handelte.«

Seine erste Aufführung einer Oper des 20. Jahrhunderts dirigierte Abbado 1960 am Theater von Triest: *Maria d'Alessandria* von Giorgio Federico Ghedini, der während Abbados Studienzeit Dozent und Direktor des Konservatoriums von Mailand war. Als eigentliches Debüt in der Welt der musikalischen Avantgarde aber muss die Uraufführung der Oper *Atomtod* von Giacomo Manzoni gelten, die Claudio Abbado am 27. März 1965 an der Piccola Scala in Mailand leitete. Wenig später kam es zur ersten persönlichen Begegnung mit Luigi Nono, aus der sich eine der intensivsten und fruchtbarsten Freundschaften in der Musikwelt des ausgehenden 20. Jahrhunderts entwickelte.

Am 22. Oktober 1965 war an der Fondazione Giorgio Cini in Venedig die Aufführung von Benjamin Brittens *Noye's Fludde* angekündigt. Abbado, dem kurz zuvor in Salzburg der Philips Preis für seine Interpretation der Zweiten Symphonie von Gustav Mahler mit den Wiener Philharmonikern verliehen worden war, besuchte das Konzert. »Ich saß im Publikum. Im selben Saal war auch Luigi Nono mit Nuria Schönberg, seiner Frau. Ich hatte bereits von ihm gehört, und einige seiner Stücke waren mir bekannt; ich wusste, dass wir ganz ähnlich dachten, vor allem in Fragen der Kunst und ihres Verhältnisses zum Leben, zur Wirklichkeit. Wir verstanden uns von Anfang an und blieben einander fast dreißig Jahre lang vertraut. Es bedurfte nie vieler Worte. Es fällt mir schwer, den Freund vom

Komponisten, den Menschen vom Musiker Luigi Nono zu trennen.«

Die enge Beziehung wurde mit der Zeit gefestigt durch die gemeinsame Begeisterung für Monteverdi, Mahler und Schönberg, Hölderlin und Kafka, das Meer, die Natur und die Stille, für die Notwendigkeit eines »neuen Hörens«. Hinzu kam das innige persönliche Verhältnis Nonos zu Abbados Mutter Maria Carmela. Im Jahre 1984, fast zwanzig Jahre nach dem ersten Treffen, schrieb der Komponist an Abbado, für wie intensiv und tief er ihre Verbindung halte, die vom Gespräch bis zur Gedankenübertragung (»voli intuitivi«) reiche. In einem seiner letzten Briefe aus dem Jahre 1986 bestätigt Nono, dass »vier Worte, gesprochen, auch mit den Augen ausgetauscht, und zwischen dir und mir werden Kommunikationen ... geboren.«

Bereits ein Monat vor der ersten Begegnung, am 29. September 1965, hatte Claudio Abbado Nonos Kantate für Chor und Orchester *Il canto sospeso* (aus den Jahren 1955/56) im Rahmen des Festivals »Sagra Umbra« in Perugia mit Chor und Orchester der Slowakischen Philharmonie Bratislava aufgeführt. Zahlreiche weitere Interpretationen folgten. Bis heute ist der *Canto sospeso* »eine von Nonos Kompositionen, die ich am meisten liebe, zusammen mit der *Composizione per orchestra n. 2 – Diario Polacco '58* und *Prometeo*. Ich erinnere mich noch sehr genau an die Aufführung von *Il canto sospeso* in Berlin im Jahre 1992, die als CD und als Video aufgezeichnet wurde. Vor der Aufführung der Kantate ließ ich von Susanne Lothar und Bruno Ganz die Texte lesen, die Luigi Nono für seine Komposition ausgewählt hatte, Briefe aus dem Gefängnis von Widerstandskämpfern, die zum Tode verurteilt worden waren. Die Kenntnis der Texte erleichterte es dem Publikum, die Klänge und den dramatischen Gehalt des Werkes zu verstehen. Dadurch entstand eine starke emotionale Wirkung. Ich bin auch heute noch von dieser Art der Aufführung überzeugt, obwohl die Partitur keine dementsprechenden Anweisungen oder Anregungen enthält.«

Als Nächstes leitete Abbado am 29. August 1969 im Rahmen des Edinburgh Festivals die Uraufführung der ihm gewidmeten *Suite da concerto da »Intolleranza 1960«*. Auf seine Anregung hin war sie von Nono aus der Szenischen Aktion *Intolleranza 1960* zusammengestellt worden, die im April 1961 in Venedig uraufgeführt wurde. »Dank der intellektuellen Offenheit des Festivaldirektors von Edinburgh, Peter Diamand«, erinnert sich Claudio Abbado, »konnte ich immer wieder Kompositionen der Avantgarde in die Konzertprogramme aufnehmen.«

Das Verhältnis zwischen den beiden Künstlern vertiefte sich und führte 1971/72 zur gemeinsamen Arbeit an *Como una ola de fuerza y luz* für Sopran, Klavier, Orchester und Tonband. In diesem Werk gibt es, so Luigi Nono, »Elemente, die durch meine Freundschaft mit Claudio Abbado und Maurizio Pollini geprägt sind«. Die intensive Zusammenarbeit unter Freunden wurde für Nono zur Quelle der Kraft. Er schrieb am 8. November 1971 an Abbado: »ENDLICH habe ich [eine] gemeinsame Basis gefunden, um über Musik, unser Leben und unsere Zukunft zu sprechen, zu diskutieren – mit dir und mit Mauro [Pollini] ... mit euch ist es möglich ... auch natürlich, ... weil man nicht ausschließlich über Musik spricht ... als Musiker [sind wir] über die Probleme von heute besorgt ... mit euch beiden habe ich die Sicherheit und die Verantwortung unserer Arbeit wiedergefunden.« Und am 22. Juni 1974: » Ihr beide habt mir Boden und eine neue Perspektive gegeben.« Noch in seinem letzten Brief an Abbado, geschrieben am 27. November 1986, erinnert sich Nono an die Erfahrung von *Como una ola de fuerza y luz* in einem flüchtigen Hinweis auf ein zukünftiges kompositorisches Projekt, das er seinen beiden Freunden widmen will: »Dir und Maurizio zuhörend (nicht nur musikalisch, aber vor allem MENSCHLICH) wage ich vielleicht ein STÜCK für Kl[avier] und Orchester, für euch beide.«

Die gemeinsame Arbeit an *Como una ola de fuerza y luz* bedeutet für Claudio Abbado und Luigi Nono eine der intensivsten Phasen ihrer künstlerischen Partnerschaft, zugleich eine Phase der Öffnung (der »Verpflichtung«) gegenüber einem neuen Publikum und einer neuen Art des Hörens. Die Erkenntnis, dass das Verhältnis zwischen Interpret und Zuhörer einer Revision und Erneuerung bedarf, bringt Abbado – damals Musikalischer Leiter des Orchesters der Scala in Mailand – wie auch Nono in jenen Jahren dazu, neue, ungewohnte Räume und Veranstaltungsformen für die Vermittlung von Musik zu suchen. Aus den großen Theatern und Konzertsälen zieht die Musik in Fabrikhallen, an Konzerte schließen sich Diskussionen an, »Wandelkonzerte« und Begleitveranstaltungen mit Filmen und Lesungen ergänzen das jeweilige Thema. Die großen Begegnungszyklen »Musica/Realtà« in Reggio Emilia werden entwickelt. Programmvorschläge »auf der Basis von Umfragen unter den Zuhörern« werden an unkonventionellen Orten realisiert. »Diese Präsentationen und Begegnungen wurden für uns – für Nono, die beteiligten Komponisten und Interpreten und für mich – zu kollektiven Entdeckungsreisen. Der Meinungsaustausch, der den Konzerten folgte, brachte grundsätzliche Fragen zur Sprache ... Das Prinzip ist dem Lernprozess von Jugendorchestern ähnlich: Wer selbstverständlich erscheinende Inhalte erklärt, begreift sie unversehens zum ersten Mal richtig. In Diskussionen mit dem Publikum tauchten immer wieder Fragen auf, die uns selbst zu besserem Selbstverständnis verhalfen.«

Im angespannten, polarisierten geistigen Klima jener Zeit war es schwer, sich für neue Musik zu engagieren, ohne gleich politisch vereinnahmt oder festgelegt zu werden. Es fiel offensichtlich schwer, zwischen humanistischer Überzeugung und ideologischer Parteinahme zu unterscheiden. »Ich bin nie einer Partei beigetreten, aber man hat mich oft einer politischen Position zugerechnet, die wenig mit meiner Haltung zu tun hatte. Je nach Blickwinkel wurden meine Aktivitäten mal rechts, mal links eingeordnet. Nicht aus politischer Militanz habe ich 1956 während des Studiums in Wien zusammen mit Zubin Mehta in einem großen Zelt am Neusiedler See (an der österreich-ungarischen Grenze) ein Solidaritätskonzert für ungarische Flüchtlinge mitorganisiert. Ebenso unbequem war im Jahre 1968 meine offene Stellungnahme gegen die sowjetische Intervention in Prag. Der offene Brief, den ich zusammen mit Rafael Kubelik, Nathan Milstein und Daniel Barenboim verfasst habe, wurde wohl deshalb verschwiegen. Ich war im Innersten davon überzeugt, auf diese Weise richtig zu handeln, weil es menschlich richtig, hilfreich und konstruktiv ist. Das gilt ebenso für meine Initiativen, der Mailänder Scala ein neues Publikum zuzuführen, auch Studenten und weniger Begüterten den Konzertbesuch zu ermöglichen. Es kam für mich auch nicht in Frage, in Spanien während des Franco-Regimes oder in Griechenland während der Militärdiktatur zu dirigieren. Mein Verständnis von Humanität in der heutigen Welt darf nicht gleichgesetzt werden mit der Programmatik einer politischen Partei. Damals wie heute bin ich davon überzeugt, dass Musikmachen ein Akt gesamtgesellschaftlicher Verantwortung ist, der menschliche Begegnungen und Erkenntnisse fördert. An diesem Prozess sind Künstler und Publikum gleichermaßen beteiligt.«

Die sozialen Spannungen verschärften sich in den Jahren 1973 bis 1975. Die Mailänder Scala hatte Luigi Nono mit der Komposition einer Szenischen Aktion beauftragt: *Al gran sole carico d'amore*, Claudio Abbado und Maurizio Pollini gewidmet. Das Werk markiert eine neue Etappe im menschlichen und beruflichen Verhältnis der drei Künstler zueinander. Wie Nono selbst bestätigt, entstand das Werk »in direkter Zusammenarbeit mit Jurij Ljubimov und für den musikalischen Teil mit Claudio Abbado; mit ihnen habe ich Detailfragen besprochen, die die Texte und die Strukturierung der Szenen betrafen.« Mehr als zehn Jahre nach *Intolleranza 1960* fasste Nono alle vorherigen Erfahrungen zusammen und »öffnet[e] zugleich eine neue Tür«. Entscheidend in den ersten Phasen der Vorbereitung waren für ihn die »intensiven und leidenschaftlichen Gespräche, an denen auch Claudio Abbado und der unvergessliche Paolo Grassi [Intendant der Scala] teilnahmen. Gerade durch diese Gespräche nahm das Projekt des Werkes immer deutlichere Gestalt an ... Es gab eine konstante Beteiligung von uns vier – Jurij Ljubimov, David Borovskij [Bühnenbildner], Claudio Abbado und mir –, zu denen sich auch Marino Zuccheri [Tontechniker des Studio di Fonologia der RAI-Mailand] gesellte ... Aus dieser Zusammenarbeit entstanden neue Möglichkeiten der Verwendung des Raumes, des Einsatzes des großen Chores, der sich in einem anderen Saal befand und über Lautsprecher eingespielt wurde. Der kleine Chor der Kommunarden war angeseilt an fünf Holztafeln, die auf der Bühne horizontal und vertikal durch den Raum schwebten. Als diese beweglichen Tafeln zum ersten Mal ausprobiert werden sollten, protestierten die Choristen: Sie hielten es für zu beschwerlich, in dieser Position zu singen. Ljubimov, Abbado und ich ließen uns daraufhin selber an die Tafeln befestigen und in die Höhe heben.«

Nach der Uraufführung schlug Abbado dem Komponisten vor, eine Suite aus dem Werk zusammenzustellen, wie es bereits bei *Intolleranza 1960* geschehen war. Diese Konzertfassung wurde am 16. Mai 1975 in der von Wolfgang Becker betreuten Reihe *Musik der Zeit* des WDR in Köln vorgestellt. Vor der Wiederaufnahme der szenischen Produktion im Jahre 1978 in Mailand revidierte Nono die Partitur von *Al gran sole carico d'amore* aufgrund der Erfahrungen und eines Ideenaustausches zwischen Komponist und Dirigent. »Zum Beispiel entstammt unseren gemeinsamen Überlegungen die Entscheidung Nonos, einige gesprochene Episoden in teils mimische und teils vertonte Aktionen umzuwandeln, weil das Sprechen die musikalische Linie durchbrach.«

Für Luigi Nono begann die Zeit einer persönlichen und künstlerischen Krise. »Sofort nach *Gran sole* kam die Stille, eine unaussprechliche Stille: Ich hatte nicht die geeigneten Mittel, um mich auszudrücken ... Ich fühlte die Notwendigkeit, meine musikalische Sprache zu überprüfen und meine mentalen Kategorien zu analysieren.« Es beginnt ein neuer Weg, der – Abschnitt für Abschnitt, zwischen fruchtbarem Zweifel und »notwendigen Fehlern« – zum *Prometeo* führte. Das Projekt wurde bereits 1978 in einer Korrespondenz zwischen Nono und Abbado erwähnt. Für Nono wird die Präsenz Abbados, des Freundes und Musikers, von großer Wichtigkeit: »weil deine Kraft natürlich, rational, neu ist ... / wenn das Meer aufbraust, kann nichts widerstehen. / und so bist auch du.« Und am 13. September: »Claudio, lieber / nur um es dir schriftlich zu sagen (da es gesprochen undurchführbar ist), wie sehr deine menschliche schöpferische Präsenz der Freiheit notwendig und essenziell für mich ist – ich weiß es seit einiger Zeit ... die Tatsache selbst dir zu schreiben und mit dir Gespräche führen zu können, auch deine Antworten aus deiner scheinbaren ›Einsamkeit‹, aus dermaßen vollem und von Freude erfülltem, schaffendem Leben (dein wunderbarer Mahler – nun antwortest du mir mit der wunderbaren II. von M[ahler]), erleichtern mich ... und in anderen Momenten ist die ›Verbalisierung‹ zwischen dir und mir überflüssig.«

Der *Prometeo*, eine der anspruchsvollsten Kompositionen im Gesamtwerk Nonos, war das letzte große gemeinsame Projekt. Nach einem neuem Konzept treten alle Interpreten in eine »chorische« Dimension ein; Nono nannte die Komposition eine »wahre räumliche Tragödie der Töne«, wo »Töne = Personen = Seelen« sind. In diese räumliche Erweiterung treten auch die beiden Dirigenten, die mit unterschiedlichen Tempi die verschiedenen Gruppen leiten – vokale und instrumentale Solisten, vier Orchestergruppen und ein Chor sowie die Tontechniker für die Realisation der Live-Elektronik. Den Text zu *Prometeo* gestaltete Massimo Cacciari. Die Uraufführung fand am 25. September 1984 in der Kirche San Lorenzo in Venedig statt, in deren Innerem eine besondere hölzerne Konstruktion errichtet worden war, die der Architekt Renzo Piano entworfen hatte. Wie so oft nahmen die Spannungen zu, je näher die Uraufführung heranrückte. Abbado geriet mit der Einstudierung in Zeitdruck: »Gigi überreichte mir die Partitur kurze Zeit vor dem Beginn der Proben, und es war nicht einfach, alle Elemente mit der hierfür erforderlichen Ruhe zu koordinieren; die Dimensionen waren gewaltig: Jede Orchestergruppe hatte eine eigene Ebene in der Arche, im Zentrum standen die elektronischen Geräte. Hinzu kamen der von André Richard geleitete Chor, die Solisten und schließlich noch die Glocken aus Murano-Glas.«

Weil einige akustische Ideen in Venedig nicht vollständig realisiert werden konnten, überarbeitete Nono die Partitur für die Wiederaufnahme ein Jahr später in Mailand. Im Experimentalstudio der Heinrich-Strobel-Stiftung in Freiburg erstellte er neue Programme für die Live-Elektronik, um, so Nono an Abbado im Brief vom 28. März 1985, »vermehrt die Erinnerungen – die Echos – die Vorwegnahmen zu verwenden (um die ›Einheiten‹ zu durchbrechen, die mir zuwider sind).« Anregungen kamen aus dem Dialog: »Nach der Uraufführung in Venedig sprachen Nono und ich weiter über das Werk; wir überdachten mögliche Verkürzungen und Erweiterungen, die die Proportionen des gesamten Werkes klarer erscheinen lassen würden, und wir analysierten die Schwierigkeiten, einige komplexe Aufführungsanweisungen richtig zu interpretieren. An einigen Stellen hat er umfangreiche Änderungen vorgenommen und manche Anweisungen vereinfacht. Die Modifizierungen verbesserten den Gesamteindruck des Werkes, ohne die originale Physiognomie zu verändern. Im Prolog zum Beispiel wurden viele Pausen und Momente der Stille mit entferntem Widerhall ausgefüllt, von Chören, die aus mythischer Ferne heranzunahen scheinen. In die erste und zweite Insel wurden instrumentale Stücke und neue Chöre eingefügt, die in einem ununterbrochenen Spiel der steigenden und fallenden Intonation die Spannung des Werkes steigern.« Über die endgültige Mailänder Version schrieb Nono: »Sie scheint mir mehr Dramatik und Heftigkeit erreicht zu haben – mehr Entschlossenheit (sei es *pppppp* oder *sffff*).«

Um diesem Schlüsselwerk Nonos eine weite Verbreitung zu sichern, wählte Abbado wiederum die Form einer Suite für den Konzertsaal. »Über die Möglichkeit, aus dem *Prometeo* eine Suite zusammenzustellen, haben wir, wie zwischen uns üblich, indirekt gesprochen. Nono fragte mich oft, welches die Stücke seien, die mir am besten gefallen, und ich erinnere mich, dass wir darüber auch mit Pollini gesprochen haben, der seinerseits andere Stücke für eine ideelle Suite vorgeschlagen hat. Als ich sie zum ersten Mal im Jahre 1992 in Berlin im Rahmen eines Konzertzyklus zum Prometheus-Thema kombiniert mit der Musik von Beethoven, Skrjabin und Liszt aufführte, hatte uns Gigi leider bereits seit zwei Jahren verlassen. Ich weiß, dass die Idee, einzelne Stücke eines Werkes in Abwesenheit des Komponisten auszuwählen, an Willkür zu grenzen scheint. Aber, wie es auch bei *Al gran sole* der Fall war, handelt es sich dabei um eine Entscheidung, die sich aus den Umständen ergibt; man denke an die organisatorischen Erfordernisse, an die – nicht nur ökonomischen – Schwierigkeiten, die manchmal die Realisierung eines vollständigen Werkes unmöglich machen. Wenn ich wählen sollte zwischen dem Verzicht auf eine Gesamtaufführung oder einer kohärenten Auswahl einzelner Teile einer Komposition, wähle ich eine Möglichkeit, die dem Publikum zumindest den wesentlichen Gehalt eines Werkes näher bringt. Und die Reaktion des Publikums – ich erinnere mich noch an die Begeisterung der Zuhörer in der Carnegie Hall im Oktober 1999 – bestätigt meine Überzeugung, dass in dieser Form das Wesentliche eines Kunstwerkes gültig verbreitet werden kann.«

Auch nach *Prometeo* blieben die Freunde einander vertraut. Trotz Abbados zunehmenden internationalen Verpflichtungen brach der Dialog niemals ab, der – zwischen Worten und Stille – bis zum Tode Nonos andauerte. Gemeinsam suchten und förderten sie die Musik junger, noch wenig bekannter Komponisten: »Nono war immer an jungen Komponisten interessiert. Kurtág, Rihm und viele andere verdanken seiner Aufmerksamkeit viel.« In Nonos letzten Briefen, als für ihn die Einsamkeit immer mehr zu einer Form kreativer Notwendigkeit wurde, forderte er dazu auf, die Musik der Jungen zu unterstützen und zu verbreiten. Als sich die Gründung des Festivals »Wien Modern« durch Abbado am Horizont abzeichnete, schrieb Nono aus Berlin: »In der von mir als immer dringlicher empfundenen Notwendigkeit, alleine zu sein (Studien – Experimente – beträchtliche Schwierigkeiten ...), fühle ich oft das Bedürfnis, mit dir SPRECHEN zu können – ... ich möchte dir sagen: Halte niemals inne. Fühle NIEMALS, dass alles funktioniert ... Für Wien: Dass jede deiner Ideen DAS UNVERÖFFENTLICHTE DAS UNGEWOHNTE DAS NIE GEHÖRTE ERNEUERN UND KREIEREN möge. / ... Rihm ist nun IN, hat neue Entwicklung ... war zu ›neo-romantisch‹, zu akademisch: jung, er muss sich noch befreien – / es gibt andere Junge: lass dir die Partituren schicken – du wächst, indem du dazu beiträgst, die Jungen aufleben zu lassen (Aufführende – Sänger – Komponisten) / begnüge dich NIE mit den Namen, die bereits bekannt, bereits ›Stars‹ sind ... die GUBAIDULINA ist originell, von großer Moralität und Intelligenz – lass dir von der Luciana [Pestalozza Abbado] schicken: GILBERTO CAPPELLI – MARCO STROPPA (27 Jahre), der zwischen IRCAM–HARVARD–PADOVA am AUFGEHEN ist.« Und wenige Tage danach, in einem neuen Brief: »Andere Partitur von Rihm NEU für Orchester ›UNBENANNT‹ – ... wäre SCHÖN im Musikverein!!! / schau du. / in Budapest, ein Abend mit Kurtág – immer mehr Freund und mit Zuneigung –, hat mir seine neue Arbeit gezeigt, auf Fragmente von Kafka ... es ist sehr schön – und sehr rar ... sein Konzert für Kl[avier] und Orchester, so habe ich verstanden, wird NIEMALS existieren – Kurtág ›fürchtet‹ das Orchester und die wenigen, verfügbaren Proben – / Du könntest ihn beruhigen und überzeugen«.

Nonos Prophetie erfüllte sich: Es entwickelte sich ein enges professionelles und persönliches Verhältnis zwischen Claudio Abbado und György Kurtág. Die

Geschichte dieser Begegnung sollen die Protagonisten selbst erzählen:

KURTÁG: »Es gibt Persönlichkeiten, die in besonderen Momenten und Situationen Kontakte schaffen und eine Kette von Ereignissen auslösen können, die das kulturelle Schicksal einer ganzen Epoche beeinflussen. Nono und Abbado gehören für mich zu jenen. Nono sei Dank habe ich die Musik Mahlers entdeckt, jenes Komponisten, dem ich durch Abbado in Berlin wiederbegegnet bin. In beiden habe ich – auf direkte oder indirekte Weise – Freunde und gemeinsame Leidenschaften gefunden, Tarkowskij, Beckett, Kafka ... Es ist wahr, wie Nono 1986 schrieb, dass ich das Orchester ›gefürchtet‹ hatte. So wie es auch wahr ist, dass Abbado mir geholfen hat, diese Schwierigkeit zu überwinden. Als wir 1991 zum ersten Mal zusammen in Wien an *Samuel Beckett – What is the Word* arbeiteten, kannte ich Abbado bereits indirekt. Ungefähr zehn Jahre zuvor hatte ich in Budapest durch Hans Landesmann seine Analyse über *Anton Weberns Orchesterstücke op. 6. Eine vergleichende Betrachtung der Fassungen von 1909 und 1928 als Vorstufe der Interpretation* erhalten, die in einer Festschrift der Universal Edition anlässlich des hundertsten Geburtstages von Webern im Jahre 1983 enthalten ist. So habe ich entdeckt, dass der vierte Satz (›Sehr mäßig‹) dieses Werkes in der ersten Version des Jahres 1909 ein Trauermarsch in Erinnerung an die Mutter Weberns war und dass in der Version von 1928 einige besonders ergreifende dynamische Bezeichnungen weggelassen sind. Aus Gründen, die mehr mit meiner persönlichen als mit meiner beruflichen Biografie zu tun haben, war diese Analyse eine Art Offenbarung, eine Erleuchtung für mich ... Wir sind uns dann in Wien im Mozartsaal während der Proben für *Quasi una fantasia* persönlich begegnet.«

ABBADO: »Es war im Jahre 1988; im Mozartsaal des Konzerthauses probten wir zusammen mit Zoltán Kocsis und Péter Eötvös. Kurtág erklärte dem Publikum alle Einzelheiten seiner Komposition für Klavier und im Raum verteilte instrumentale Gruppen. Ich habe in ihm sofort die außerordentliche und offene Persönlichkeit erkannt, die mir Nono, Ligeti und Hans Landesmann geschildert hatten. Von jenem Moment an empfand ich tiefe Freundschaft. Kurtág wurde 1993 nach Berlin als ›composer in residence‹ der Berliner Philharmoniker und Fellow des Wissenschaftskollegs eingeladen, wo er sich noch ein weiteres Jahr aufhielt. In Wien hatte ich sein *Samuel Beckett – What is the Word* uraufgeführt, ein Stück für rezitativische Stimme und Kammerensemble, geschrieben für die großartige Schauspielerin Ildikó Monyók, die später in der Folge eines Unfalls nicht mehr sprechen konnte. In Berlin kam Kurtág oft zu meinen Proben in die Philharmonie, sicherlich, um einfach zuzuhören, aber ich glaube, insgeheim auch, um zu erforschen, wie man mit einem großen Orchester arbeiten kann. Eines Tages überwand ich meine Scheu und fragte ihn offen, warum er noch kein Werk für große Orchestergruppen geschrieben habe. Er erwiderte, dass er die ›Masse‹ des Orchesters fürchte, dass ein derart voluminöser Gesamtklang nicht perfekt zu kontrollieren sei. Ich probte damals *Atmosphères* und *Lontano* von Ligeti. Da kam es mir gelegen, dass ich ihn als Antwort auf einen Komponisten verweisen konnte, den wir beide zutiefst verehrten. Wenn diese hoch komplexen Werke von einem gut einstudierten Orchester gespielt werden können, ist das der Beweis für die Kontrollierbarkeit des Klanges. Es schien mir gelungen zu sein, ihn zu ermutigen. Denn innerhalb von zwei Jahren entstanden *Grabstein für Stephan*, eine seiner schönsten Kompositionen, und *Stele*, deren Uraufführung ich dirigierte.«

KURTÁG: »Ich habe *Stele* Claudio und den Berliner Philharmonikern gewidmet, weil meine erste Komposition für großes Orchester für die Berliner, ihren Klang und ihr Timbre (ihre Kontrabässe!) geschrieben wurde, so wie ein Theaterstück für einen Schauspieler geschrieben werden kann. Die Uraufführung von *Stele* war eine echte Zusammenarbeit: Ich verfolgte alle Proben, holte mir Abbados Rat, wie meine Vorstellungen mit der Partitur auf dem Papier in Übereinstimmung zu bringen seien. Mein Problem ist – und ich spreche darüber oft mit Ligeti –, dass ich das Bedürfnis habe, alles festzuhalten, jedes noch so kleine Ereignis exakt in den Notenblättern zu definieren. Bei Orchestermusik ist dies manchmal problematisch! Die gemeinsame Arbeit an *Stele* war ein nachhaltiges Erlebnis. Ich war nie zufrieden; auch nach den ersten Konzerten in Valencia und in Wien war ich noch nicht vollkommen einverstanden; oder, besser gesagt, ich war es, aber nur vorübergehend! Selbst nach der Aufführung in Berlin haben wir noch Eigenschaften des Stückes entdeckt, die wir vorher nicht bemerkt hatten. Dieser Prozess des stetigen Wachstums war unglaublich faszinierend – dank der Begeisterungsfähigkeit und der Liebe zur Musik, die Abbado zu vermitteln vermag.«

ABBADO: »Vor dem Berliner Konzert hatten wir *Stele* in Valencia und beim Festival ›Wien Modern‹ aufgeführt. So war es möglich, in Ruhe mit Kurtág zu arbeiten und die Interpretation reifen zu lassen. Ich versuchte, seine Wünsche und Gedanken genau zu verstehen. Manche Notation wurde gemeinsam besprochen und entschieden; während der Proben fragte er mich manchmal, wie er gewisse Klänge, die er in seiner Vorstellung hatte, zu Papier bringen könne, wobei er seine Absichten präzise und gründlich erklärte. Vor jeder Probe trafen wir uns mindestens eine Stunde, um uns anhand der Partitur zu beraten. Mit Kurtág zusammen zu sein, war für mich außerordentlich wichtig, wie es in der Vergangenheit mit Nono war.«

Nono machte Abbado auch auf Wolfgang Rihm aufmerksam: »Ich habe Claudio Abbado sehr viel zu verdanken. Sein lebendiges Interesse und seine tätige Treue haben meiner Musik zu ungemein weiter Resonanz verholfen. Dass es bei Claudio Abbados Interpretationen eine Art inneres Leuchten zu bewundern gibt, scheint mir die direkte Umsetzung von Charakter in Tätigkeit zu sein. Alles entsteht aus diesem Fragen nach Klang und Melos, alles entsteht wie von selbst, aus sich heraus ... Die melodische Energie einer Musik tritt dadurch als Substanz unbehindert hervor; das Melos, das nicht nur aus Oberstimmen besteht, sondern dessen Fluss Farbe und Klima des Klanges ist. Luigi Nono hat uns vor langen Jahren miteinander bekannt gemacht. Dadurch war ein Gestirn gesetzt über die Beziehung: Nonos Freundschaft stiftete Freundschaften mit eigenem Licht.«

Bei der Uraufführung des *Prometeo* in Venedig im September 1984 wurde Wolfgang Rihm, damals 32 Jahre alt, dem Dirigenten als ein vielversprechender Musiker seiner Generation vorgestellt. Bereits vier Jahre später, im Jahre 1988, war Rihm beim ersten Festival »Wien Modern« neun Mal vertreten. Im Eröffnungskonzert stand seine Komposition *Départ* als Uraufführung auf dem Programm – neben György Ligetis *Lontano* und *Atmosphères* und den *Notations* von Pierre Boulez. Das war der Beginn einer langen freundschaftlichen Kooperation; es folgten zwei weitere Uraufführungen, *bildlos/weglos* (»Wien Modern« 1991 zu Ehren von Andrej Tarkowskij) und *In doppelter Tiefe* (Berlin 1999). Auf Abbados Konzertprogrammen in Berlin und auf Tourneen erschienen weitere Kompositionen von Wolfgang Rihm:

Dämmerung und *Doppelgesang für Viola und Violoncello* (mit Wolfram Christ und Georg Faust als Solisten). Bei Rihm war es anders als bei Kurtág und Nono, bei denen in einem Prozess gemeinsamer Reflexion Komponieren und Interpretieren konvergierten und voneinander abhängig waren. Rihms Musik entsteht durch notengetreue Interpretation der Partitur, die in äußerster Klarheit bis ins Detail die Klangvorstellungen des Komponisten festhält. Von Abbado angeregt, komponierte Rihm die *Hölderlin-Fragmente* zum Hölderlin-Zyklus 1993 und als Auftrag zum Berg-Büchner-Zyklus 1997 *Apokryph* für Bariton und Klavier.

Bleiben noch zu erwähnen Abbados Begegnungen mit György Ligeti: »Während der Proben für *Lontano* an der Mailänder Scala im Jahre 1974 brachte er mir viele kleine Notizzettel, auf denen er mir von Mal zu Mal seine Eindrücke oder besondere Aspekte zur Verbesserung der Interpretation festhielt. Als ich begann Ligeti aufzuführen, war seine Musik, im Gegensatz zu der der anderen Komponisten des 20. Jahrhunderts, bereits dank Stanley Kubricks Verwendung von *Atmosphères* in *2001: Odyssee im Weltraum* aus dem Jahre 1968 einem breiten Publikum bekannt. Sein *Doppelkonzert für Flöte und Oboe* erklang in einem Konzert des Berliner Philharmonischen Orchesters«; mit Bruno Maderna: »Nach *Aura* habe ich sein *Concerto per oboe e orchestra n. 3* dirigiert ... Er hat außerordentlich viel für die zeitgenössische Musik in aller Welt geleistet«; mit Luciano Berio *(Requies)*, Karlheinz Stockhausen *(Gruppen)*, Beat Furrer *(Face de la Chaleur)* und mit Matthias Pintscher (*Hérodiade-Fragmente*, gesungen von Christine Schäfer). Für all diese Begegnungen scheint die Regel zu gelten, wonach für Abbado die Grenzen zwischen der künstlerischen und der menschlichen Dimension fließend sind. Er ist jederzeit offen für neue Erfahrungen und Anregungen im Umgang mit Komponisten und wünscht den vertrauensvollen Dialog. Er sucht die Intuition, die aus geistiger und intellektueller Partnerschaft entsteht.

Die gemeinsame Arbeit von Komponist und Dirigent am Entstehen neuer Musik, die gegenwärtige Zustände reflektiert, ist für Claudio Abbado eine gesellschaftliche Pflicht; denn sie macht Musiker wie Hörer empfänglich und empfindsam gegenüber den Veränderungen, Verunsicherungen und Gefährdungen unserer Zeit.

Aus dem Italienischen von Robert Lichtneckert und Ulrich Eckhardt

* Alle Zitate von Claudio Abbado stammen aus Gesprächen, die zwischen Mai und November 2002 in Salzburg, Ferrara, Brescia und Sils Maria stattgefunden haben. Die Äußerungen von György Kurtág entstammen einem unveröffentlichten Interview, das die Autorin am 29. Mai 2002 in Wien mit dem Komponisten führte. Für die Zitate von Nono s. Luigi Nono, *Scritti e colloqui*, 2 Bde., hrsg. von A. I. De Benedictis und V. Rizzardi, Mailand 2001, 1. Bd., S. 479, 2. Bd., S. 229, 208, 540–541, 245; die Briefzitate sind unveröffentlichten Briefen des Komponisten entnommen (Originale auf Italienisch), die im Archivio Luigi Nono in Venedig aufbewahrt werden (mit freundlicher Genehmigung). Das Zitat von Wolfgang Rihm ist frei entnommen aus »Dieser wunderbar Fragebegabte«, in: *Berliner Zeitung*, 26.6.1998.

6 7
БЕРЛИНСКИЙ ФИЛАРМОНИЧЕСКИЙ ОРКЕСТР
(ФРГ)
КЛАУДО
АББАДО
6.XII
БЕТХОВЕН
Р.ШТРАУС
БРАМС
Симфония № 1
7.XII
БЕРГ
МАЛЕР
Симфония № 1

CARNEGIE HALL
CARNEGIE HALL
presents
BERLIN
PHILHARMONIC
For The First Time Under
CLAUDIO
ABBADO
SOLD OUT
CARNEGIE HALL
FRIDAY, OCTOBER 29, 1993 AT 8:00PM
Claudio Abbado, Conductor
Sylvia McNair, Soprano
MAHLER "Ich atmet' einen Linden Duft" from Rückert Lieder
MAHLER Three Songs from Des Knaben Wunderhorn
MAHLER Symphony No. 4 in G Major

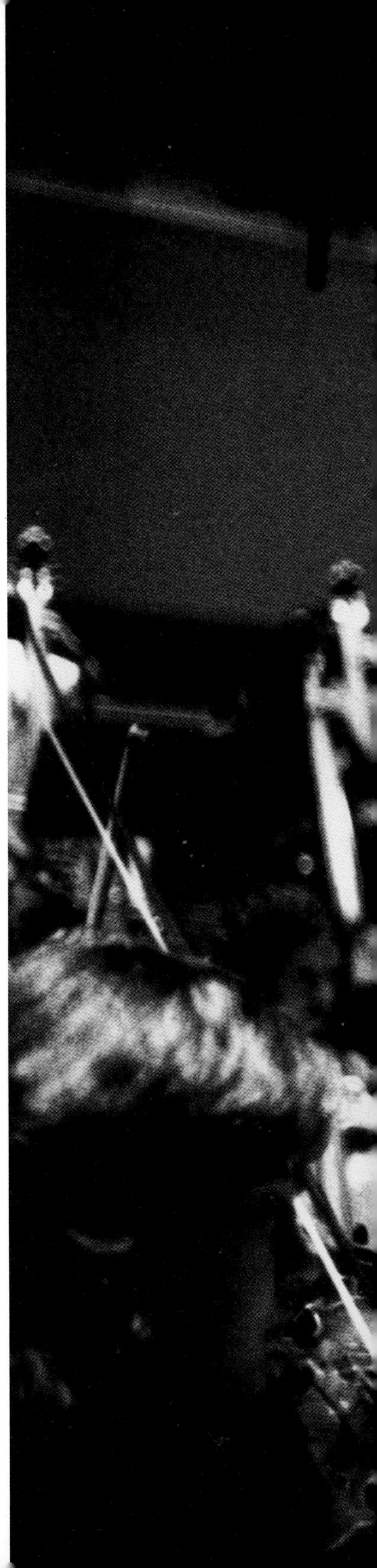

Iain Crawford

Inselzeit *Claudio Abbado und das London Symphony Orchestra*

Claudio Abbados erster Kontakt mit dem englischen Musikleben fand 1965 in Manchester statt. Er dirigierte das Hallé Orchestra. Schon wenige Monate später, beim Edinburgh-Festival 1966, leitete er ein anderes britisches Orchester, das New Philharmonia Orchestra, das seinen Sitz in London hat, und im darauf folgenden Jahr begann seine Verbindung mit dem London Symphony Orchestra, die 22 Jahre währen sollte.

Das London Symphony Orchestra hatte einen Ruf als selbstbewusstes, auf seine Autonomie bedachtes Team. Es war 1904 von Musikern aus einem von Sir Henry Wood geleiteten Ensemble neu gegründet worden; sie hatten sich gegen ihren Chefdirigenten aufgelehnt, weil er keine Vertretungen in seinem Orchester duldete. Dieses bald hundert Jahre alte, erste unabhängige britische Orchester beansprucht auch heute noch den vordersten Platz in der Musikmetropole. Chefdirigent des LSO war von 1968 bis 1979 André Previn; er war bekannt für sein hoch professionelles Musikertum, aber auch für seinen lockeren Stil, für seinen Witz und sein »easy going«.

Als Claudio Abbado zum ersten Mal mit dem London Symphony Orchestra arbeitete, stellte sich für die Musiker sehr schnell heraus, dass er ganz anders war: ruhig, zurückhaltend, gebildet, sehr ernsthaft in seiner Arbeit. Als das Orchester ihn näher kennen lernte, entdeckte es, dass er Humor hatte, Wärme und Freundlichkeit ausstrahlte, dass er auf eine eigene Weise sehr menschlich und verbindlich war und Musik für ihn offensichtlich eine Passion, nicht nur eine Profession bedeutete. In den Proben gibt er keine wortreichen Erklärungen ab; Passagen, die noch nicht richtig laufen, lässt er wiederholen, manchmal sogar ohne Kommentar, bis er davon überzeugt ist, dass sie exakt gespielt sind und den leidenschaftlichen, lyrischen oder dramatischen Charakter treffen, der beabsichtigt ist. Er dirigiert grundsätzlich auswendig, und zwar alles, vom *Parsifal* bis zu *God Save the Queen*!

Schon nach seinem ersten Konzert 1966 in der Royal Festival Hall konnte jeder erkennen, dass es eine ursprüngliche und musikalisch überzeugende Übereinstimmung zwischen dem London Symphony Orchestra und seinem neuen Gastdirigenten gab. Regelmäßig wurde er wieder für die nächste Spielzeit eingeladen, und so festigte und erweiterte sich eine Verbindung, die Musiker und Publikum gleichermaßen genossen. Bei der intensiven Probenarbeit zur Vorbereitung der Opernaufführungen für das Edinburgh Festival (Bellinis *I Capuleti ed i Montecchi* 1967, Rossinis *La Cenerentola* 1971, *Carmen* 1977 und 1978) verbrachten Dirigent und Musiker ohne Unterbrechung viele Tage und Stunden miteinander; dabei dürfte das gegenseitige Vertrauen und die wechselseitige Achtung entscheidend gewachsen sein. Jedes Orchester, wie energisch es auch auf seiner Unabhängigkeit bestehen mag, genießt die Anerkennung, die es erfährt. Die Musiker des LSO spürten, wie erfolgreich ihre Arbeit und ihr Einsatz sowohl in der Oper als auch im Konzert waren. Kritiker und Publikum empfanden und äußerten ihre Freude über den Schwung, die Eleganz und die Überschwänglichkeit des Musizierens unter Abbados Leitung.

An *Carmen*, einer eigenen Produktion des Edinburgh Festivals in den Jahren 1977 und 1978, arbeiteten sie gemeinsam wochenlang – erst in London, dann in Edinburgh. Während der Proben im Meadowbank Sports Centre in Edinburgh – dort wurden die Bühnenproben mit allen Beteiligten vorbereitet – sprach

Abbado oft über die Beziehung des Dirigenten zu seinen Orchestermusikern. Sie gewannen die Überzeugung, dass durch ihre Arbeit mit ihm ihre künstlerische Position über das alltägliche Geschäft hinaus gestärkt werde. »Claudio ist unser Protein«, bekannte Tony Camden, Solo-Oboist und Vorstand des London Symphony Orchestra. Und Abbado: »Das LSO ist etwas Besonderes. Ich schätze vor allem den menschlichen Kontakt. Ich habe Freunde im Orchester gefunden.«

Die Zufriedenheit und gemeinsame Begeisterung erleichterten auch die problematischen Arbeitsbedingungen in Edinburgh. Die Akustik des King's Theatre kritisierten viele als zu trocken. Abbado antwortete darauf: »Diese Akustik ist gut für uns. Sie arbeitet für uns. Sie ist nicht so schlecht wie ihr Ruf. Es ist natürlich ein kleines Theater, aber es hat einen guten Klang. Auch die Scala in Mailand hat keinen langen Nachhall, und wir spielen dort mit Erfolg Symphonie- und Kammerkonzerte.«

Seine Zeit und Arbeitskraft teilte Claudio Abbado zwischen dem Orchester der Scala, dem London Symphony Orchestra und den Wiener Philharmonikern auf. Mit jedem Orchester spielte er ein spezifisches, dem jeweiligen Profil angemessenes Repertoire im Konzert sowie auf Schallplatte und CD. Das LSO schätzte er für Strawinsky und nahm mit ihm die großen Ballettmusiken des Russen auf, den *Feuervogel*, *Sacre du Printemps*, *Pulcinella*, *Petruschka* und *Jeu de cartes*. Von Bartók spielte er die Klavierkonzerte (Solist: Maurizio Pollini), *Der wunderbare Mandarin* und die *Deux Portraits*, von Alban Berg das Kammerkonzert, die *Lulu-Suite*, die *Lyrische Suite*, die *Altenberg-Lieder* und sämtliche Orchesterwerke von Maurice Ravel ein. Doch Abbado und das LSO beschränkten das Repertoire ihrer Tonträgerproduktionen keineswegs auf die so genannte klassische Moderne. Außer den Mitschnitten in Edinburgh nahmen sie zum Beispiel alle Symphonien und Ouvertüren von Felix Mendelssohn Bartholdy auf, von Mussorgskij die *Bilder einer Ausstellung* (in der Instrumentierung von Maurice Ravel) und Ausschnitte aus der Oper *Chowanschtschina*. Für Brahms und Bruckner bevorzugte Abbado hingegen die Wiener Orchester – aus nahe liegenden Gründen: Er fühlte sich mit ihnen in einer authentischen, lebendigen Aufführungstradition.

Nach diesen jahrelangen, von internationalen Erfolgen gekrönten gemeinsamen Erfahrungen bot das London Symphony Orchestra Claudio Abbado 1979 schließlich die Position des Chefdirigenten an – wohl wissend, dass er bereits Künstlerischer Leiter der Mailänder Scala war, häufig bei den Wiener Philharmonikern gastierte, gerade erst 1978 das European Community Youth Orchestra mitbegründet hatte und ihn das Chicago Symphony Orchestra für ein besonderes Engagement gewinnen wollte. Es war klar, dass er nicht allzu viel Zeit in London verbringen würde. Aber dennoch wurden die achtziger Jahre zum Jahrzehnt einer fruchtbaren, glücklichen Zusammenarbeit für beide Seiten. Sie ermöglichten Claudio Abbado und dem LSO das außergewöhnliche Festival von 1985: »Mahler, Vienna and the 20th Century«. Sie ließen auch zahlreiche neue Initiativen entstehen. In den frühen achtziger Jahren brachte das Orchester unter Abbado klassische Musik in die neuen Konzertsäle von Cardiff und Nottingham. In London zog das LSO in den neuen Barbican-Komplex mitten im Geschäfts- und Industriezentrum der Stadt um. Dort verbrachte es drei Monate seiner jährlichen Spielzeit. In der Ära Abbado erweiterte es sein Wirkungsfeld mit Tourneen durch Großbritannien – in Leeds, Birmingham, Nottingham, Liverpool, Swansea, Cardiff, Aldeburgh, Newcastle, Glasgow und Aberdeen wurde diese Neuerung mit großer Freude aufgenommen.

In London gestalteten Abbado und das LSO klassische Programme, die ganz darauf zugeschnitten waren, die Solisten und ihre Musikauffassung optimal zur Geltung zu bringen. Dazu gehörten zum Beispiel die Serien, in denen Alfred Brendel die Beethoven-Klavierkonzerte spielte oder Maurizio Pollini seine Interpretationen von Beethoven, Bartók und Brahms vorstellte. Dazu gehörte auch die Reihe, in welcher der achtzigjährige Rudolf Serkin einen großen Teil von Mozarts Klavierkonzerten spielte – eine Hommage, eine Reverenz an einen der größten Pianisten seiner Zeit. Der auf zahlreichen Aufnahmen dokumentierte Mozart-Zyklus mit Rudolf Serkin nimmt im Leben und Wirken Claudio Abbados einen besonders hohen Rang ein. Er fühlte sich dem Pianisten eng verbunden und betont selbst den prägenden künstlerischen Einfluss, den er dem Freund verdanke.

Abbado und das London Symphony Orchestra gaben Konzerte auch zur Mittagzeit oder abends um halb sieben. So sollten Menschen, die in der Umgebung des Barbican Centre arbeiteten, die Möglichkeit erhalten, ihren Feierabend mit einem Konzertbesuch zu beginnen. So sollten neue Interessenten für das Orchester und seine Aktivitäten gewonnen werden. Man veranstaltete Gesprächskonzerte, die auch im Rundfunk übertragen wurden. Mahler stand oft auf dem Programm, auch vor und nach dem großen Festival von 1985. Und Abbado konzipierte und dirigierte Programme, mit denen er sein Publikum in die Welt der Neuen Musik einführte.

Beispielhaft können dafür die beiden Konzerte mit Karlheinz Stockhausens *Gruppen* im Jahre 1983 stehen. Das Orchester muss in dieser Komposition auf drei große Ensembles an verschiedenen Stellen des Saals verteilt werden. Claudio Abbado und seine beiden Kodirigenten, Edward Downes und James Judd, bereiteten die Aufführung gemeinsam mit dem Komponisten vor. Podien wurden gebaut, um den Teilorchestern des LSO die nötige Spielfläche zu schaffen. So entstand die höchst professionelle Aufführung eines großen Werkes von einem der bekanntesten Komponisten des 20. Jahrhunderts. Es wurde kombiniert mit Werken von Johannes Brahms: der *Alt-Rhapsodie* und den *Haydn-Variationen*, die einen freundlich-gelösten Kontrast zu Stockhausens gewaltiger Klang-Raum-Inszenierung gaben.

1983 ging das London Symphony Orchestra mit Claudio Abbado auch auf Amerika-Tournee. Washington, Boston und New York waren die Stationen mit einem Programm, das Bartóks *Wunderbarer Mandarin* mit Mahlers Erster Symphonie zusammenbrachte.

Zwei Monate danach waren Abbado und das Orchester in Salzburg. Als einziger Dirigent neben Herbert von Karajan leitete er zwei Konzerte: Werke von Webern, Arien von Mozart und Berlioz' *Symphonie fantastique* bildeten das erste Programm; das zweite bestand aus Brahms' Erstem Klavierkonzert mit Vladimir Ashkenazy und Ravels Orchestrierung von Mussorgskijs *Bilder einer Ausstellung*. Salzburg stand in dem Ruf, an französischer Musik nicht übermäßig interessiert zu sein, doch die *Symphonie fantastique* erhielt großen Beifall, die *Bilder einer Ausstellung* sogar stehende Ovationen.

Die *Symphonie fantastique* hatte zuvor schon in London die Musikkenner aufhorchen lassen: »Abbado und das LSO boten eine packende Interpretation der *Symphonie fantastique*. Auch hier keine Spur von Routine, kein Geizen mit den erforderlichen

Mitteln: Im zweiten Satz spielten die vier Harfen, die die Partitur verlangt, im Finale dann der ernsthafte Versuch, durch die Kombination von Glocken mittlerer Tonhöhe mit einem verstärkten Klavier den Klang des dunklen Totengeläuts zu erzeugen, den Berlioz wollte; durchgehend wurde der Sinn jeder Phrase, jedes Rhythmus, jeder Harmonie und Klangfarbe sowie aller dynamischen Kontraste gründlich und neu durchdacht. Das Ergebnis war eine Aufführung – gewichtig und sensibel, analytisch und prickelnd lebendig zugleich –, bei der die ständig wechselnden Klangfarben in eine ›unendliche Melodie‹ eingeschmolzen waren. Die Dramaturgie der Symphonie wurde mit entsprechendem Sinn für das Ganze herausgearbeitet; der Alptraum der letzten beiden Sätze erwuchs aus den qualvollen, exaltierten Träumen der ersten drei Sätze; im Finale erreichten Abbado und seine inspirierten Musiker etwas, von dem ich schon fürchtete, dass man es in einem Werk wie diesem nie mehr erleben könnte, weil seine Gewalt durch allzu lange Vertrautheit abgestumpft sei – eine rasende physische Erregung, als hinge unser Leben von jeder Note dieser Symphonie ab.« (David Cairns)

In seinen Londoner Jahren dirigierte Abbado vier Opern im Opera House at Covent Garden: 1968 den *Don Carlos*, 1975 *Un ballo in maschera*, 1983 *Boris Godunow* und 1993 – bereits nach seiner Zeit beim London Symphony Orchestra – Debussys *Pelléas et Mélisande*. Für *Boris Godunow* wählte er die originale Orchestrierung des Komponisten, nicht die glättende Revision durch Rimskij-Korsakow. Als Regisseur wollte und gewann er Andrej Tarkowskij. Die beiden Künstler, den Filmemacher und den Dirigenten, verband außer einer tiefen persönlichen Freundschaft auch das Interesse an Grenzüberschreitungen und an einem Dialog der Künste. Sie blieben sich nahe, solange Tarkowskij lebte. Das von Abbado gegründete und geleitete Festival »Wien Modern« war 1991 dem 1986 verstorbenen Freund gewidmet – »In memoriam Andrej Tarkowskij« – und wurde zum Denkmal aus Klängen und Bildern.

Die Ära Abbado beim London Symphony Orchestra umfasste insgesamt 22 Jahre, zehn Jahre davon trug er die Verantwortung als Chefdirigent. 1989 wurde Claudio Abbado dann an die Spitze jenes Orchesters berufen, das schon 22 Jahre vor Gründung des LSO als künstlerische Initiative in Eigenverantwortung und Autonomie entstanden war: das nicht weniger selbstbewusste Berliner Philharmonische Orchester.

Aus dem Englischen von Habakuk Traber

Donald Mitchell

Conjunctions *Das Mahler-Festival 1985 in London*

Unter dem Motto »Mahler, Wien und das 20. Jahrhundert« fand im Jahre 1985 in London ein einzigartiges und denkwürdiges Festival statt. Claudio Abbado war sein Initiator und künstlerischer Garant. Er spielte eine maßgebliche Rolle nicht nur als kongenialer Interpret, sondern darüber hinaus als unerschöpflicher Ideengeber für die Programmkonzeption, die alle Aspekte des Themas berührte und sinnvoll auf Mahler und sein Werk bezog. Das war eine ganz außerordentliche schöpferische Leistung von eigenem Rang. Ich erinnere mich sehr gut an die anregende Atmosphäre, an die intellektuellen Erkundungen, an die geistigen Visionen und Entwürfe bei unseren Vorbereitungstreffen, als wir das Festival auf den Weg brachten und Claudio Abbado sich an den Diskussionen beteiligte. Dies bot immer eine Gewähr dafür, dass die Musik am Ende unserer Planungen nicht in den Hintergrund gedrängt wurde. Vielleicht haben wir nicht jede ehrgeizige Idee verwirklichen können, aber die Musik stand immer an erster Stelle. Und Claudio war in dieser Vorbereitungsphase ein unermüdlich inspirierender Partner.

*****

Vor dem musikhistorischen Hintergrund des legendären Mahler-Festes von 1920 in Amsterdam wird erst richtig deutlich, was Abbado zwei Generationen später angestoßen hat: eine zeitgemäße Mahler-Rezeption auf der Grundlage kritisch reflektierter Tradition und der geschichtlichen Erfahrungen aus der europäischen Katastrophe des Zweiten Weltkriegs. Es war ein beachtlicher, tatsächlich ein historischer Schritt in Richtung der Anerkennung Mahlers als eines Komponisten, der so oft die Zukunft nicht nur vorwegzunehmen, sondern selbst zu erschaffen schien. Das weitgehend von Abbado getragene Londoner Festival von 1985 bedeutete eine weitere Stufe in der Aktualisierung von Mahlers Schaffen.

Das spätere große Mahler-Festival in Amsterdam, 1995, repräsentierte einen Gipfel in der weltweiten Würdigung Mahlers als wegweisenden Komponisten an der Schwelle zu einer neuen Zeit. Das Festival war überschrieben: »Die Welt hört Mahler« – das war 1995 eine schlichte Tatsachenfeststellung, während 1920 Mahlers Sache erst noch gewonnen werden musste. Nun, 1995, kamen die Zuhörer in Strömen. Eine Flut von Einspielungen und Literatur über Mahler erschien, und zahlreiche Symposien dienten dem Studium und der Diskussion seiner Werke. Mahler war sozusagen angekommen.

In mancher Hinsicht folgte das Festival von 1995 der Tradition von 1920. Der bemerkenswerten Rolle, die Holland zwischen den beiden Weltkriegen für den Erhalt der öffentlicher Wirkung Mahlers gespielt hatte, wurde die volle Anerkennung zuteil, ebenso Willem Mengelbergs gewaltiger Leistung als Interpret; sein Wirken hatte bis zur politischen Katastrophe von 1939 gedauert, die unvermeidlich zum Verstummen von Mahlers Musik in dem Land führte, das der österreichische Komponist sich einmal als seine »zweite Heimat« vorgestellt hatte. 1995 jedoch war Mahler überall auf der Welt »zu Hause«, ein grundlegender Wandel hatte sich vollzogen, der sich in der Vielfalt von Dirigenten und Orchestern der Weltklasse bei diesem Festival widerspiegelte. Abbado und die Berliner Philharmoniker nahmen teil, auch das Königliche Concertgebouw Orkest aus Amsterdam, das Orchester Mengelbergs, geleitet von Riccardo Chailly und Bernard Haitink, die Wiener Philharmoniker, Riccardo Muti und Simon Rattle – die Liste ist unvollständig, aber sie zeigt klar und deutlich die außerordentlichen Fortschritte, die mit Mahler-Aufführungen in der internationalen Musikkultur der zweiten Hälfte des 20. Jahrhunderts auf höchstem interpretatorischen Niveau erreicht wurden.

Beim Festival 1995 war das Ausmaß von Mahlers Einfluss auf Komponisten des 20. Jahrhunderts als musikhistorische Tatsache fraglos anerkannt. Seine kulturgeschichtliche Bedeutung bedurfte nicht mehr des Nachweises. Grundlegende Aspekte der Neuen Musik im ausgehenden 20. Jahrhundert waren vom schöpferischen Genius Gustav Mahlers vorweggenommen; er hatte Wege in die Zukunft gewiesen.

* * * * *

Den Wirkungen von Mahler auf eine noch spätere Komponistengeneration war zehn Jahre zuvor Abbados Projekt »Mahler, Vienna and the 20th Century« zum ersten Mal ganz konsequent nachgegangen. Die Konzerte mit dem London Symphony Orchestra fanden in der Londoner Barbican Hall in zwei Programmserien statt, die erste von März bis Juni, die zweite von September bis Oktober.

Jede der beiden Konzertreihen war zum besseren Verständnis von ausführlichen Publikationen begleitet. Zum Anliegen des Festivals äußerte sich Abbado im Vorwort des Programmbuches: »Nach dem Erfolg des Beethoven-Zyklus mit dem London Symphony Orchestra möchte ich ein neues Festival ankündigen, in dem alle Symphonien und Lieder von Gustav Mahler aufgeführt werden und in dem wir den Einfluss des großen Komponisten auf die Wiener Schule – Schönberg, Berg und Webern – beleuchten wollen. In das Jahr 1985 fällt der 100. Geburtstag von Alban Berg, dessen Kammermusik und dessen symphonische Werke Bestandteil unserer Konzerte sein werden.
Wir wollen die Spur der modernen Musik verfolgen und diese Geschichte als Brücke von Mahler zur Wiener Schule und dann von der Wiener Schule zur zeitgenössischen Musik darstellen, denn viele heutige Komponisten sind Erben dieser Entwicklung. Bei den meisten von ihnen kann man, wie bei Schostakowitsch und Britten, Mahlers Einfluss direkt erkennen. All die anderen Komponisten, deren Werke bei diesem Festival aufgeführt werden – Ligeti, Boulez, Berio, Birtwistle, Rihm, Nono, Ferneyhough, Maderna –, sind wiederum von der Wiener Schule beeinflusst.
Ich hoffe sehr, dass diese Konzertreihe, unterstützt von einer Anzahl bedeutender Ausstellungen, Vorträge und Theatervorstellungen, dem Publikum verdeutlichen wird, dass die heutige Musik kein isoliertes Phänomen ist, sondern die logische Fortsetzung der Komponisten, die wir alle schätzen.«

Meine Einführung im Programmbuch erläuterte die besondere Beziehung Mahlers zu Wien und zu den Künsten jener Zeit, zum Zeitgeist: »Wien [hat] (musikalisch gesprochen) Mahler, Zemlinsky, Schönberg, Berg und Webern und zahlreiche andere hervorragende Musiker hervorgebracht. Und es gab nicht nur innovative Musiker, sondern auch innovative Maler – die Wiener Sezession –, Architekten, Philosophen, Psychologen, Romanciers, Lyriker und Dramatiker. Es gab tatsächlich das gnadenlos traditionelle, konservative, sogar provinzielle Wien, aber das war nur ein Teil der Geschichte: Der andere Teil – das *andere* Wien – war brodelnde Unruhe, Skeptizismus, Ironie und Revolution. Über welches Wien man schimpfte oder spottete, das hing ganz von der Seite ab, auf der man sich befand. Im Rückblick und von außen betrachtet scheint es klar, dass das ›wirkliche‹ Wien weder der eine noch der andere Teil, sondern eine notwendige Verbindung von beidem war. Manchmal gab es Dialog, manchmal lautstarke Auseinandersetzungen, aber keine Seite kam ohne die andere aus.

Müssen wir uns ins Gedächtnis rufen, dass Wien für unseren unersättlich forschenden und suchenden Komponisten ein gutes Dutzend Tätigkeitsfelder bot, in denen sich sein Intellekt bewegen konnte? Es gab wohl ziemlich wenig Gebiete, die Mahler nicht interessiert oder angesprochen hätten. (Wenn irgendein Komponist eine Konsultation bei Freud haben sollte, dann musste es eigentlich Mahler sein, dessen schnelle Auffassung dessen, was Freud sagte, den Gründer der Psychoanalyse ganz offenbar tief beeindruckte.) 1902 heiratete er Alma, die Tochter eines bekannten Wiener Malers (Emil-Jacob Schindler) und Stieftochter von Carl Moll, einem anderen führenden Maler seiner Zeit (Mitglied der Sezession). Es war eine Heirat, die Mahlers Freundes- und Bekanntenkreis erweiterte, speziell in Richtung bildender und gestaltender Künste: Wieder erscheint es bezeichnend, dass Mahler von 1909 bis 1911 zwischen seinen Reisen nach Amerika mit seiner Frau in einem Haus lebte, das Josef Hoffmann, einer der Pioniere in Design und Architektur in der Stadt, entworfen hatte. Ein modernes Haus für einen modernen Menschen, der Mahler war.

Wir wissen von seinem besonderen Interesse an den neuen philosophischen Ideen, die damals in Wien zirkulierten, und an neuen Trends in Oper und Theater. Der kürzlich veröffentlichte Briefwechsel zwischen Richard Strauss und Mahler zeigt, wie heftig er gegen den eingefleischten Konservatismus kämpfte, der seine Bemühungen um eine Inszenierung der *Salome* durchkreuzte: Das Werk brach Tabus, vor allem in den Augen des Establishments. Tabus schienen Mahler tatsächlich nicht viel zu bedeuten, nicht einmal, wenn das heikle Thema der Sexualität von Heranwachsenden angeschnitten wurde. Es war wiederum unser unermüdlich suchender Komponist, der 1907 in Berlin (wo man in dieser Hinsicht weiter war als in Wien) Wedekinds kontrovers beurteiltes *Frühlings Erwachen* sah und es ungemein kraftvoll, vielversprechend und voller Poesie fand ... Was Mahlers Beziehung zu Schönberg und Berg und anderen aufstrebenden Wiener Komponisten betraf, so waren sie legendär für ihre Offenheit, ihre bisweilen aufbrausende Art, und dafür, dass sie sich hauptsächlich auf Fragen und Grundsätze des musikalischen Komponierens konzentrierten.«

Abbado ging es beim Londoner Festival darum, Mahler und seine Musik nicht als isoliertes Phänomen der europäischen Kulturgeschichte, sondern eben in diesem Beziehungsgeflecht mit den anderen Künsten zu präsentieren. Eine Ausstellung zeigte das Werk des Pioniers der modernen Architektur Adolf Loos, eine andere die äußerst einflussreiche Designerbewegung »Wiener Werkstätten«, die wesentlich an der Verbreitung der österreichisch-deutschen Spielart der Art Nouveau, des Jugendstils, beteiligt war. Außerdem waren Künstler wie Schiele, Klimt und Kokoschka mit Zeichnungen und Aquarellen vertreten, und der bekannte Gelehrte Erich Heller hielt einen Vortrag über die *Philosophie im Wien des fin de siècle*.

All dies bot einen bedeutungsvollen Kontext für die musikalischen Aufführungen. Der zweite bemerkenswerte Aspekt des Festivals bezog sich auf die von Schönberg und Zemlinsky 1904 in Wien gegründete Vereinigung Schaffender Tonkünstler, deren Ziel es war, »moderner Musik in Wien eine dauerhafte Heimat zu geben, in der sie gefördert würde; und das Publikum über den gegenwärtigen Stand der musikalischen Komposition auf dem Laufenden zu halten«. Der Ehrenpräsident war kein anderer als Gustav Mahler.

»Das Publikum über den gegenwärtigen Stand der musikalischen Komposition auf dem Laufenden zu halten« – das war auch Abbados Anliegen und ein besonderes Merkmal des Projekts von 1985. Das 1904 ausgerufene Ziel wurde gut achtzig Jahre später auf doppelte Weise verwirklicht. Die erste Schicht stellte eine historische Perspektive her, Mahlers Musik wurde gespielt und gehört in Beziehung zur Neuen Musik seiner Nachfolger – Berg, Webern, Schönberg und anderen –, die zweite Schicht konfrontierte Mahler mit dem aktuellen Stand musikalischer Komposition: eine fesselnde Chronik der laufenden musikalischen Entwicklungen. Niemand hatte je zuvor ein solch komplexes Projekt gewagt, zumindest nicht in Bezug auf Mahler. Was 1904 unter Mahlers Schirmherrschaft ins Leben gerufen und als Ziel formuliert worden war, entsprach genau der Absicht von Abbados einzigartigem Vorhaben.

*****

Gewiss gab es vor und nach 1985 in vielen Musikmetropolen der Welt bedeutende, mehr oder weniger vollständige Gustav-Mahler-Zyklen; nur in London hatte man zuvor nichts, was dem Festival von 1985 gleich kam, je geplant oder gar verwirklicht. Hier hatten wir tatsächlich einen nahezu kompletten Zyklus aller Symphonien. Was aber dem Festival seine Originalität verlieh, war das Prinzip der »conjunction«, des Aufeinandertreffens, des Zusammenpralls. Es war das oft völlig Unerwartete, Unvorhersehbare solcher »conjunctions«, das viele Einzelprogramme auszeichnete und neue Zeichen musikalischer Erfahrung setzte. Selbstverständlich waren auch einige wohlbekannte Verbindungslinien zur Zweiten Wiener Schule gezogen, am 22. September etwa, als Bergs *Altenberg-Lieder* der Dritten Symphonie vorangestellt wurden. Am 24. Oktober dagegen bildeten zwei Werke von Luigi Nono, *A Carlo Scarpa architetto, ai suoio infiniti possibili* und *Liebeslied*, die erste Hälfte des Programms, während Mahlers Sechste das Konzert beschloss. Oder das Programm vom 21. März, als Mahlers *Kindertotenlieder* von Bergs *Drei Stücken für Orchester* op. 6 und seinen *Drei Bruchstücken aus ›Wozzeck‹* gerahmt wurden, im Gegensatz zum Konzert am 7. April, als Mahlers Zweite Symphonie ein Programm beendete, das mit Wolfgang Rihms *Dis-Kontur* als erstem Teil begann. Im Konzert am 10. Oktober wurde Schönbergs *Verklärte Nacht* Mahlers *Lied von der Erde* vorangestellt, beides bekannte Werke, die aber selten in dieser aufschlussreichen Zusammenstellung zu hören waren und sind. Das Konzert wurde überdies von Pierre Boulez dirigiert, selbst eine führende Größe in der Aufführungstradition Neuer Musik, für die er als Chefdirigent des BBC Symphony Orchestra so viel getan hat. In einem Programm, das Abbado am 1. April dirigierte, waren Weberns *Fünf Stücke* op. 10 und Boulez' *Notations* vor Mahlers Siebter zu hören – ein faszinierendes Programm, denn die Siebte gilt vielen Kennern als Mahlers dichteste Annäherung an die Moderne. Abbado dirigierte erstmalig in seiner Laufbahn diese Symphonie, und er leitete damit einen signifikanten Wandel in ihrer künftigen Rezeption ein. Diese bahnbrechende Interpretation festigte Abbados Rang als Mahler-Interpret.

Als das Festival am 27. Oktober zu Ende ging, waren alle Mahler-Symphonien gespielt worden – außer der Zehnten, aus der am 3. April lediglich das Adagio von Abbado und seinem Orchester zu hören war. Mit dem ersten Satz der Zehnten, dem großen Adagio, dringt

Mahler in die explosive Klangwelt des Expressionismus ein. Abbados faszinierendes Programm kombinierte es mit Bergs *Lulu-Suite*, Debussys *Nocturnes* und Beethovens *Coriolan*-Ouvertüre in einer Orchestrierung mit vier Hörnern von Gustav Mahler, der auch ein bedeutender Operndirigent war.

Weitere zeitgenössische Komponisten der jüngeren Generation waren in das Festivalgeschehen 1985 einbezogen: Berios Konzert für zwei Klaviere wurde mit Mahlers Fünfter kombiniert. Kurtág, Dallapiccola, Alexander Goehr, Ferneyhough und Birtwistle waren vertreten, und Ligetis *Lontano* war das erste Stück in Abbados Eröffnungsprogramm vom 14. März, gefolgt von Bergs Violinkonzert und Mahlers Erster Symphonie. Werke aus der Gegenwart, die Mahlers Einfluss auf die nachfolgenden Komponisten zeigen, waren nicht aus einem engen Blickwinkel ausgewählt worden, vielmehr war eine breite Auswahl und ein weit gefächerter Maßstab angestrebt. Am 18. Oktober hörten wir zum Beispiel ein Programm mit der London Sinfonietta unter Elgar Howarth, in dem Brittens Serenade für Tenor, Horn und Streicher neben Ligetis *Kammerkonzert* und Birtwistles *Verses for Ensemble* gestellt war; zwei Tage später erklang erst Mahlers *Das klagende Lied* und anschließend Brittens *Spring Symphony*, beide Werke von Richard Hickox dirigiert. In diesen beiden Veranstaltungen wurde die symbiotische Beziehung zwischen Britten und Mahler klar erkennbar. Wäre Mahlers inspirierender Einfluss nicht gewesen, gäbe es wohl kaum Brittens Gesangszyklen. Und ein ähnlicher Eindruck vermittelte sich nach dem Konzert vom 11. März, als die London Sinfonietta unter Simon Rattle, der einmal der Nachfolger Abbados in Berlin werden sollte, ihr Programm mit Schostakowitschs 14. Symphonie abschloss (sie ist keinem anderen als seinem Freund Benjamin Britten gewidmet). Schostakowitschs Symphonien sind ohne Mahlers Vorbild für eine Symphonik neuen Stils kaum denkbar.

Für den 3. Oktober war ein so genanntes Galakonzert geplant, das wohl die kühnste aller möglichen »conjunctions« enthalten sollte. Vorgesehen war, es mit Bergs Arie *Der Wein* zu eröffnen, es mit einer mutigen Kombination zweier Werke von Charles Ives (darunter *The Yale-Princeton Football Game*) fortzusetzen und mit Mahlers *Rückert-Liedern* zu schließen: eher eine Disjunktion, so scheint es. Am Konzerttag erkrankte die Sängerin Jessye Norman, und das Programm musste in aller Eile überdacht werden. Statt Berg und Mahler dirigierte Abbado Dvořáks Achte Symphonie. Das war unerwartet, aber doch eine bedeutsame und anregende Erinnerung an Mahlers Verbindungen nach Böhmen.

Auf dem Londoner Mahler-Festival dirigierte Claudio Abbado – dies sei der Vollständigkeit halber festgehalten – die Erste, Zweite, Dritte, Vierte, Fünfte, Sechste und Siebte, sowie das Adagio aus der Zehnten Symphonie. Die Achte Symphonie leitete Sir Colin Davis am 21. April in der Royal Albert Hall und Leonard Bernstein die Neunte am 9. Juni in der Barbican Hall. Dieses letztgenannte Konzert stellte – interessant genug – eine symbolische Beziehung zum Mahler-Fest von 1920 und dem zukünftigen Amsterdamer Festival von 1995 her: Das Orchester war kein geringeres als das Concertgebouw Orkest aus Amsterdam, das bis zum heutigen Tag für seine von Willem Mengelberg begründete Mahler-Tradition gerühmt wird.

*****

Betrachtet man die Entwicklung der erwähnten drei Mahler-Zyklen von 1920 bis 1995, so fällt die ständige Erweiterung der Programmstruktur auf. Wurde der Wiener Komponist 1920 noch von einem Orchester und einem Dirigenten interpretiert, so waren es 1995 mehrere verschiedene Orchester und Dirigenten internationalen Rangs. In diesem Prozess nahm Abbados Festival von 1985 eine Mittelstellung ein. Einzigartig und von unschätzbarer Bedeutung war es aber durch jenes Konzept, das dem Prinzip der »conjunctions« folgte. Es stellte Mahler nicht nur in den geschichtlichen Zusammenhang seiner eigenen Epoche und des Einflusses, den seine Musik nach seinem Tod ausübte, sondern ging weiter und begab sich in weniger bekannte Gefilde der zweiten Hälfte des 20. Jahrhunderts, und auch hier trat Mahler noch immer als nie versiegende Inspirationsquelle hervor.

Selbstverständlich war das Mahler-Festival 1985 nicht allein Claudio Abbados Leistung. Man muss auch das die Aufführungen tragende London Symphony Orchestra hervorheben und die stetige, kultiviert ordnende Hand von Hans Landesmann, dem Festivalleiter, sowie die Mitglieder des Berater-Komitees, dem ich angehörte. Die inspirierende, treibende und auch zu Wagnissen bereite Kraft allerdings war Abbado – von der Fülle seiner denkwürdigen Konzerte ganz zu schweigen. Das ausladende interdisziplinäre Festival besaß eine starke Ausstrahlung und vermittelte Kennern wie Liebhabern reiche Erfahrungen und anhaltende Einsichten in das Wesen der Künste in ihrem geschichtlichen Kontext. Und es muss für Claudio Abbado ein beglückender Gedanke sein, dass es ihm 1985 gelang, die »conjunction«, die der dreiteilige Titel des Festivals verhieß: Mahler, Wien und das 20. Jahrhundert, so glanzvoll, kompetent und überzeugend bewusst gemacht zu haben.

Aus dem Englischen von Habakuk Traber

Iain Crawford

Edinburgh Reminiszenzen

Ernest Newman, der Wagner-Biograf und Doyen der englischen Musikkritik von den ersten Jahren nach 1900 bis ins Jahrzehnt nach dem Zweiten Weltkrieg, definierte das öffentliche Bild eines Dirigenten als eine »Kreuzung zwischen einem Hypnotiseur und einem Löwenbändiger«. Claudio Abbado passt nicht in dieses leicht ironisch gefärbte Schema, das wurde schon bei seinem ersten Auftritt in Großbritannien vor 37 Jahren klar. Am Dienstag, dem 2. November 1965, dirigierte er sein erstes Konzert auf den britischen Inseln mit dem Hallé Orchestra in Manchester. Das Programm war einfallsreich genug, um Neugier zu wecken, repräsentativ für seine musikalischen Neigungen, aber auch abwechslungsreich und nicht zu gewagt: Tschaikowskijs *Fantasie-Ouvertüre Romeo und Julia,* Prokofjews Suite aus *Der Schut*, komponiert nach einem Treffen mit dem Ballett-impresario Diaghilew 1915 in der britischen Hauptstadt, und Dvořáks Achte Symphonie G-Dur, die die Philharmonische Gesellschaft London 1888 in Auftrag gegeben hatte. Keine italienische Musik war dabei, auch keine Werke aus dem Kernbestand des Standardrepertoires. Da stand auf dem Podium kein Hypnotiseur und auch kein Löwenbändiger, sondern ein 32 Jahre junger schwarzhaariger, eleganter Maestro aus Italien, der den Eindruck von Intensität, Konzentration und souveräner Dirigiertechnik hinterließ.

Im darauf folgenden Jahr kam er wieder, mit Martha Argerich, seiner Solistin in den ersten Konzerten mit dem Hallé Orchestra. Doch noch bevor er nach Manchester zurückkehrte, lud ihn Peter Diamand mit seinem untrüglichen Gespür für verheißungsvolle musikalische Talente zum Edinburgh Festival ein. Am Tag seines ersten Konzerts beim 20. Internationalen Festival 1966 zeichnete ihn der begabte schottisch-italienische Karikaturist Emilio Cioia bei einer Probe als eine Figur von dynamischer Ausstrahlung im schwarzen Sweatshirt und mit einer Geste, die Festivalbesuchern in den nächsten 36 Jahren sehr vertraut werden sollte: Abbado verlangt mit dem Zeigefinger an den Lippen ein Pianissimo.

Das Festival befand sich – nach der unschönen Demission des beliebten und hoch angesehenen Lord Harewood – in einer Krise. Sein Nachfolger war der bisherige Direktor des Holland-Festivals Peter Diamand. Dass er bei weitem der erfahrenste und kenntnisreichste Festivalleiter in Europa war, wusste man nicht oder ignorierte man geflissentlich, so dass er zunächst einen schweren Stand hatte.

Als Carlos Kleiber in der angespannten Situation des Neubeginns die zweite Vorstellung von *Wozzeck* absagte, konnte Claudio Abbado zum Glück einspringen und die Aufführung retten. Selbst die überkritischen Londoner Sonntagszeitungen gaben zu, dass das Festival ein bedeutendes neues Talent entdeckt hatte. So schrieb Desmond Shawe in der *Sunday Times*: »Ein unerwarteter heller Sonnenstrahl ist mit der Ankunft des jungen italienischen Dirigenten Claudio Abbado, der das New Philharmonia Orchestra leitete, auf die blutgetränkte Edinburgher Szene gefallen. Seine Beethoven- und Schumann-Interpretation am Freitagabend war durch Klarheit und Lebendigkeit der melodischen Linien, durch ungewöhnliche Durchsichtigkeit der Textur und einen logischen Sinn für Proportionen und Strukturen gekennzeichnet. Das Orchester reagierte auf sein Dirigat mit einer glutvollen Interpretation von Schumanns *Genoveva* und begleitete Daniel Barenboim in einer frischen, schwungvollen Lesart von Beethovens Klavierkonzert C-Dur.«

Und Conrad Wilson im *Scotsman*: »Aber der Erfolg des Konzerts rührt auch von der sorgfältig ausbalancierten, frischen und lebendigen Begleitung her, die Claudio Abbado dem Orchester abgewann. Abbado, ein junger Italiener, der sein Debüt beim Edinburgh Festival gibt, ist als neue *force majeure* in der Konzert- und Opernszene gepriesen worden. Vielleicht gab ihm das Schumann-Stück (das er, wie alles andere, auswendig dirigierte) wenig Gelegenheit, aus sich heraus zu gehen; aber er bewies einen starken, vitalen Zugang zu Bergs *Drei Orchesterstücke*, ließ sie weit weniger aufgeblasen wirken als sonst und brachte die ganzen Vorwegnahmen von *Wozzeck* in ihnen zum Vorschein ... Abbado ist ein vielversprechender Dirigent, und zweifellos wird er auch seiner beträchtlichen Begabung in nicht zu ferner Zeit auch noch Charme verleihen.«

So sorgte der Musikkritiker Wilson dafür, dass dem Grünschnabel der Erfolg nicht allzu sehr in den Kopf stieg. Das Erheiternde an dieser hochnäsigen und pauschalen Wertung ist, dass Dirigent und Rezensent gleich alt waren. Der neue Festspieldirektor Peter Diamand jedenfalls war überzeugt, einen Star gefunden zu haben, und im darauf folgenden Jahr kam Abbado mit dem London Symphony Orchestra wieder – und zwar in einer Doppelrolle, als Konzert- und als Operndirigent. Die Oper, die er dirigierte, war eine Rarität und eine Kuriosität zugleich, Bellinis *I Capuleti ed i Montecchi*, eine Version der Geschichte von Romeo und Julia, die nicht auf Shakespeare, sondern größtenteils auf Opern-Libretti von Vaccai, Zingarelli und anderen zurückging; diese hatten den Stoff ihrerseits auch nicht von Shakespeare, sondern aus dessen Quellen, dem *Novelliere* von Matteo Bandello aus dem 15. Jahrhundert. 1966 hatte Abbado die Partitur für eine Aufführung an der Mailänder Scala neu eingerichtet. Er ließ den Romeo von einem Tenor und nicht von einem Mezzosopran singen, wie es Bellini vorgesehen hatte. Diese »Verzerrung von Bellinis Intentionen«, wie man in neueren Bellini-Biografien lesen kann, riefen harsche Kritik hervor, sie wurde von namhaften italienischen Musikkritikern scharf angegriffen. Dennoch, das Publikum war von dieser Version sehr angetan, und so wurde sie in Amsterdam, Rom und schließlich auch in den USA übernommen. Im Laufe dieser Reisen kam sie auch nach Edinburgh, als Koproduktion mit dem Holland-Festival. Giacomo Aragall, der spanische Tenor, der des Frevels an Bellinis Oper angeklagt worden war, trat auch in der Inszenierung des Edinburgh Festivals wieder auf, zusammen mit dem Ober-Missetäter Abbado am Dirigentenpult.

»Tatsächlich macht die simple Orchesterbegleitung oft den eigentlichen Effekt dieser Musik aus. In Edinburgh hatte sie eine besonders starke Wirkung, denn das London Symphony Orchestra spielte exzellent, besonders in den Klarinetten-, Horn- und Cellosoli. Welch seltenes Erlebnis, ein Orchester ersten Ranges in einem Opernhaus spielen zu hören! Die Tatsache, dass es sich in diesem Fall sogar für eine mäßig interessante Partitur hergab, die man normalerweise als ›unter seiner Würde‹ ablehnt, trug zusätzlich zum Vergnügen bei. Claudio Abbados Dirigieren bot straffe Rhythmen, frische Klänge und einen glänzenden Sinn für Klangrede durch Phrasierung« – so urteilte Peter Heyworth im *Observer*.

Beim 21. Festival gaben Abbado und das London Symphony Orchstra die beiden Abschlusskonzerte in der Usher Hall – mit Strawinskys *Oedipus Rex* und dem »Ricercar« aus *Das musikalische Opfer* von

Johann Sebastian Bach. Das Programm wurde mit Werken von Tschaikowskij, Vivaldi und Verdi abgerundet. Es war Abbados erste Konzert mit dem Festivalchor, mit dem ihn danach eine lange und fruchtbare Zusammenarbeit verbinden sollte.

Dazu war im *Scotsman* zu lesen: »Es gab keinen besseren Beweis für den Rang des Edinburgh Festivals als den Samstag, an dem man morgens Monteverdi-Madrigale hören, eine Matinee oder einige Ausstellungen am Nachmittag besuchen konnte, zur Teestunde in die St.-Giles-Kirche zu einem Bach-Konzert gehen, abends Claudio Abbado als Strawinsky- und Verdi-Dirigenten erleben und den Tag mit einem Nachtkonzert aus Opernarien, einer brillanten vierhändigen Fassung von Ravels *Mutter Gans* (am Klavier: Abbado und Martha Argerich) und Spirituals mit Shirley Verrett beschließen konnte.«

Zwei Jahre später kam Abbado wieder mit dem London Symphony Orchestra. Er präsentierte dem Publikum eine Catherine Gayer, wie man sie gegensätzlicher nicht in Szene setzen könnte: Sie sang eine Konzertarie von Mozart und wirkte in der Suite aus Luigi Nonos Oper *Intolleranza* mit, die 1960 bei der Uraufführung in Venedig einen Skandal verursacht hatte. Mit im Programm: Werke von Beethoven und Brahms. In einem zweiten Konzert dirigierte er Debussy, Ravel und – mit Martha Argerich als Solistin – Prokofjews Drittes Klavierkonzert.

1971 vereinte Abbado erneut die Rollen des Opern- und Konzertdirigenten. Am King's Theatre dirigierte er fünf Vorstellungen von Rossinis *La Cenerentola* mit Teresa Berganza als Angelina, Luigi Alva als Don Ramiro und Paolo Montarsolo als Don Magnifico. Veranstaltet von der Edinburgh Festival Opera war diese Koproduktion mit dem Maggio Musicale Florenz ein umjubelter Erfolg. Das London Symphony Orchestra stellte erneut unter Beweis, was ein erstklassiges Ensemble im Orchestergraben an Glanz und Stil zu Rossinis überschäumender Partitur beitragen kann. Die Vokalensembles in den funkelnden Crescendi wurden mit erstaunlicher Virtuosität und großem Temperament gesungen. Die Oper wurde von der Deutschen Grammophon live mitgeschnitten. Das unermüdliche London Symphony Orchestra gab unter Abbados Leitung außerdem vier Konzerte einschließlich einer unvergesslichen *Auferstehungssymphonie* von Mahler mit Margaret Price, Janet Baker und dem Festivalchor in einer spannungsvollen und dynamischen Interpretation.

Mit jedem Auftritt in Edinburgh wurde deutlicher, dass Abbado ein Dirigent mit Stil, Eleganz, hoher Intelligenz, Leidenschaftlichkeit und Musizierfreude war, Eigenschaften, die ihn zu einer neue Sicht und zu kontrollierter technischer Brillanz in allen Genres befähigten, ob es sich um Oper, lyrische oder dramatische, vertraute oder unbekannte Musik handelte. Immer wieder vermittelte er dem Publikum den seltenen, aber authentischen Eindruck, gerade die beste Interpretation eines Werkes zu erleben, die es je gehört hat.

Das Edinburgh Festival ist stets darauf bedacht, seinen hohen Rang und seine internationale Reputation durch sorgfältige Programmgestaltung zu wahren. In der dichten Atmosphäre der schottischen Kulturmetropole sollen sich die Künste austauschen und die besten Talente der Welt versammeln, um einem internationalen Publikum einzigartige Ereignisse anzubieten. Es war den Veranstaltern und Beobachtern schon bei der ersten Begegnung klar geworden, dass eine von Abbado geleitete Aufführung nicht nur große Musik und das Erlebnis einer starken, glänzenden Persönlichkeit, sondern eine wirkliche Chance auf eine denkwürdige und beachtenswerte Interpretation versprach.

Das erwies sich erneut 1975, als Abbado das London Symphony Orchestra in einem mitreißenden Prokofjew-Abend dirigierte. Höhepunkt dieses Konzerts war die *Sinfonia concertante* für Cello und Orchester e-Moll; sie ist Mstislaw Rostropowitsch gewidmet, der sie an diesem Abend mit feinem, lyrischem, rundem Ton spielte, vom Orchester begleitet mit der sensiblen Klarheit eines Kammerorchesters. In der Pause konnte man sich kaum vorstellen, dass dieses atemberaubende, meisterhafte Niveau mit dem Werk der zweiten Konzerthälfte, der Kantate aus einer Filmmusik für Eisenstein, zu halten wäre. Aber die Kantate *Alexander Newskij*, die dann folgte, zog alle sofort in ihren Bann. Mit größerer Dramatik hat der Festivalchor kaum jemals gesungen. Von der langsamen Trostlosigkeit des Anfangs über die volksliedhafte Hymne zum Lob von Newskij, dem Helden aus dem 13. Jahrhundert, der die teutonischen Ritter an den Ufern der Newa besiegt hatte, steigerten sich Spannung und Energie zunächst bis zur leidenschaftlichen Aufforderung zur Schlacht; dann von der erregenden Virtuosität des Orchesters bei der *Schlacht auf dem Eis* über die quälende Verzweiflung der Klage, bewegend gesungen von Galina Vishnevskaja, bis zum Ruf nach Freiheit und dem Triumph am Ende. Diese Aufführung war voller fein gesponnener dramatischer Energie, edler, aufwühlender Klänge, zugleich von überwältigender Perfektion: Das war nicht nur denkwürdig, das war unvergesslich, ein umwerfendes Stück Musik, heroisch konzipiert, eines der großen Chorwerke des 20. Jahrhunderts. In seiner farbigen, ideenreichen, kämpferischen Art verfehlt es nie seine Wirkung, aber in dieser von Abbado feurig gestalteten Aufführung wurden alle Elemente verschmolzen zu einem großartigen, singulären Ganzen, das mit Worten nur unzulänglich zu beschreiben ist.

Es war das Jahrzehnt, in dem Abbado bei jedem Edinburgh Festival zu Gast war – zugleich die arbeitsreichste Periode seines Lebens: Ständiger Dirigent des Orchesters der Mailänder Scala seit 1986 und Bestellung zum Musikalischen Direktor der Scala, häufiger Gastdirigent der Wiener Philharmoniker ab 1971, »principal guest conductor« beim London Symphony Orchestra seit 1972, Aufbau des European Community Youth Orchestra im Jahre 1978 und Künstlerischer Leiter des 1981 aus dem ECYO hervorgegangenen Chamber Orchestra of Europe. Dann begann 1986 die Arbeit an der Wiener Staatsoper, und 1987 kamen die Künstlerische Leitung des Gustav Mahler Jugendorchesters und die Entwicklung des Festivals »Wien Modern« hinzu. Außerdem fand Abbado in den achtziger Jahren noch die Zeit, das Chicago Symphony Orchestra zu dirigieren, trat 1989 die Nachfolge Karajans als Chefdirigent des Berliner Philharmonischen Orchesters an und wurde ab 1994 Künstlerischer Leiter der Salzburger Osterfestspiele. In Zeiten der Erschöpfung zog er sich zum intensiven Partiturstudium zurück. Musik ist Claudio Abbados Lebenselixier. Zwischen 1971 und 1998 brachte er alle seine Orchester nach Edinburgh. 1976 spielten die Wiener Philharmoniker unter seiner Leitung Schubert, Mahler, Webern, Schönberg und Brahms. Höhepunkt seiner Präsenz mit dem London Symphony Orchestra in Edinburgh war das Marathon-Jahr 1977.

Vier Jahre zuvor hatte Peter Diamand ein Projekt begonnen, über das er schon bei seiner ersten Pressekonferenz 1965 in Edinburgh gesprochen hatte. Exklusiv für das Festival wollte er eine Opernkompanie gründen, die es an Qualität mit jedem großen Haus weltweit aufnehmen könnte. Jeweils zwei Festspielzeiten lang sollte eine größere Produktion gezeigt werden. Für die ersten beiden Produktionen, für die ersten vier Jahre also, hatte er Mozarts *Don Giovanni* und *Le Nozze di Figaro* vorgesehen. Als Eigenproduktion für 1977 war Bizets *Carmen* ausersehen. Der Dirigent, Claudio Abbado, und der Regisseur bestanden auf dem uneinträglichen Luxus, mindestens zwei Wochen lang vor dem Festival im King's Theatre zu proben. »Der Dirigent muss den Überblick über jeden Aspekt einer Aufführung haben«, erklärte Abbado. »Wenn wir ein neues Werk vorbereiten, beginne ich Monate, Jahre vor den aktuellen Proben mit meiner Arbeit, in der Oper tue ich dies in Absprache mit dem Regisseur, weil ich meine, dass alle Aspekte zusammengebracht werden müssen. Für mich ist es unmöglich, eine Oper zu machen, ohne dass ich mit dem Regisseur und den Solisten zusammenarbeite. Und nur wenn wir viele Wochen zusammen sind, kann sich etwas entwickeln.« Mit Abbado entwickelt sich immer etwas, und mit Teresa Berganza, die nun ihre erste *Carmen* singen sollte, mit Placido Domingo als Don José, Mirella Freni als Micaela und Ruggero Raimondi als Escamillo – mit dieser Weltklasse-Besetzung konnte es in Edinburgh nicht anders sein.

Wie es so geht, wenn man persönlich involviert ist, lernte ich in den Probenwochen die Opernkompanie kennen. Wir sprachen über Probleme der Produktion, trafen uns im Theater, gingen abends bei einem Italiener nahe dem King's Theatre essen. Jeder dachte nur an die Arbeit für das Festival. Ich erinnere mich an die Proben zum zweiten Akt, an die Stelle, wo Don José hinter der Bühne singt, bevor er in Lilla Pastias Gasthof kommt; Abbado rief Placido Domingo zu: »Nicht so laut – man hört Sie ja noch in Tollcross!« Piero Faggioni und ich hielten zusammen einen Vortrag über die Oper vor einer Klasse von Musikstudenten in Carberry. Placido Domingo und Abbado arrangierten Fußballspiele zwischen den Orchestermusikern und den Sängern. Diese *Carmen* war wirklich eine Teamarbeit, alle brachten ihren vollen Einsatz, arbeiteten eng zusammen und waren guter Laune. Ich kann mich lebhaft an den entscheidenden Augenblick erinnern, als ich spürte, dass diese Produktion weit mehr als »in Ordnung« sein würde, dass sie zu einem hochkarätigen Triumph werden musste: Es war am ersten Sonntag des Festivals zu Beginn der Bühnenproben in Maske und Kostüm. Abbado hob den Taktstock und führte das Orchester mit einer derart elektrisierenden Wirkung in die Ouvertüre, dass jeder im Haus plötzlich aufrecht auf seinem Stuhl saß. Und diese lyrische und dramatische Hochspannung ließ nicht nach. Der Architekt dieses Triumphs war der Dirigent Abbado. Überwältigender kann Oper als Gesamtkunstwerk nicht gemacht werden.

Das London Symphony Orchestra bot drei Wochen ununterbrochen Höchstform. Es spielte im Orchestergraben sieben dynamische *Carmen*-Abende und gab vier Konzerte – elf Aufführungen, die alles forderten, neun davon dirigierte Abbado mit einer Virtuosität und einem Elan, der nicht zu bremsen war. Sie spielten Wagner mit Jessye Norman, die den *Liebestod* aus *Tristan und Isolde* sang, Mahler mit Janet Baker, die die *Rückert-Lieder* sang, Richard Strauss, Ligeti, Schumann, Mozart, Beethoven, Tschaikowskij und Strawinsky, aber vor allem und unvergleichlich spielten sie Bizet.

Ein Jahr später, 1978, wurde *Carmen* mit fünf Vorstellungen wieder in das Programm des Edinburgh Festivals aufgenommen. In der Besetzung hatte sich einiges verändert: Den Don José sang Pedro Lavirgen, Ileana Cotrubas und Yvonne Kenny teilten sich die Rolle der Micaela. Mit ihrem sprühenden, packenden

Zugriff auf die Musik wahrten Abbado und das London Symphony Orchestra die Brillanz der Produktion. *Carmen* war zu einer Ikone für das Festival geworden war. Die Eintrittskarten für eine Aufführung wurden auf dem Festival-Schwarzmarkt in den Pubs von Edinburgh für Rekordsummen gehandelt. Es gab ebenfalls Konzerte mit dem London Symphony Orchestra in der Usher Hall, wo Isaac Stern das Violinkonzert von Sibelius zwischen Berlioz' *Römischer Karneval* und Janáčeks *Sinfonietta* spielte, und ein weiteres mit einer Schubert-Symphonie, Strawinskys *Feuervogel-Ballett-Suite* in der Fassung von 1919 und *Pulcinella* mit Teresa Berganza, Dietrich Fischer-Dieskau und Ryland Davies.

1979 brachte Claudio Abbado das London Symphony Orchestra, dessen Chefdirigent er gerade geworden war, erneut nach Edinburgh und setzte mit ihm seine Mahler-Erkundungen fort. Eine tief empfundene und mit großer Spannung durchgehaltene dritte Symphonie mit den Frauenstimmen des Festivalchors, dem Jugendchor des Scottish National Orchestra und Lucia Valentini-Terrani hinterließ einen starken Eindruck. 1980 war das European Community Youth Orchestra an der Reihe, das erste von inzwischen vier Ensembles engagierter junger Musiker, die Abbado ins Leben gerufen hat. Das Programm begann mit der *Zauberflöten*-Ouvertüre, dirigiert von Edward Heath, dem früheren britischen Premierminister und Schirmherrn des jungen Orchesters. Als der eigentliche Dirigent mit seinem Taktstock wieder in seine Rechte am Pult eingesetzt war, spielte das European Community Youth Orchestra die Suite aus Bartóks *Wunderbarer Mandarin* mit stürmischer, spektakulärer Bravour und zeigte, welches Terrain es sich inzwischen erobert hatte. Im Abschlusskonzert erklang das gewaltige *Te Deum* von Berlioz mit dem London Symphony Orchestra unter Abbados Leitung – eine große, nicht nur künstlerische, sondern auch logistische und organisatorische Leistung, vergegenwärtigt man sich die enormen Schwierigkeiten der Realisierung mit drei Chören, die an verschiedenen Stellen um das Auditorium verteilt waren, und einer Orgel, die sich eine Meile entfernt von der Usher Hall in St. Mary's Cathedral befand.

1981 stand in Edinburgh der nächste Marathon bevor. Mit dem London Symphony Orchestra dirigierte Claudio Abbado die *Matthäuspassion* im sonntäglichen Eröffnungskonzert. Die erste Aufführung von Bachs Werk war 1740 in Leipzig mit nur vierzig Sängern und Instrumentalisten bestritten worden, aber Abbado hält es nicht mit der modernen puristischen Schule, die darauf besteht, nur die ursprüngliche Anzahl von Mitwirkenden und die originalen Instrumente einzusetzen. »Die Proportionen müssen stimmen«, fordert er dagegen und gibt zu bedenken, dass Bach gerne eine stärkere Besetzung gehabt hätte. Bach und Vivaldi mit sehr kleinen Ensembles zu spielen, sei derzeit in Mode, aber die Kritiker vergäßen, dass zu Bachs Zeit die Musik von unterschiedlich großen Ensembles gespielt worden sei, von großen wie von kleinen, je nach dem, was zur Verfügung stand.
Am Mittwoch derselben Woche gaben Abbado und das London Symphony Orchestra ihr drittes Konzert in vier Tagen. Bartóks Zweites Violinkonzert, gespielt von Salvatore Accardo, und Mussorgskijs/Ravels *Bilder einer Ausstellung* brachte er in einen ungewöhnlichen Zusammenhang – mit den Vorspielen zum ersten und dritten Akt von Wagners *Lohengrin*. Programme dieser Art sind ihm wichtig als kombinierte Hörerfahrung.

Zum hundertsten Jahrestag von Wagners Tod in Venedig wurde das Edinburgh Festival 1983 – jetzt von John Drummond geleitet – mit dem zweiten Akt des *Lohengrin* eröffnet, den Abbado kurz zuvor zum ersten Mal an der Scala dirigiert hatte. Unglücklicherweise konnte sich das Festival die Extravaganz einer ganzen Opernprodutkion nicht mehr leisten. Die sublime Musik von Glauben und Verrat war in einen nahtlosen Teppich voller Glanz, verführerischer Leidenschaft und dem wundersamen Klang von Orchester und Sängern gewoben. Und am nächsten Abend übertrafen sich Abbado und das London Symphony Orchestra noch mit einem Programm aus Schönbergs *Erwartung* und Beethovens *Eroica*.

Der Nachfolger von Sir John Drummond als Direktor des Edinburgh Festivals kam vom Theater. Frank Dunlop kannte das Festival gut und hatte viele wirkungsvolle und anregende Produktionen geleitet, aber die Musik stand nicht im Vordergrund seines Interesses und war nicht mehr programmatischer Schwerpunkt. Erst 1986 kam Abbado noch einmal zurück nach Edinburgh für zwei Konzerte mit einem anderen seiner jugendlichen Ensembles, dem Chamber Orchestra of Europe. Er dirigierte ein klassisches, wenig ambitioniertes Programm: Prokofjew, Haydn, Beethoven und Wagners *Siegfried-Idyll* im ersten, Schubert, Mozart und Mendelssohns Violinkonzert, gespielt von Viktoria Mullova, im zweiten Konzert.

Danach trat Claudio Abbado acht Jahre lang nicht mehr in Edinburgh auf – eine bedauerliche Lücke in seiner langjährigen intensiven Verbindung zum Festival. Das Publikum und die Fachwelt vermissten schmerzlich die Visionen, die Begeisterung und ganz einfach die Qualität, die der Dirigent über Jahre garantiert hatte, unabhängig davon, welches Orchester er mitbrachte.

Im Jahre 1995 endlich kam Claudio Abbado wieder nach Edinburgh und präsentierte seine neueste Leidenschaft und Errungenschaft: das Gustav Mahler Jugendorchester, ein großes Ensemble von unter 26-jährigen Musikern aus ganz Europa – von beiden Seiten des einstigen Eisernen Vorhangs –, das er ins Leben gerufen und zu einem bedeutenden Orchester geformt hatte. Hatte jemand Zweifel, ob dieses heterogene Ensemble aus Berufsanfängern dem Festival seine Attraktivität zurückgeben könnte, musste er nur auf den ersten Konzertabend warten und genau hinhören: Es begann mit einer glühenden Aufführung von Bruckners unvollendeter Neunter Symphonie. Bruckner und Jugend scheinen von Natur aus nicht zusammenzupassen, aber Abbado entlockte seinen frappierend vollkommenen jungen Musikern ein Spiel von überwältigender Intensität und Brillanz und ließ Bruckners »Unvollendeter« dann noch das gewaltige *Te Deum* folgen.

Zum 50. Edinburgh Festival 1996 trat das Gustav Mahler Jugendorchester mit einer ausgezeichneten Sängerbesetzung wieder auf; erneut mit Jane Eaglen und Marjana Lipovšek sowie mit Thomas Moser, Philip Langridge, Franz Grundheber, Hans Hotter, dem Festspielchor und dem Wiener Arnold Schönberg Chor. Sie präsentierten Schönbergs *Gurre-Lieder* und verhalfen dieser ehrgeizigsten seiner frühen romantischen Kompositionen in der Nachfolge Wagners zu einer mustergültigen Aufführung, die sich von den feinsten Ziselierungen bis zu gewaltiger dramatischer Intensität steigerte.

Zwei Jahre später kam Abbado mit den Berliner Philharmonikern nach Edinburgh; nach 26 Jahren der erste Auftritt des Orchesters bei dem Festival. Sie gaben zwei Konzerte mit einem sich fast über zwei Jahrhunderte erstreckenden Querschnitt aus dem deutschen Repertoire. Im ersten Konzert spielten sie ein neues Stück von Wolfgang Rihm, Schumanns

Klavierkonzert a-Moll mit Maria João Pires als Solistin und Brahms' Dritte Symphonie. Das zweite Programm bestand aus einem einzigen Werk, dem monumentalsten von Beethovens symphonischen Gebäuden, der Neunten Symphonie mit dem Schlusschor aus Schillers *Ode an die Freude*. Abbado trieb das Orchester in eine detailbesessene, leidenschaftliche und kraftvolle Steigerung hin zum Ausbruch der Freude und der universellen Brüderlichkeit im Finale.

Zum Festival 1999 kamen Claudio Abbado und das Gustav Mahler Jugendorchester erneut mit einem abendfüllenden Werk. Mahlers Siebte Symphonie ist oft als die untypischste und bizarrste all seiner größeren Kompositionen bezeichnet worden. Nach der »tragischen« Sechsten, die er in einer Zeit der persönlichen Krise und aufgewühlter Gefühle schrieb, fühlte er sich in der Siebten wohl gehalten, die tief empfundenen, fast autobiografischen Beweggründe seiner Werke etwas in den Hintergrund zu rücken. Verfolgt von der Angst, die Quellen seiner Inspiration könnten versiegen, und verwickelt in Auseinandersetzungen mit seinem Orchester, den Wiener Philharmonikern, suchte er nach neuen Wegen, seiner Kreativität Ausdruck zu verleihen. Mit einem Seitenblick auf die neue Musik, die junge Komponisten wie sein Freund Arnold Schönberg in Wien hervorbrachten, empfand er das Bedürfnis, sich von der Spiritualität und der Naturliebe, die ihn stark inspiriert hatten, weg zu bewegen und sich absoluten musikalischen Formen, neuen Klängen und einer kühneren Instrumentierung zu nähern. Die Siebte ist sein rätselhaftestes Werk, ein merkwürdiger Hybrid, der zu seinen Lebzeiten nie Beifall fand und auch nur wenige Aufführungen erlebte. Einzig Schönberg war von ihr vollkommen begeistert, und im Wien der Jahrhundertwende galt das nicht als gute Empfehlung. Das Jugendorchester und Abbado traten an der Schwelle zur neuen Jahrhundertwende den Beweis an, dass man diese Rätselgestalt einer Symphonie nicht nur verständlich machen, sondern auch wunderbar darbieten konnte. Selbst der »chaotische« und »undisziplinierte« letzte Satz war exzellent zu einem großen Ganzen zusammengehalten, was zugegebenermaßen den meisten Interpreten schwer fällt. Diese mustergültige Aufführung von Mahlers Siebter Symphonie gehört zu den ganz großen Ereignissen in der Geschichte des Edinburgh Festivals – zusammen mit *Carmen*, den *Gurre-Liedern* und *Alexander Newskij*.

Das Gustav Mahler Jugendorchester kam schließlich im Jahre 2002 wieder zum Festival. In der zweiten Woche gab es ein akklamiertes Konzert in der Usher Hall – Bartóks *Musik für Saiteninstrumente, Schlagzeug und Celesta*, Ravels Klavierkonzert G-Dur mit Martha Argerich als Solistin und Debussys *La Mer*. Vor diesem Konzert spielte es drei Vorstellungen von Wagners *Parsifal* im Festivaltheater – ausdrucksstark als »letztes, todesbewusstes Musikdrama« gestaltet und »dennoch oft überraschend bewegt und zügig im Tempo«, wie der Musikkritiker Conrad Wilson schrieb. Dieses von Abbado gegründete und anhaltend geprägte Orchester ist ein unverwechselbarer phänomenaler Klangkörper, eine der großartigsten musikalischen Gemeinschaften der Welt – dank des Enthusiasmus und glühenden Engagements, der sensiblen Reaktionsfähigkeit der Mitglieder untereinander und gegenüber den Anforderungen eines charismatischen und in der Sache kompromisslosen Dirigenten. Auf dem Podium macht Claudio Abbado nicht den Eindruck eines Hypnotiseurs oder eines Löwenbändigers, sondern den eines ernsten, freundschaftlich überzeugenden Musikers, dessen Zuneigung, Erfahrung und exzellente Beherrschung seines Handwerks sich auf die Orchestermusiker übertragen.

Aus dem Englischen von Habakuk Traber

Lothar Knessl

In Wien – Jahre der Reife *Zwölf mitunter subjektive Skizzen*

I Claudio Abbados Bindung an Wien währt, denkt man nur an die Zeit bei den Wiener Philharmonikern, rund ein Vierteljahrhundert. Erstaunlich lange. Eingeschlossen ist eine kürzere Zeitspanne, 1986 bis 1992. Hauptsächlich sie soll hier beleuchtet werden. Es sind Abbados Jahre als Musikdirektor der Wiener Staatsoper, in denen er dem Haus am Ring nachhaltige musiktheatralische Erlebnisse bescherte. Zugleich sind es die Jahre als Generalmusikdirektor von Wien, in denen er vor allem durch die Etablierung des Festivals »Wien Modern« der Stadt ein musikalisch innovatives Profil aufprägte. Diese relativ kurze, umso ereignisreichere Zeit wird begleitet von einer Kulturpolitik, die nicht unerwähnt bleiben darf: staatlich teils wechselvoll, teils restriktiv (was die Oper zu spüren bekommt), städtisch auf die Öffnung zur kulturellen Gegenwart ausgerichtet (was der neuen Musik weiterhilft).

Dazu einige kurze Informationen, obwohl Abbado österreichische Kulturpolitik tunlichst par distance beobachtete, sofern sie ihn nicht persönlich tangierte. Das aber war manchmal unvermeidlich, in missliebigen Fällen, die Freunde ihm vom Halse zu halten versuchten, wie in erfreulichen, die er meist selbst auslöste.

Zuweilen bleibt ungewiss, ob Abbado etwas wahrnehmen will oder nicht, ob er sich dem Thema zuwendet oder verschließt. Der zwingende Blick in die Ferne, quasi durch Mensch und Raum: Durchblickt er die jeweilige Situation, überblickt er sie (im ambiguosen Sinne), imaginiert er abschirmend eine sie verdrängende Klangwelt der Musik? Lassen wir es offen. Er meint, man solle sich grundsätzlich lieber mit Persönlichkeiten wie beispielsweise Thomas Bernhard befassen als mit Politikern.

Trotzdem nun die Begleiterscheinungen: 1984 designiert Helmut Zilk, damals Bundesminister für Unterricht und Kunst, Claus Helmut Drese zum Direktor der Wiener Staatsoper. An dessen Seite tritt Abbado als Musikdirektor der Wiener Staatsoper. Im Herbst 1984 wird Zilk, zu dem Abbado gute Kontakte unterhält, Bürgermeister von Wien. Der Nachfolger im Ministerium für Unterricht und Kultur – Nummer zwei in Abbados Opernzeit – ist Herbert Moritz aus Salzburg, ein sparsamer Pragmatiker, tendierend zu sozial-kulturellen Aktivitäten. Die teure »Hochkultur« der österreichischen Bundestheater ist ihm suspekt. Budgetkürzungen ad hoc verursachen der Staatsoper Probleme, da sie, wie alle großen Opernhäuser, zwei bis drei Jahre im Voraus planen muss, aber welcher Politiker weiß das schon.

Bereits im Januar 1987 wird Herbert Moritz abgelöst durch Hilde Hawlicek – Nummer drei –, die etwas ratlos vor der finanziellen Misere steht und freundlich die Dinge im österreichischen Weiterwursteln belässt. Der kurzfristig verordnete Sparstift und das zusätzliche Kassieren von Mehreinnahmen, die zuvor den Theatern überlassen wurden, verursachen in der zweiten Opernsaison Drese/Abbado Turbulenzen. Wie sehr oder wenig das alles Abbado persönlich berührt, steht hier nicht zur Debatte. Allerdings soll die Direktion 1987/88 auf zwei Premieren verzichten. Doch nicht just auf musikalische Kostbarkeiten wie *Pelléas et Mélisande* und *Chowanschtschina,* Werke, die der Staatsoper wohl anstünden, sinnvolle Bereicherung des »gängigen« Repertoires, obendrein Abbados Projekte! Anzumerken wäre, dass er an ihnen trotz solch widriger Umstände unbeirrt weiterarbeitet – seine künstlerische Ernsthaftigkeit gebietet ihm das.

Auf sein Betreiben und mit Hilfe von Bürgermeister Zilk glückt 1987 die Gründung von »Wien Modern«, gleich bei Vertragsabschluss vom Opern-Musikdirektor als groß dimensioniertes Festival für Gegenwartsmusik eingefordert. Und noch im selben Jahr verbucht Abbado einen weiteren, zentraleuropäisch orientierten Erfolg: Das neu gegründete Gustav Mahler Jugendorchester stellt sich unter seiner animierenden Leitung mit Bartók und Mahler vor – hier offenbart sich seine Vorliebe, mit jungen Musikerinnen und Musikern zu arbeiten.

Juni 1988: Die aktuelle Kulturpolitik nimmt von einer Vertragsverlängerung für Claus Helmut Drese Abstand. Damit verliert Abbado, dessen Vertrag man bis 1997 verlängern will, zukünftig seinen künstlerisch wie ästhetisch gleichgesinnten Mitstreiter. Zur selben Zeit fällt die Entscheidung über die direktorialen Nachfolger Dreses (ab der Saison 1991/92), ein recht wienerisches Procedere in jeder Hinsicht.

Die Institution Staatsoper lässt auch ein Abbado nicht so ohne weiteres aus der Hand, zumal die in Angriff genommene Arbeit für ein Musiktheater zeitnaher Prägung noch nicht abgeschlossen ist. Andererseits kühlt das Gesprächsklima ab, wenn von zwei Partnern einer glaubt, der andere sei überschätzt. Sensible Künstler spüren das bald. Und so kommt Ende 1991 Abbado der Staatsoper abhanden. Die Stadt Wien mit »Wien Modern« bleibt ihm noch eine Stätte, die ihm zusagt, obwohl der Berliner Auftrag – er wurde im Oktober 1989 als Karajans Nachfolger zum Chefdirigenten und Künstlerischen Leiter des Berliner Philharmonischen Orchesters gewählt – alsbald die physische Trennung erzwingt.

Ende 1990 wird Rudolf Scholten zum Bundesminister für Unterricht und Kunst berufen – Nummer vier –, er interessiert sich für Gegenwartskunst, versucht, Probleme auszuräumen und zu kalmieren. Im Herbst 1991 stellt Abbado das an »Wien Modern« angeschlossene Andrej-Tarkowskij-Festival künstlerisch auf die Beine, unter dem Ehrenschutz zweier Bürgermeister: Helmut Zilk aus Wien und Gawriil Popow aus Moskau.

Eines der ironischen »Antidetti« (Gegensprüche) Giuseppe Pontiggias, für Freunde übersetzt von Abbado, ist nun fällig: »Sapere dove picchiare la testa«. – Man muss wissen, wo man sich den Kopf anschlägt. – Ja, wo nur?

II Mich als einem sporadischen Begleiter seiner Wiener Zeit – so möchte ich mich im Nachhinein benennen – verband mit Claudio an dessen Wirkungsstätten: die Staatsoper und »Wien Modern«; darüber hinausreichend die Kunst des 20. Jahrhunderts, die Neue Musik, jene Luigi Nonos, mit dem er eng befreundet war. *Prometeo* 1984 in Venedig, San Lorenzo, die Tragödie des Hörens, in den Raum projizierte leise Klanginseln, Claudio der Erste Dirigent, vor der Aufführung mit Luigi vertieft in die Partitur, beide schweigend. Wer sich solcher Musik widmet, ist kein Freund überschwänglicher Worte und gewaltiger Reden. So bleibt denn auch Claudio, designierter Musikdirektor der Staatsoper, 1984 in der ersten Pressekonferenz des vorgesehenen Operndirektors Drese stumm, delegiert Fragen, und in der zweiten ein Jahr darauf verhält er sich kaum anders. Keine Riesenfreude für Journalisten in einer Stadt, welche die Oper zum Nabel der Welt hochstilisiert, verbrämt mit Klatsch und Tratsch. Gerade aber die Wortkargheit bereitet die Basis gegenseitigen Verstehens, knüpft Vertrauen. Darum sporadischer Begleiter, Zurückgezogenheit im privaten Umfeld als Lebenshaltung akzeptierend. So wechseln wir von Mal zu

Mal nur wenige Worte, lassen Musik »sprechen«, Claudios A und O, sein Credo, wie – natürlich mit wenigen Worten – sein liebenswertes Buch verrät, *Das klingende Haus*, 1986 erschienen, als er sein Amt in der Staatsoper offiziell antritt, gewidmet der Jugend – ihr gilt seine Zuneigung, eingedenk der eigenen musikgesättigten Kindheit.

III Abbado fiel nicht vom Prominentenhimmel (voller Geigen) in die Stadt. Er studierte in Wien Dirigieren bei Hans Swarowsky, als Lehrer berühmt wie berüchtigt, und er hörte damals viel Musik, interpretiert von den bedeutendsten Kollegen einer Generation, die noch aus der Ästhetik der Wende vom 19. zum 20. Jahrhundert schöpfte. Er verließ die Stadt wieder, bevor ihm noch deren eher verzwickte Mentalität hätte selbstverständlich werden können. Möglicherweise glitt sie an ihm ab, es ging ihm ja nur um musikalische Erfahrungen. Auch fürderhin, als Generalmusikdirektor der Donaumetropole, schien es so, als könnte er mit spezifisch wienerisch gewundenen Denkwegen nur wenig anfangen. Wahrscheinlich wollte er das gar nicht, quittierte sie souverän. – Vielleicht ein Fremder in Wien, wie Schubert, dem er hohe Zuneigung zollt?

Seine Wiederkehr vollzieht sich zögerlich, auf dem Weg über die Salzburger Festspiele. Dort dirigiert er 1965 zum ersten Mal die Wiener Philharmoniker, dieses unvergleichliche wie heikle, oft kritisch reflektierende Elite-Orchester: die Zweite Symphonie von Gustav Mahler, einem seiner Lieblingskomponisten, dessen Werke er in all ihrer Aufgerissenheit und schwankenden Gestik konzis auszuloten versteht. Danach laden ihn die Philharmoniker in ihr Allerheiligstes ein, die selbst veranstalteten Abonnementkonzerte im Wiener Musikvereinsgebäude, jeweils an Samstagnachmittagen (öffentliche Generalprobe) und an Sonntagvormittagen, sowohl traditionelle als auch sachbezogene Termine, da die Philharmoniker identisch sind mit dem Orchester der Wiener Staatsoper, wo sie abends Vorstellungsdienste absolvieren. Man muss das wegen des Zusammenhangs erwähnen. Außerdem genießt von den vielen Dirigenten, die jahraus, jahrein das Repertoire der Oper betreuen, nur eine winzige Minderheit die Ehre, auch ein »Philharmonisches« zu leiten. Abbado beginnt mit diesem Orchester, sein Opern-Debüt erfolgt während der Direktion Maazel im März 1984 mit *Simon Boccanegra*.

Zum Einstand im philharmonischen Abonnementkonzert, in memoriam Carl Schuricht, stellt er Brahms in den Mittelpunkt, einen seiner bevorzugten Komponisten. Andere sind und bleiben Mozart, Schubert, Beethoven, Schumann, Bruckner, Mahler, sie regieren seine philharmonischen Programme, meistens kontrapunktiert von Werken des 20. Jahrhunderts. Bergs *Drei Orchesterstücke* erklingen 1968 erstmals im Philharmoniker-Zyklus, Ligetis *Atmosphères* 1969. Und immer wieder Debussy, Ravel, Bartók, Strawinsky sowie die Komponisten der Wiener Schule: Webern (beispielsweise op. 6 und op. 10), Berg (1973 *Lulu-Suite,* zwei Jahre darauf *Fünf Orchesterlieder* nach Ansichtskartentexten von Peter Altenberg), Schönberg (1980 *Erwartung,* 1989 *Ein Überlebender aus Warschau,* gekoppelt mit dem *Deutschen Requiem* von Brahms). Vermutlich hat Abbado von Anbeginn in diesen Zyklus einen Keim für »Wien Modern« gesenkt.

Die Verbindung mit den Wiener Philharmonikern, die er überaus schätzt, reißt nicht mehr ab. Bis 1991 reicht die Statistik, sie nennt, alles in allem, 280 Konzerte, eine Rekordsumme, davon 35-mal die Abonnementkonzerte, zweimal die weltweit ausgestrahlten Neujahrskonzerte. Nach Karajan wurde

Abbado als Dirigent der Wiener Philharmoniker zur musikalisch prägenden Persönlichkeit für die Salzburger Festspiele. Dort leitete er auch Opernproduktionen, darunter als Pioniertat erstmals *Aus einem Totenhaus* von Leoš Janáček, beeindruckend inszeniert von Klaus Michael Grüber. Die Wiener Philharmoniker waren seine Partner auch bei den Wiener Festwochen, im Konzerthaus bei »Wien Modern« und auf zahlreichen Tourneen. Die wichtigsten Gastspielreisen führten 1973 nach Fernost (Japan, Korea, Peking), 1976 nach Deutschland, England und in die USA. Zwei vollständige Beethoven-Zyklen wurden 1987 in Japan und 1988 in Paris, Deutschland, Italien und Spanien präsentiert.

Nur künstlerische Erfolge und Triumphe begründen die Dauer dieser Allianz, noch gefestigt durch eine lange Reihe von Platteneinspielungen, darunter solche mit Werken der Wiener Schule, etwa die *Gurre-Lieder* von Arnold Schönberg oder die Konzertarie *Der Wein* und die *Drei Orchesterstücke* op. 6 von Alban Berg, vor allem dessen *Wozzeck*; quasi als Gegenpol das Neujahrskonzert 1991, mit Piecen von drei »Straussen« (Vater und Sohn Johann sowie Eduard) und von Joseph Lanner, pointiert ergänzt durch Mozart'sche Kontretänze und – bezeichnend für Abbado – Polka und Galopp von Schubert in Bruno Madernas Instrumentierung. Abbados texttreue Beethoven-Gestaltung ohne »Keulenschläge«, in Wien seinerzeit etwas zurückhaltend bewertet, ist in dieser Stadt erst dann uneingeschränkt umjubelt, als er sie viel später gastierend mit den Berliner Philharmonikern darbietet – wer denkt da nicht an den Propheten im eigenen Land.

IV Persönlichkeiten von Abbados Format und Art polarisieren die Meinungen des Publikums, der Kritiker, aber auch des Musiker-Kollektivs. Jedes hochrangige Orchester setzt sich aus Individualisten mit ausgeprägten Ansichten zusammen, in Wien womöglich noch deutlicher als anderswo. Die einen Musiker sind unzufrieden, wenn der Dirigent während der Proben sehr wenig redet, die anderen glauben darin ein Hineinhorchen in die Tiefen der Musik zu erkennen. Die einen halten es für mäßig sinnvoll, bei vermeintlich bekannten Werken die vorgegebene Probenzeit restlos auszunützen, die anderen wiederum betrachten dies als beidseitig relevanten Lernprozess. Dies alles ist legitim, solange der Raum interner Diskussionen nicht aus erzählfreudigen oder unbedachten Gründen zu medialen Instanzen hin geöffnet wird. Was dann eintritt, erhellt am besten einer der schon erwähnten »Gegensprüche«: »Non c'è maggior cieco di quello che vuole vedere.« – Es gibt keinen, der mehr mit Blindheit geschlagen ist als der, der sehen will. – Umzumünzen auf das musikalisch Akustische: Es gibt keinen, der mehr mit Taubheit geschlagen ist als den, der hören will – was ihm »Insider« vorinformativ zugeraunt haben.

Abbado mag sich nie mit dem Mittelmaß abgeben, immer wieder proben, lautet seine Maxime, Proben seien womöglich schöner als Aufführungen. Das dürfte in gelöster Atmosphäre zutreffen, ist jedoch zu relativieren, bedenkt man die Intensität, die Claudio bei Aufführungen investiert, um so in die Region des Besonderen zu gelangen. Wer Gelegenheit hatte oder hat, ihn zu beobachten, wird dem schwerlich widersprechen. Aus meiner Sicht kommt seine Ausstrahlung, die eines Introvertierten, nicht vom physiognomisch Äußeren. Sie muss sich im Inneren sammeln, um dann erst eine Aura entfalten zu können. Er mag in so manchen künstlerischen Belangen unnachgiebig wirken. Umgekehrt ist er sogar konträren Ansichten gegenüber manchmal aufgeschlossen, falls Argumente einfließen.

V Abbado ante portas: Im Nu regen sich Wiener Bedenken, ohne Nörgeln geht hier gar nichts. Er werde prominente Dirigenten fernhalten, das Kommando übernehmen und so weiter – die vorauseilende Missgunst. De facto sucht er Qualität in seiner Nähe, verhindert keinen vom Direktor engagierten Dirigenten. Am Pult der Staatsoper finden sich also unter vielen anderen ein: Sylvain Cambreling, Miltiades Caridis, Colin Davis, Nikolaus Harnoncourt (Debüt an der Staatsoper, damals weniger gefeiert als heute), Charles Mackerras, Zubin Mehta, Vaclav Neumann (Debüt), Seiji Ozawa (Debüt, seit Herbst 2002 Musikdirektor der Staatsoper), Giuseppe Sinopoli, Horst Stein, Franz Welser-Möst.

Abbado denkt an das Theater insgesamt, nicht nur an die Musik. Inszenierungen sind ihm genau so wichtig. Beschäftigt man sich mit ihm als Musiker, darf man sie nicht eskamotieren.

Anregen, initiieren: da fühlt sich Claudio in seinem Element. Sind seine Ideen erst einmal am Laufen, führen sie andere ordentlich durch, erlischt sein Interesse allmählich daran, und er wendet sich abermals neuen Projekten zu, lässt die (nur) für ihn alt gewordenen fallen. Als Impulsgeber sollte man ihn begreifen. Kein Typus der omnipräsenten Persönlichkeit, sondern auf jeweils nur eine Aufgabe konzentriert. Das unvermeidlich anfallende Drumherum überantwortet er vertrauten Mitarbeitern, die er charmant einzufangen versteht, aber dann gehörig fordert. Sie wissen davon ein (Lob-)Lied zu singen, freilich diskret. Wohl am längsten mit ihm zu tun hatte Brigitta Grabner, erst im Büro der Philharmoniker, dann in der Oper, schließlich in Berlin. Zwischendurch werkte in der Oper auch Olympia Gineri emsig für ihn. Zu guter Letzt heißt es, man müsse eben einen Künstler nehmen, so wie er ist.

Er »verschwindet« im Theater während der kompletten Anlaufzeit der von ihm betreuten Premieren. Schon die Bauproben inspiziert er, um sich mit dem Bühnenbild vertraut zu machen. Keine Klavierprobe lässt er aus, dabei lernt er die Mitwirkenden genau kennen, zugleich die Partitur auswendig, das ist für ihn unabdingbar, um sich voll auf das Gesamt von Sängern, Inszenierung und Orchester konzentrieren zu können. Alles solle zu einer Familie zusammenwachsen, das gelinge nur mit gewissenhafter künstlerischer Arbeit.

Am Ende seiner Wiener Opernzeit hat er an die 150 Vorstellungen dirigiert, als Primus inter pares, davon elf Premieren und drei Neueinstudierungen respektive Wiederaufnahmen. Ein europäisches Spektrum, darunter Unkonventionelles selbst von Komponisten, die gemeinhin Beliebteres zu bieten haben, fokussiert auf Verdi, Mozart, Rossini, Richard Strauss, Wagner, Debussy, Mussorgskij, Schubert (für den er Kämpfe ausficht) und – man könnte sagen: selbstverständlich – Alban Berg. Bei allen Werken stets auf Authentizität bedacht: Originalfassung, textkritische Edition, um die ursprünglichen Vorstellungen des Komponisten umzusetzen, ohne Bearbeitung und Verfälschung.

VI Claudio Abbados Wortkarghcit korrcspondicrt mit der Knappheit seiner geschriebenen Texte. Nur eine Herzensangelegenheit entlockt ihm ein paar sachlich informierende Texte, zum Beispiel für Programmhefte. Geht es um Schubert, ist er sofort bereit. *Fierrabras,* das verkannte Sorgenkind, ein freundlich endendes Stationendrama, verlangt nach unterstützender Vermittlung. Beteiligt sind die Wiener Festwochen, die Brüsseler Oper und der Österreichische Rundfunk (ORF). Abbado durchforstet die Originalpartitur und entdeckt:

»Während der Vorbereitungsarbeiten zu *Fierrabras* stießen wir auf bisher vernachlässigte, wichtige Details. Wir wollen das Werk, das zu Lebzeiten Schuberts nie aufgeführt worden war, in der ganzen Fülle seiner Konzeption neu erstehen lassen. Glücklicherweise ist die Wiener Stadtbibliothek im Besitz des Manuskriptes. Dadurch konnten wir versuchen, den ursprünglichen Intentionen Schuberts zu folgen, seine wunderbare und nahezu zerbrechlich anmutende Dynamik, die ja mit ein Charakteristikum seiner musikalischen Größe ist, aufzuspüren und – nicht zuletzt – größere und kleinere Fehler in der gedruckten Partitur zu korrigieren. Oft sind es nur geringe Abweichungen. Aber was heißt bei einem Meisterwerk ›gering‹? Wenn bei Eginhards erlösendem Entschluss ›...ich löse seine Ketten‹ der Bläserakkord auf dem ›lösen‹ vergessen wurde, wenn bei Rolands Erzählung vom Kampf mit Fierrabras harmonische Schroffheit geglättet, wenn eine Pause von zwei Takten auf ein Viertel gekürzt ist, dann sind das Eingriffe in Musik und Szene. Drei Beispiele von vielen.«

Das »wir« ist kein Pluralis majestatis, sondern bezeugt Teamarbeit, und die erwähnten Eingriffe sind im Programmheft zu dokumentieren, ersucht Claudio, durch Gegenüberstellung von Schuberts Handschrift mit der Druckpartitur. Dem Libretto Josef Kupelwiesers ist mit bloßer Logik nicht beizukommen. Der genannte Eginhard, fränkischer Ritter, bewirkt den Sieg über die Mauren, Glaubensschranken fallen. Gleichsam in Nazarenerfarben weicht Biedermeierschwärmerei vor Metternichs Zensur ins Mittelalter zurück. Ruth Berghaus wagt, das Abenteuer zu inszenieren. Dank ihrer Dramaturgin Sigrid Neef gelingt in Bildern Hans-Dieter Schaals professionell das Kunststück assoziationsreicher, unverkrampfter Regie. Claudio Abaddo schöpft hingebungsvoll ein Maximum an Nuancen aus der dramatisch angereicherten Musik, das Ensemble (mit Josef Protschka, Thomas Hampson, Robert Holl, Robert Gambill, Karita Mattila, Dunja Vejzovic) meistert souverän alle gesanglichen wie regielichen Anforderungen. Schuberts »heroisch-romantische« Oper, die letzte vollendete, Premiere Mai 1988 im Theater an der Wien (zugleich szenische Erstaufführung in Österreich), übersiedelt zwei Jahre später dorthin, wofür sie einst komponiert wurde: das »k. k. Hoftheater nächst dem Kärntnerthore«, heute Wiener Staatsoper – eine Wiedergutmachung.

Noch einmal greift Claudio zur Feder, als er sich einen Lieblingswunsch erfüllt: das musikalische Volksdrama *Chowanschtschina* (Premiere Januar 1989), thematisierend jene Zeit vor Peter dem Großen, als Fürst Chowanski kraft seiner Strelitzen-Truppen durch Revolten die Regierungsmacht an sich zu reißen versuchte. Claudio will es partout originalgetreu aufführen (die handschriftliche Partitur Mussorgskijs taucht erst 1947 in Sankt Petersburg auf). Zur Fassung der Wiener Staatsoper schreibt er: »*Chowanschtschina* wurde bisher entweder in der Bearbeitung von Rimskij-Korsakow oder in der Instrumentierung von Schostakowitsch gespielt. Rimskij-Korsakows Version ist zwar sehr brillant, aber doch recht eigenmächtig. Beispielweise sind die Finali bei ihm fast immer laut und bombastisch, im Gegensatz zu Mussorgskij. Außerdem hat er dessen neuartige Harmonien geändert, die er für Fehler hielt. Schostakowitsch hingegen folgt dem Original, abgesehen von hinzukomponierten Ergänzungen, weit mehr. Für die Wiener Staatsoper haben wir versucht, auf Mussorgskijs Original zurückzugehen. Im Prinzip benützen wir die sehr nah an Mussorgskij heranführende Instrumentation Schostakowitschs, nicht aber, was dieser ergänzt und eigenwillig instrumentiert hat ... Die Aufführung an der Wiener Staatsoper hält sich an die von Mussorgskij selbst vorgenommenen Kürzungen, die leider weder von Rimskij-Korsakow noch von Schostakowitsch berücksichtigt wurden. Das von Mussorgskij intendierte Opernfinale sollte leise und ersterbend sein. Dieser Vorgabe sind beide Bearbeiter nicht gefolgt.« Auf Anregung von Diaghilew war Strawinsky 1913 bereit, das Finale zu komplettieren: »Als Grundlage verwendete er vorhandene Motive Mussorgskijs. Das Resultat zeigt, dass Strawinskys Finale den Ideen Mussorgskijs am nächsten steht. Daher wurde für die Aufführung Strawinskys Finale gewählt.«

Claudio Abbado verbündet sich da mit der Musikwissenschaft: kein pompöses Opernfinale, sondern allmählich verlöschende Musik. So klingt es dann auch. Das Inszenierungsteam agiert abseits vom historischen Bilderbogen. Alfred Kirchner (Regie) zeigt wuchtig Machtmechanismen und Fatalismus, unterstützt von Bildern Erich Wonders, die durch heutige Symbole Brutalität und Gefühlsvereisung signalisieren. Claudio stürzt sich in die Musik, schärft und differenziert sie im Chor- und Orchesterklang. Und er darf ein Solistenensemble führen, das man so leicht nicht wieder findet: Nicolai Ghiaurov, Wladimir Atlantow, Juri Marusin, Anatoli Kotscherga, Paata Burchuladze, Ludmila Semtschuk, Joanna Borowska und viele andere. Man spürt es: eine Produktion ohne Schwachpunkte anlässlich des 150. Geburtstages des Komponisten, mit TV-Liveübertragung.

VII Claudio Abbados erste Premiere als Musikdirektor der Wiener Staatsoper (Oktober 1986) gilt Verdi und dem Belcanto: *Un ballo in maschera (Gustavo III.)*, erstmals in Wien in der ursprünglichen schwedischen Version. Luciano Pavarotti als König Gustav III. muss, im goldenen Lehnstuhl sitzend, von hinten ermordet werden, fiele er zu Boden, gäbe es Schwierigkeiten mit dem Abtransport von der Bühne. Piero Cappuccilli singt den Graf René Ankarström, Anstifter des Mordes beim Maskenball im Theater, Margaret Price dessen Gattin Amelia. Die Wahrsagerin (Ludmila Semtschuk) ist keine Mulattin und heißt, eine historische Figur, Mamsell Ulrica Arvedson. Es gerät nicht alles zum Besten: Sänger und das unter Claudios unverschnörkelter Leitung brillant spielende Orchester werden lebhaft akklamiert, die librettogetreue Regie (Gianfranco de Bosio), die collageähnlich gemalten Theaterbilder (Emanuele Luzzati) und die überbordenden Kostüme (Santuzza Calì) stoßen auf heftige Ablehnung. Sollte diese Inszenierung für Wien zu konservativ sein?

Noch im selben Monat dirigiert Abbado Repertoire: Verdis *Simon Boccanegra*, eine der weniger populären Opern, wahrscheinlich, weil sie musikalisch zu anspruchsvoll ist, Seelenregungen klanglich fein einfängt. Gerade aber das beflügelt den Dirigenten, er modelliert die subtilen Tönungen, liebt dieses Werk wie so manch anderes abseits greller Effekte.

Andererseits: Spektakel müssen sein, ließ das allerhöchste Kaiserhaus sein Volk von Mal zu Mal wissen. Die Republik Österreich, die dank der alten imperialen Prachtpaläste zumindest räumlich elegant regierbar wäre, ist dem Hang zum Spektakel treu geblieben, abgesehen von Perioden kulturellen Desinteresses, das Existenzrecht der Kunst sinnlos benagend. Dessen ungeachtet sollte sich die Oper, in Wien das Herzstück österreichischen Spektakelwesens, gelegentlich mit allem Drum und Dran einschlägig präsentieren, tunlichst mit Ortsbezug, befindet Direktor Drese. Die sich ergebende günstige Gelegenheit liefert die Scala Milano als Vorbote: *Il viaggio a Reims* von Rossini. Und die Verbindung zu Wien? Mehr als gedacht. Schon zu Lebzeiten des Komponisten torkelte Wien in den Rossini-Taumel. »Die Reise nach Reims«, ursprünglich 1825 ein Pariser Krönungsklamauk mit wenig Text und viel Bravour-Belcanto, wurde 1854 für die Hochzeit von Kaiser Franz Joseph I. und Elisabeth zum »Viaggio a Vienna« umgepolt. Außerdem fand man in den Rossini-Beständen der Österreichischen Nationalbibliothek Stimmen-Material zu diesem Werk, das »der Schwan von Pesaro« sozusagen verstreut und für *Le Comte Ory* partiell wieder gesammelt hatte. Das alles weckt Claudios kontinuierliches Interesse an Quellenmaterialien, für ihn kommt selbst bei diesem operettenhaften »dramma giocoso« als Aufführungsgrundlage nur die kritische Edition der Fondazione Rossini in Frage.

Am Beginn der Saison 1987/88 hat Claudio geschmeidig und straff *L'italiana in Algeri* dirigiert, witzig übermütig ausgestattet von Jean-Pierre Ponnelle, das spielfreudige Ensemble versprüht gute Laune (Agnes Baltsa, Ruggero Raimondi, Enzo Dara, Patrizia Pace, Frank Lopardo). Vier Monate darauf, Januar 1988, nochmals Rossini? Das scheint etlichen Opern-Habitués und Kritikern übertrieben, zu leichtgewichtig. Obendrein seien die »Reise«-Kosten zu hoch für ein Sparbudget, moniert die Obrigkeit. Gewiss, es ist ein sehr teures Unternehmen, aber im Nachhinein gerechtfertigt und bejubelt, ein Medienspektakel sondergleichen, zumal der ORF mitreist. Luca Ronconis Inszenierung steckt voller Pointen, zusätzlich optische spendet die Ausstattung von Gae Aulenti. Claudio nimmt die Sache humorvoll und locker, das Solistenensemble macht sich einen Riesenspaß daraus, allen voran Montserrat Caballé. Clou der *Viaggio*-Produktion: die von Ronconi eingepflanzte Film-Sequenz, in Wien ein Krönungszug vom Stephansdom über den Graben, die Hofburg und den Heldenplatz, bis zum wirklichen Einmarsch in die Oper – fürwahr ein »grande spettacolo«.

VIII Mozart wird erst einmal dort gespielt, wo er eigentlich immer hingehört: im Theater an der Wien. Aber dieses ist rechtlich keine Dependance der Staatsoper, sondern ein fünf Gehminuten entfernter Gastspielort, so dass Reisediäten anfallen (!). Ein kostspieliges Vergnügen, durchführbar, weil die Wiener Festwochen als Koproduzenten mithalten. Auch naht 1991, zweihundert Jahre davor starb Mozart, Anlass, ihm einen festlichen Zyklus zu widmen (acht Opern, zwei Ballette), mit Harnoncourt und Abbado als Hauptdirigenten, selbstverständlich primär in der Staatsoper, wohin auch jene Werke ins Repertoire übersiedeln sollen, die im Theater an der Wien produziert werden. Zum Transfer kommt es schließlich nicht, die bereits ernannte neue Operndirektion setzt andere Repertoire-Prioritäten. Der Zyklus findet jedoch statt, Claudio ist mit *Don Giovanni* und *Le nozze di Figaro* beteiligt. Für ein Bekenntnis zu Mozart setzt er sich an den Schreibtisch: »Ich glaube, dass die Musik von Wolfgang Amadeus Mozart auf jeden Menschen, der mit der Kultur der westlichen Welt konfrontiert ist, einen unmittelbaren, großen Eindruck macht. Für einen Musiker wie mich, der in der europäischen klassisch-romantischen Musiktradition erzogen wurde, ist dieser Eindruck wohl noch größer, noch tiefer gewesen, weil ich den Vorzug hatte, schon sehr früh mit seinen Werken bekannt zu werden ... Im Laufe meines Lebens habe ich mit vielen Musikern Mozarts Werke aufgeführt, und oft haben wir miteinander neue Einsichten aus den vertrauten Meisterwerken gewonnen; am meisten aber verdanke ich der Weisheit von Rudolf Serkin und seinem tiefen Verständnis der Klavierkonzerte ... Für uns alle gibt es Kompositionen, die direkt zum Herzen sprechen. Für mich ist das beispielsweise die *Waisenhaus-Messe*, die ich besonders liebe, oder die *Grabmusik* des ganz jungen Mozart, die wie eine Fortsetzung, ja Überhöhung von

Pergolesis *Stabat mater* erscheint.« – Claudio nennt Stücke außerhalb des hohen Bekanntheitsgrades, für die er sich in seinen Konzertprogrammen engagiert, und das gilt auch für andere Komponisten.

Luc Bondy inszeniert *Don Giovanni* ohne geschichtlichen Zeitbezug, gleichsam als work in progress. Don Giovanni ist ein Grobian, abgetakelt, auf dem Abstiegsweg. Bondy, Meister der Personenführung, modelliert jede Figur zu einer Charakterstudie. Er überzeugt das renommierte Solistenensemble, das dann überzeugend spielt. Claudio tendiert ohne extreme Temporückungen mehr zum »dramma« als zum »giocoso«. Er identifiziert sich mit der Regie, dem Ensemble (Ruggero Raimondi, Lucio Gallo, Cheryl Studer, Hans Peter Blochwitz, Karita Mattila, Marie McLaughlin, Carlos Chausson), will in Wien nur noch diese Inszenierung dirigieren. Daraus entsteht ein Problem: Erich Wonders ins Irreale driftendes Bühnenbild ist viel komplizierter als gedacht, ungeeignet für den täglichen Repertoirebetrieb. *Don Giovanni* (Premiere Mai 1990) muss im Theater an der Wien bleiben und wird dort ein Jahr danach zum Mozart-Fest wiederaufgenommen.

Le nozze di Figaro (Premiere Mai 1991 im Theater an der Wien) ließe sich in die Staatsoper übertragen, trotz des gewichtigen landgräflichen Schlosses auf der Drehscheibe (Bühnenbild Peter J. Davison), geschaffen für schnelle Verwandlungen. Jonathan Miller zaubert akribisch und wie selbstverständlich das sozial geschichtete Leben des ausgehenden 18. Jahrhunderts auf die Bühne, eine gleichsam zitierende Inszenierung, die einhellig Beifall findet, einschließlich des Ensembles (in den Hauptpartien identisch mit jenem von *Don Giovanni*) und Abbados Interpretation. Er leitet das Werk spritzig, ohne Zerdehnung, zugleich elastisch, die vorgeschriebenen Temporückungen herausschälend. Der direktoriale Wechsel unterbindet letztlich den Weg zurück ins Stammhaus, wo szenisch ein anderer Mozart-Stil Einzug halten soll. Ein »Antidetto« lässt sich gut einfügen: »Tra i due litiganti il terzo le prende.« – Wenn zwei sich streiten, trifft's den Dritten – in diesem Fall die mehr als bemerkenswerten Mozart-Produktionen im Theater an der Wien.

IX Beginn des 20. Jahrhunderts, historisch erste Signale des anbrechenden Musiktheaters, für Claudio ein faszinierendes Terrain, bestückt mit Werken, die ihm ein Risiko wert sind. Ihrer drei will er jedenfalls selbst in Wien auf die Bühne bringen, intransigent steuert er das Ziel an: *Pelléas et Mélisande, Elektra, Wozzeck.*

Debussys *Pelléas et Mélisande*: der erste große, weiter wirkende Gegenentwurf zu Wagners Gesamtkunstwerk. Zwar verhüllt sich Maeterlincks lyrisches Drama im Symbolismus, Debussy aber befördert es weit darüber hinaus in neue musikalische Gefilde. Sie liegen im klanglich seismografischen Reagieren auf Seelenregungen, reflektiert von sich wandelnden Orchesterfarben. »Impressionistisch«, sagt man. Das ist jedoch nur die Oberfläche. Der Musik eignet eine tiefere Dimension, ihr Geflecht variabler Motivik festigt das Klangfarbenschillern mittels eines präzis erdachten, strukturellen Gerüstes. Claudio begnügt sich denn auch nicht mit schummriger Weichheit und sfumato getönten Klangteppichen. Er beachtet die Konturen dieser Musik, ihre Dichte- und Transparenzgrade, lässt fragile Leidenschaftlichkeit aufleuchten. (Es war ja Debussys symphonisches Triptychon *Les Nocturnes*, das die Musikbegeisterung des siebenjährigen Claudio entfachte.) Das merklich animiert spielende Orchester setzt alles wunderbar um – ein Hörfest ohne jede Pomade, mit entsprechend hohem Anteil dank der Sänger: François Le Roux und

Frederica von Stade in den Titelpartien, weiter John Bröcheler, Nicolai Ghiaurov, Christa Ludwig, Patrizia Pace. Antoine Vitez inszeniert feinfühlig auch das nicht Gesagte, im Ungewissen belassene, Yannis Kokkos frappiert durch poetische Bilder ohne romantischen Illusionismus, aber mit Perspektiven, die den Zuschauer sozusagen ins Innere der Seelenlandschaft entführen. Die Produktion war von vornherein gemeinsam mit der Scala Milano geplant (Premiere in Wien: Juni 1988).

Elektra – Hofmannsthals Text zu komponieren hat Strauss 1906 als »die größte Lust« bezeichnet – dokumentiert musikalischen Expressionismus. Ein zeitsymptomatischer Einakter, unwiderruflich in das Endspiel gebannt, bis an die Ränder der Tonalitätsfreiheit gestemmt – weiter ist der Komponist nie gegangen. Claudio Abbado darf dieses elementare Werk – es ist seine erste Strauss-Oper – mit der bestmöglichen Besetzung erarbeiten (Premiere Juni 1989): Eva Marton, Brigitte Fassbaender, Cheryl Studer, James King, Franz Grundheber. Harry Kupfer liefert eine ausdrucksgeladene Inszenierung, die Protagonisten sind Gehetzte, Getriebene, und das monumentale Bild Hans Schavernochs verdeutlicht Verstrickung, fatales Machtgehabe. Claudio lässt das überreich besetzte Orchester nicht zermalmend losdonnern. Er gliedert, profiliert Linien, sucht und findet Spannung mehr in den Details der Partitur als im *ffff*. Ein eher analytisches Klangbild, das Hineinhören erleichternd.

Alban Bergs *Wozzeck*: »das vollkommene Gebilde«, postuliert Adorno. Dieser Superlativ bedarf keiner Hinzufügung. Ein Werk, in welchem Claudio Abbado – aus meiner Sicht – völlig aufgeht. Viele Jahre sah und hörte man in Wien einen »klassischen«, zeitlos gewordenen *Wozzeck*, gestützt auf Oscar Fritz Schuh, Caspar Neher und häufig auf Karl Böhm. Im Theater dauert jedoch nichts ewig, irgendwann ist Veränderung zwingend, warum also nicht dann, wenn es einen Dirigenten danach drängt, sein musikalisches Sensorium auf dieses genial gestaltete Werk zu fokussieren?

Der neue *Wozzeck* lässt ab der Premiere im Juni 1987 die Frage nach der vorab heftig bezweifelten Notwendigkeit einer Neuinszenierung verstummen. Dirigent, Orchester, Vokalsolisten und Bühne verschmelzen zur Einheit. Claudio dirigiert wie üblich auswendig, entfernt sich nicht durch interpretatorische Eskapaden vom detailliert festgeschriebenen Notentext, bringt daher die kammermusikalische Struktur dieser so unvergleichlich beziehungsreichen Komposition voll zur Geltung und besteht auf der pausenlosen Wiedergabe. Bedenkt man Bergs lupenreine Dramaturgie, die einzig richtige Entscheidung, wenn auch erschwerend für die Bühnentechnik. Herbert Kapplmüller löst die in Sekunden durchzuführenden Szenenwechsel im Austausch von flacher und tiefer Bühne mit atmosphärisch dichten, ortsgebundenen Bildern. Die Regie von Adolf Dresen rückt die sozialkritischen Aspekte, das Kreatürliche in den Vordergrund. Die Sänger als rollendeckend zu bezeichnen, wäre pures Understatement: Franz Grundheber (Wozzeck), Hildegard Behrens (Marie), Heinz Zednik (Hauptmann), Aage Haugland (Doktor), Philip Langridge (Andres) ... Eine Produktion, die das Werk keinen Moment verfremdend auf den Kopf stellt und dennoch heutiges Musiktheater versinnbildlicht.

Am 10. Juni 1991 verabschiedet sich Claudio Abbado mit *Wozzeck* als Musikdirektor von der Wiener Staatsoper, auf einem Niveau, das man, falls es möglich wäre, als Mischung von hellwacher Konzentration und Trance benennen könnte. Dieser Eindruck verstärkt sich, wenn man im TV-Mitschnitt die Einstellungen auf Claudio beobachtet: ein einziges federnd gespanntes Darinnensein, und, als hätte er die ganze Zeit über zu atmen vergessen, folgt erst nach dem letzten verlaufenden Schlusstakt das lösende, erlösende Aufatmen.

Rückblickend dankt Abbado für die fünfjährige Zusammenarbeit mit Claus Helmut Drese an der Wiener Staatsoper und dessen Offenheit gegenüber neuen Ideen sowie zeitgenössischer Musik, für das erreichte künstlerische Niveau, das »wahrscheinlich nur in Wien zu finden ist« und dessen Basis die vielen ambitionierten Mitarbeiter im Hause selbst seien.

X Wenn schon Generalmusikdirektor von Wien, dann soll gleich die komplette Musikszene der Stadt in neue Bahnen gelenkt werden. Zu Beginn des 20. Jahrhunderts entfaltet sich Wien zum Zentrum musikalischer Innovationen von überregionaler Bedeutung. In der zweiten Hälfte dieses Jahrhunderts gerät die Stadt in den fragwürdigen Ruf eines Traditionalismus, der immer noch verdrängen möchte, was – geschaffen rund um den Ersten und gleich nach dem Zweiten Weltkrieg – selbst schon Tradition geworden ist. Dem müsse entgegengewirkt werden, meint Abbado. Ganz so schlimm ist es 1986 zwar nicht mehr, das Wiener Konzerthaus programmiert schon seit den fünfziger Jahren neue Musik, das Ensemble »die reihe« spielt ab 1958 ausschließlich Werke der musikalischen Avantgarde. Das aber bringt noch nicht den von Abbado intendierten Durchbruch samt Breitenwirkung.

Also ergreift er die Initiative und überzeugt dank seiner Reputation und Hartnäckigkeit den begeisterten, folglich förderwilligen Bürgermeister Helmut Zilk, der sein Kulturamt einschaltet, das keine Unterdotierung beklagen muss. Die Idee von »Wien Modern« wird Realität. »Modern« meint nicht nur das Heute, denn es sind in viel früheren Zeiten des 20. Jahrhunderts die für die Entwicklung der Neuen Musik entscheidenden »modernen« Werke geschrieben worden. Als Impulsgeber für Evolutionen heben sie sich von jeweils zeitgenössischen ab. Daher sollen auch Werke von Schönberg, Webern und Berg zum Programm von »Wien Modern« zählen, um auf ihre Initialwirkung hinzuweisen. Aufzudecken sind außerdem innere Beziehungen zwischen deren Musik und der nach 1945 komponierten.

Der nächste Schritt: Abbado motiviert mehrere Veranstalter, in erster Linie die beiden großen in Wien, Konzerthaus und Musikverein, sich gemeinsam der Neuen Musik in komprimierter Aufbereitung zu widmen, etwa vier Wochen lang (im Schnitt werden es 35 Veranstaltungen sein), ideell offen und international orientiert, Österreich eingeschlossen. Musik ist das Wichtigste, nicht primär Uraufführungen, sondern hier noch meist unbekannte Werke, deren Qualität zeitlich begrenzte Trends überragt. Wiederaufführungen also, denn in Wien sei viel nachzuholen, konstatiert Abbado, außerdem seien die Künste nicht isoliert voneinander wahrzunehmen, er will Literatur, bildende Kunst und Film dem Festival einverleiben. Abbado, die Galionsfigur, wirbt und bohrt und überzeugt, die Segmente fügen sich zusammen, veranstalterisches Miteinander verdrängt das in Wien sonst kultivierte Gegeneinander.

Gründungstag des Vereins »Wien Modern« als Non-Profit-Organisation ist der 22. Oktober 1987. Vereinszweck ist laut Statuten unter anderem die »Pflege zeitgenössischer Musik« durch Konzertreihen und Festivals in Wien. Veranstalter sind die Gesellschaft der Musikfreunde, in erster Linie die Konzerthausgesellschaft, sie übernimmt die komplette organisatorische Abwicklung. Rechtlich wird das Wien-Modern-Budget streng getrennt verwaltet. Weil alle Fäden im Konzerthaus zusammenlaufen, ist dessen Generalsekretär Vereinsobmann, er verantwortet weitgehend Programm und Planung, unterstützt von seinem Dramaturgen. In der Staatsoper überredet mich Claudio, nun auch künstlerischer Leiter von »Wien Modern«, als Berater mitzumachen, ich sei ohnedies mit Neuer Musik vertraut.

Ende Oktober 1988 startet »Wien Modern« zur freudigen Überraschung von Beteiligten und Geldgebern derart erfolgreich, dass der Fortbestand gewährleistet scheint. Das Festival existiert nach wie vor, es integriert andere Kunstsparten, gedeiht, wandelt sich zeitgemäß. Seine »Gemeinde« ist gewachsen, das Budget hingegen gleich geblieben, derzeit rund 850 000 Euro, einschließlich Sponsoren und Staat, wobei die Stadt Wien mit gut drei Vierteln den Löwenanteil beisteuert.

Zur Gründungszeit behütet Alexander Pereira, Generalsekretär des Konzerthauses, »Wien Modern« (bis 1991, jetzt Operndirektor in Zürich), sein Nachfolger Karsten Witt (1991–1995, vormals Manager des Ensemble Modern) entpuppt sich geradezu als Fan des Festivals, ihm folgt ab 1996 nicht minder ambitioniert Christoph Lieben-Seutter (mit zurückliegender Konzerthaus-Erfahrung). Vorstandsmitglied des Festivals ist seit der Stunde Null Thomas Angyan, Generalsekretär des Musikvereins, mit anhaltenden Kontakten zu Abbado. Im Vorstand sitzen außerdem ein Buchhalter (Vereins-Kassier) und, aus formalen Gründen, der Musikintendant der Stadt Wien (zur Zeit Roland Geyer). Der Verein verzichtet auf »normale« Mitglieder, zwei mitarbeitende reichen. Umso größer ist seine Effizienz: »Wien Modern«, 1992 prämiert mit dem International Classical Music Award, firmiert mit Abstand als größtes und wichtigstes Festival zeitgenössischer Musik in Österreich und als eines der wenigen solchen Ausmaßes in Europa.

Der Initiator ist 1995 abgewandert. (Die Sponsoren müssen daraufhin ziemlich bearbeitet werden, um bei der Stange zu bleiben.) Das Festival jedoch dokumentiert die von Abbado beschworene Eigendynamik: Es ist aus sich selbst heraus stark, es »läuft«.

XI Welche der international angesehensten Komponisten sollen 1988 für »Wien Modern 1« Starthilfe leisten? Claudio plädiert, kaum mit Risiken verbunden, für Pierre Boulez, Luigi Nono, György Ligeti. Und György Kurtág, den in Wien fast niemand kennt und der spontan zu einem Lieblingskomponisten avanciert. Von den Jüngeren fällt die Entscheidung auf Wolfgang Rihm. Fünf Hauptkomponisten, durchmischte Porträtkonzerte, und Werke der Wiener Schule. Zur Eröffnung mit den Wiener Philharmonikern im Musikverein präsentiert Claudio Abbado programmatisch außer Bergs *Drei Orchesterstücke* Ligetis Klangflächenkomposition *Atmosphères*, Nonos berührend zartes *Liebeslied*, als Uraufführung Rihms geschärft abbrechende Klangimpulse *Départ* und die fulminanten *Notations I–IV* von Boulez, Agglomerationen früher Klavierstücke. Das von Claudio umhegte Chamber Orchestra of Europe gastiert mit Ligeti und Rihm, dazwischen Mozart und Haydn. Derlei oder auch experimentelle Einsprengungen, auch in späteren Jahren zu finden, irritieren nicht. »Wien Modern« lebt ohne puristische Motto-Zwangsjacke. Ein hochkarätig besetztes internationales Symposion, Thema: »Ideen, Ideologien, Wirklichkeit«, mitfinanziert von der Internationalen Gesellschaft für Neue Musik (IGNM), begleitet dieses Festival wissenschaftlich. Claudio mobilisiert das italienische Kulturinstitut in Wien, das Bilderzyklen von Alberto Burri ausstellt. Dieser Einstand belegt die angestrebte Spartenübergreifung.

1989 weitet sie sich aus, umlagert die Musik. Claudio setzt sich für Bruno Maderna ein, in Wien vernachlässigt, dazu als Hauptkomponisten Karlheinz Stockhausen (gespielt wird sein brillantes Frühwerk *Gruppen für drei Orchester*, Claudio Abbado ist einer der Dirigenten), Friedrich Cerha und Sofia Gubaidulina (für Osterweiterungsimpulse ist Wien der rechte Standort). Zwei junge Österreicher gesellen sich hinzu, Karlheinz Essl und Herbert Willi, dessen *Froschmäusekrieg* Claudio mit den Wiener Symphonikern uraufführt. Die Erste Österreichische Spar-Casse-Bank hatte sich auf Abbados Anregung hin bereit erklärt, als feste Einrichtung für »Wien Modern« Kompositionsaufträge an junge österreichische Komponisten zu vergeben. (Mir oblag die Auswahl im Einvernehmen mit dem Konzerthaus.) Koproduktionen und Spielstätten mehren sich: mit der Staatsoper im Odeon *Die Blinden* von Beat Furrer, Stockhausens *Setzt die Segel zur Sonne* als Ballett, Strawinskys *L'Histoire du Soldat.* Das Burgtheater, das Museum Moderner Kunst, die österreichische Gesellschaft für Literatur und die Werkstattinstitution Alte Schmiede kooperieren.

1990 sind Luciano Berio, Elliott Carter, Ernst Krenek und Witold Lutosławski die Hauptkomponisten. Wieder ist die Wiener Kulturszene inkludiert. Gemeinsam mit Staatsoper, Festwochen und Volksoper erlebt Kreneks *Kehraus um St. Stephan* im Ronacher die sehr verspätete Uraufführung. Marco Stroppa bietet mit der Kombination instrumentaler und computergenerierter Musik eine zusätzliche Facette, Gerhard E. Winklers uraufgeführtes Auftragswerk *Grauzone* vertritt das junge Österreich. Unter Claudio Abbados kundiger Leitung spielt das Chamber Orchestra of Europe Stücke der genannten Hauptkomponisten. Emilio Vedova stellt im italienischen Kulturinstitut seinen Bilderzyklus *Plurimi – Binari* (in memoriam Luigi Nono) aus, das Institut Français de Vienne bietet einen Abend mit dem Schriftsteller und Philosophen Emile M. Cioran.

»Wien Modern 4«, 1991, markiert einen der Höhepunkte. Das zusätzlich veranstaltete Andrej-Tarkowskij-Festival, für das Claudio noch einmal in Wien seine ganze Energie investiert, ist eingekoppelt, Staatsoper, Künstlerhaus, Stadtkino, ORF, Bundestheaterverband und Musikhochschule ziehen an einem Strang. Er hat alles angekurbelt, die Durchführung überlässt er (gern) Vertrauensleuten, diesmal Alessandra Dämon. Sein Vorwort: »Erstmals ist es möglich geworden, das gesamte künstlerische Vermächtnis einer der bedeutendsten Persönlichkeiten unserer Zeit zu zeigen: Andrej Tarkowskij – Regisseur, Dichter, Philosoph, Maler ... Ich hatte das große Glück, bei seiner einzigen Operninszenierung, *Boris Godunow*, mit ihm zusammenzuarbeiten ...«

Tarkowskijs Filme beherrschen das Festival; alle Spiel- und Dokumentarfilme werden im Stadtkino gezeigt. In der Staatsoper dirigiert Ababdo mit Verve die ursprünglich für Covent Garden in London inaugurierte *Boris-Godunow*-Inszenierung Tarkowskijs, sowie im Musikverein die Uraufführungen dreier in memoriam Tarkowskij komponierter Stücke: Furrers *Face de la Chaleur,* Kurtágs *What is the Word* (Becketts Text lenkt die musikalische Gestik), Rihms *bildlos/weglos*; dazu Nonos spartanisch verspanntes Requiem für den russischen Dichter, Regisseur und Maler: *No hay caminos hay que caminar* ... Die Ausstellung »Von Eisenstein bis Tarkowski – Die Malerei der Filmregisseure in der UdSSR« wird im Künstlerhaus gezeigt, und in der Ausstellung »Von der Revolution zur Perestrojka« zeigt sich die Verbindung zum Schaffen von Künstlern der sowjetisch-russischen Gegenwart und der russischen Avantgarde. Ein Symposion »Musik und Film«, Lesungen, Hörspiele, Künstlergespräche vervollständigen das Porträt eines bewunderten Künstlers, der den Musiker Abbado inspirierte.

»Wien Modern« 1991 widmet sich vorwiegend den Kompositionen von Olivier Messiaen, Harrison Birtwistle, Alfred Schnittke (um ihn scharen sich andere russische Komponisten) und Roman Haubenstock-Ramati, dessen Grafiken und Erneuerungen der Notation Denkanstöße lieferten. Das Museum des XX. Jahrhunderts zeigt Arnold Schönbergs bildnerisches Werk, das Museum moderner Kunst im Palais Liechtenstein abstrakte Bilder von Pierre Soulages, und das französische Kulturinstitut präsentiert den Philosophen Bernard-Henry Lévy. Damit nicht genug, ruft Claudio auch noch den Wiener Internationalen Kompositionswettbewerb ins Leben, gesponsert von den Casinos Austria, jeweils für eine andere Musiksparte ausgeschrieben: von Kammer- und Ensemblemusik über Orchestermusik, Kinderoper und Oper bis zu Musik mit Video. Namhafte Komponisten bilden die Jury, preisgekrönte Werke sollen tunlichst während »Wien Modern« uraufgeführt werden. Claudio selbst kümmert sich mit den Wiener Symphonikern um die Uraufführung des ersten Preisträgers Uros Rojko, weitere Werke an diesem Abend sind *Nocturne III* von Haubenstock-Ramati und Schnittkes mitreißende Faust-Kantate *Seid nüchtern und wachet,* unter anderen mit Anne Sofie von Otter als tangorhythmisch triumphierender Mephisto. Das Wettbewerbsprojekt funktioniert nur die ersten Jahre, später wird die fehlende Aufführungsgarantie zum Hemmnis. Das Festival ist außerstande, die Kosten etwa für eine Opernuraufführung zu tragen.

XII Alsbald richten sich Claudio Abbados Augen allenfalls aus der Ferne auf »Wien Modern«. Das komplett programmierende Team unterrichtet ihn über Schwerpunkte, er berät manchmal, man unterhält sich über Komponisten und Stücke, zum Beispiel über Mauricio Kagel. Wir meinen, er repräsentiert auf postmoderne Weise Abbados Anregung, Sparten zu überwinden, er verknüpft Film, Radio, Elektronik mit Musik. Also gut, Claudio Abbado ist einverstanden. Und 1995 ist es so weit: Kagel als Kontrapunkt zu dem von Claudio empfohlenen Länderschwerpunkt Italien (vor allem Giacinto Scelsi, Franco Donatoni, Salvatore Sciarrino).

Das programmatisch umgekrempelte Festival hat sich von den Porträtkonzerten verabschiedet und widmet sich auch den jüngsten Resultaten des Pluralismus. Die bildende Kunst bleibt kooperativ, etwa die Galerie Ulysses mit Gemälden und Zeichnungen von Emilio Vedova sowie mit Architekturskizzen von Paolo Piva. Claudio Abbado taucht noch auf, mit seinem neuen Lieblingskind, dem Gustav Mahler Jugendorchester, emotional dirigiert er Schönberg, Mahler, Nono, Väter aus zwei Generationen der inzwischen riesigen »Wien-Modern«-Komponistenfamilie.

Sein »Lieblingskind« führt er aber schon bei »Wien Modern 5« 1992 im Konzerthaus vor, mit Werken der Hauptkomponisten Luigi Dallapiccola, Hans Werner Henze und Iannis Xenakis, dazu die Uraufführung des Wettbewerb-Preisträgers Paolo Perezzani. In diesem Jahr besinnt sich das Festival in Gestalt einer »Programminsel« des profunden Könnens rumänischer Komponisten, eine zweite ist den Österreichern Gerd Kühr und Kurt Schwertsik zugedacht.

Danach hebt »Wien Modern 6« Krzysztof Penderecki und andere polnische Komponisten hervor, zudem Bernd Alois Zimmermann, Georg Friedrich Haas, Erich Urbanner und live-elektronische Musik (begleitet von Workshops). Claudio gastiert mit dem Scharoun-Ensemble der Berliner Philharmoniker. 1994, bei »Wien Modern 7«, ist er wieder mit dem Gustav Mahler Jugendorchester zur Stelle, musiziert der Programmlinie entsprechend Morton Feldman und Edgar Varèse, aber auch Webern und Kurtág, da sich das Festival gern der Gründungszeit erinnert. Helmut Lachenmann und amerikanische Komponisten sind zwei Kernpunkte, mit Karl Schiske gedenkt »Wien Modern« jenes Mannes, der kurz nach 1950 so viel für die Horizonterweiterung junger österreichischer Komponisten geleistet hat.

1996 erlischt Claudio Abbados Spur bei »Wien Modern«, das gerade »Fremde Welten« thematisiert. Er ist in die »Fremde« gegangen, wohl annehmend, das Festival sei längst flügge, bedürfe seiner nicht mehr. – »Col nulla si fa tutto«, meldet ein »Antidetto«. – Aus Nichts mach alles, lautete Claudios Parole am Beginn. Noch haben wir in Wien nicht alles gemacht ...

Hans Landesmann

Eine Herzenssache *Das Gustav Mahler Jugendorchester*

Claudio Abbado ist ein Mann vieler Talente. Er kennt seine Berufung und weiß, was er will. Neben seiner Musikalität und künstlerischen Sensibilität verfügt er über ein feines Gehör und vielfältige Sprachkenntnisse. Aber es gibt Wörter und Sätze, die er in keiner Sprache verstehen will: »Das geht nicht«, »unmöglich«, »später«, »Wir haben kein Geld« oder ähnliche Ausreden. Dieser bemerkenswerten Einschränkung seines Hörvermögens verdankt das Gustav Mahler Jugendorchester (GMJO) seine Existenz. Heute zählt es zu den führenden Jugendorchestern der Welt.

Nachdem Claudio Abbado als Musikdirektor der Staatsoper 1986 seine Haupttätigkeit nach Wien verlagert hatte, bemühte er sich auch sofort mit Elan um eine innovative Musikalisierung der ganzen Stadt und des Landes. Stets kulturpolitisch interessiert und voller Pläne für neue musikalische Aktivitäten, kam er auf die Idee, junge Musiker aus jenen Ländern, die einst die österreichisch-ungarische Monarchie gebildet hatten, zu einem Orchester zu vereinen. Der Grundgedanke war dabei, mit dieser auch politisch bedeutungsvollen Initiative zu zeigen, dass in diesem Kulturraum trotz aller verschiedenen politischen und gesellschaftlichen Entwicklungen ein gemeinsames Erbe vorhanden ist, das am deutlichsten beim gemeinsamen Musizieren zum Ausdruck kommt.

Das 1978 gegründete European Community Youth Orchestra, dessen erster Musikdirektor Abbado wurde, hatte aus politischen Gründen keine jungen Orchestermitglieder aus den Ländern jenseits des Eisernen Vorhangs zu einer Teilnahme an gemeinsamen Projekten einladen können. Noch teilte eine unüberwindliche Ost-West-Grenze das alte Mitteleuropa. Das schmerzte den politisch bewussten Europäer Abbado. Deshalb reifte in ihm der Gedanke, vom neutralen Österreich aus ein zweites mitteleuropäisches Jugendorchester zu gründen – in der seinerzeit noch visionären Hoffnung, eines Tages junge Musiker von beiden Seiten der trennenden Grenze zusammenführen zu können. Gleichsam als Realisierung eines utopisch anmutenden Konzepts kam es dann zu der denkwürdigen Vereinigung beider Jugendorchester: 1988, als West-Berlin Kulturhauptstadt Europas war, reisten im Rahmen des Berliner Musiksommers vom 6. bis 9. August erstmals junge Musiker aus der DDR in den Westteil der geteilten Stadt. Zu Ehren des inhaftierten Nelson Mandela leitete Claudio Abbado in der Waldbühne vor über 20 000 Zuhörern eine spektakuläre Aufführung von Mahlers Dritter Symphonie mit Jessye Norman.

Gustav Mahler repräsentiert mit seinem Genie wie kein anderer die musikalische Welt der Donaumonarchie, sowohl was die unterschiedlichsten Einflüsse des Vielvölkerstaats in seinem kompositorischen Schaffen angeht als auch sein Wirken in den Musikstädten Wien, Budapest, Prag und Ljubljana. Er durchlebte und durchlitt als Wahlwiener alle Höhen und Tiefen, Brüche und Utopien dieses Staatengebildes. Was lag näher, als ihn zum Namenspatron eines Jugendorchesters mit Musikern aus diesem Kulturraum zu machen?

Die Gründung eines die östliche Grenze Europas überschreitenden Jugendorchesters war nicht nur eine künstlerische Großtat, sondern ebenso ein signalgebendes Politikum in einer historischen Epoche sich anbahnender Umbrüche und Veränderungen. Es bot sich an, Wien, die unmittelbar an der mitteleuropäischen Grenzlinie gelegene Hauptstadt des neutralen Österreichs, zum Sitz des Orchesters zu machen und von dort aus mit Tourneen und Proben in die Länder der einstigen Monarchie hineinzuwirken.

Abbados zündende Idee fand in Wien sofort Unterstützung. Viele seiner Freunde, unter anderen der Generalsekretär des Wiener Musikvereins, Thomas Angyan, der Musikverantwortliche der Stadt Wien, Rainer Bischof, und ich, schlossen sich zusammen, um den Kampf – anders kann man es nicht bezeichnen – gegen die Barrieren, bestehend aus üblicher Skepsis und ewigem Zweifel, mit großem Engagement aufzunehmen. Erstaunlicherweise kamen negative Reaktionen gerade von manchen Hochschulen, deren Studenten ja von der Gründung des Orchesters profitieren sollten. Einerseits vielleicht aus der verständlichen Angst heraus, dass da etwas entstehen könnte, was den eigenen Jugendorchestern, die damals keineswegs in einer großartigen Verfassung waren, Konkurrenz macht, andererseits aus jener typisch bürokratischen und schulmeisterlichen Haltung heraus, die innovative Projekte immer wieder scheitern lässt. »Nicht durch ein paar Mal im Jahr unter einem berühmten Dirigenten Spielen«, heißt es in einem offiziellen Schreiben, »sondern durch die schulmäßige und kontinuierliche Unterweisung und Erziehung zum Zusammenspiel wird man zum Orchestermusiker.« Gerade die Internationalisierung schädige das »Gedeihen bodenständiger künstlerischer Entfaltungen schwerstens« und führe »zu einer Standardisierung musikalischer Interpretation«. Aber da täuschte man sich in der Hartnäckigkeit und Durchschlagskraft Abbados, der mit großer Energie solche Hürden zu überwinden oder beiseite zu schieben vermag. Auch Rückschläge konnten ihn nicht in der Überzeugung von der Notwendigkeit und Nützlichkeit seines Plans beirren.

Einer der entscheidend wichtigen Befürworter der Orchestergründung war der damalige Bürgermeister von Wien, Helmut Zilk, der dem Vorhaben sowohl in der politischen Durchsetzung als auch in der Bereitstellung finanzieller Mittel die ersten Schritte ermöglichte. Der Durchbruch gelang schließlich im Oktober 1985 in Budapest bei einer zweitägigen großen internationalen Konferenz, dem Kulturforum der KSZE, das Künstler, Kulturrepräsentanten und Diplomaten aus Ost und West zusammenbrachte. Als österreichischer Delegierter für Musik erhielt ich die Gelegenheit, Abbados Ideen zur Schaffung eines gemeinsamen Jugendorchesters vorzutragen und zu erläutern. Die Aufnahme war enthusiastisch und nach dem Vortrag drängten sich fast alle osteuropäischen Repräsentanten um mich, um nähere Details zu erfahren. Sie konnten es kaum fassen, dass der weltberühmte Maestro tatsächlich bereit war, sich Zeit für die Arbeit mit jungen Musikern aus ihren Ländern zu nehmen. Am Ende der Konferenz wurde der österreichische Vorschlag als nahezu einziges Projekt angenommen und die Gründung des Gustav Mahler Jugendorchesters beschlossen.

So konnte die praktische Arbeit beginnen. Als Generalsekretärin wurde Kristel Potocnik engagiert. Thomas Angyan baute mit Energie die Organisation auf und sicherte die finanzielle Förderung durch die österreichische Bundesregierung und private Sponsoren. Rainer Bischof wiederum kümmerte sich vor allem um die Unterstützung der Stadt Wien und versuchte, die diversen Hochschulen – vor allem das Konservatorium der Stadt Wien – von dem Projekt zu überzeugen. Allen Widerständen zum Trotz fand am 7. Mai 1986 die konstituierende Kuratoriumssitzung statt, die man als Geburtsstunde des Orchesters bezeichnen kann.

Was die Kulturrepräsentanten der osteuropäischen Länder beim Forum in Budapest so enthusiastisch begrüßt hatten, fand allerdings geringeren Applaus bei den sicherheitspolitischen Instanzen in Prag, Bratislava und Budapest. Damals blockierte noch der Eiserne Vorhang die Grenzen, und besonders für junge Menschen galt eine strenge Ausreisesperre. Die staatlichen Behörden hatten Angst, dass die besten jungen Musiker ihrer Länder im Westen bleiben könnten. Es bedurfte vieler Reisen und Interventionen, um schwierige Probleme zu lösen. Für jeden einzelnen der ausgewählten Musiker musste um die Ausreiseerlaubnis gekämpft werden.

Claudio Abbados magischer Name hat dabei sicherlich viele Türen geöffnet. Seine Überzeugungskraft bestärkte viele Freunde und Mitstreiter, beschwerliche Reisen auf sich zu nehmen, um als Jurymitglieder unentgeltlich an unzähligen Probespielen teilzunehmen und bei der Auswahl an Ort und Stelle mitzuhelfen.

Als stellvertretender Musikdirektor wurde der noch sehr junge, aufstrebende Dirigent Franz Welser-Möst ernannt, der die Auswahl der Musiker und die Vorbereitung des Orchesters vorantrieb. Dank des unermüdlichen Einsatzes von Alfred Altenburger, dem Vorstand der Wiener Philharmoniker, konnten viele prominente österreichische Orchestermusiker als Tutoren für die Probenarbeit gewonnen werden. Erstrangige Musiker der Berliner Philharmoniker, der Wiener Philharmoniker, des London Symphony Orchestra und des Chamber Orchestra of Europe wirkten als Dozenten mit. Der unvergessene Gerhart Hetzel, Konzertmeister der Wiener Philharmoniker, und Michael Schnitzler, Konzertmeister der Wiener Symphoniker, erklärten sich sofort bereit, mit den Geigengruppen zu üben. Von Wolfgang Schulz bis Milan Turkovic füllen die Namen der Dozenten ein wahres *Who is Who* der internationalen Orchesterszene. Im Gegensatz zu vielen österreichischen Musikakademien – Graz bildete dabei eine rühmliche Ausnahme – waren die ungarischen und tschechischen Hochschulen behilflich, ihren Studenten die Arbeit mit Abbado zu ermöglichen.

Nach erstaunlich kurzer Vorbereitungszeit kam die große Stunde der ersten Bewährung. Etwa 130 Musiker – anfänglich noch sehr aufgeregte oder ängstliche junge Frauen und Männer aus allen Teilen Österreichs, Ungarns und der ehemaligen Tschechoslowakei – versammelten sich im April 1987 in Oberschützen. Das burgenländische Kulturzentrum, in dem auch eine Expositur der Hochschule Graz ihren Sitz hatte, bot dem Orchester in großzügiger Weise ideale Bedingungen für Proben, Verpflegung und Unterkunft. Zunächst wurden einzelne Gruppen gebildet, die unter der Leitung der Dozenten und des stellvertretenden Musikdirektors arbeiteten. Nach einigen Tagen kam für alle Beteiligten der magische Augenblick, als Abbado vor das Orchester trat und den Auftakt gab. Die Begeisterung, mit der alle am Werk waren, teilte sich sofort mit. Hier bewiesen junge Menschen hör- und spürbar, dass über alle politischen Grenzen hinaus das gemeinsame Erbe in der Musik weiterlebt.

Inzwischen war auch die notwendige Struktur für Tourneen aufgebaut worden. Claudio Abbado, Thomas Angyan, Rainer Bischof und ich bildeten den Vorstand. Sechs weitere Mitarbeiter und ein Arzt begleiteten das Orchester auf seinen ausgedehnten Gastspielreisen.

Die Stadt Wien trug die Hauptlast der Finanzierung des Projekts, weitere Zuschüsse übernahmen das österreichische Bundesministerium für Unterricht und

Kunst und diverse Sponsoren. Zusätzlich wurden Erträge aus Konzerten und Tourneen erwirtschaftet. Mittlerweile hat sich das Budget auf 1,5 Millionen Euro im Jahre 2003 vervielfacht, was eindrucksvoll die enorme Erweiterung der Aktivitäten des Orchesters belegt. Seit 1995 wird es finanziell auch durch eine von Karin und Roland Berger zusammen mit Thomas Baer geleitete Förderstiftung unterstützt. Ursprünglich konnten die Mitgliedsstaaten Ungarn und Tschechoslowakei keine Geldmittel beisteuern, doch trugen sie zum Gelingen des Projekts durch ihre Gastfreundschaft während der sehr aufwändigen Probenphasen bei. So wurde das Orchester bereits im Sommer 1987 nach Szombathely, einem wunderschönen Städtchen in West-Ungarn, und im darauf folgenden Jahr von der Tschechoslowakei in den weltberühmten Badeort Pistyan eingeladen.
Ein nicht unwesentliches Detail am Rande: Abbado setzte sich auch intensiv mit dem Problem auseinander, dass den jungen Musikern vor allem in Osteuropa oft nur schlechte Instrumente zur Verfügung standen. Er veranlasste die Schaffung eines Fonds für den Ankauf besserer Instrumente. Vielen Musikern konnte auf diese Weise auch für ihre weitere Laufbahn entscheidend geholfen werden.

Ohne Übertreibung ist die erste Tournee, die 1987 mit Mahlers Erster Symphonie und Werken von Bartók, Bruckner, Mozart und Webern unter anderem nach Ljubljana, Graz, Prag, Bratislava, Wien, Budapest, Hamburg, Paris, Amsterdam und Bozen führte, als ein einziger Triumphzug zu bezeichnen. In der Folge kamen Einladungen aus Bozen, Paris und München an das Orchester, in diesen Städten die Probephasen zu verbringen und sich auf die Gastspielreisen vorzubereiten.
Von da an war das Eis gebrochen. Abbados persönlicher Einsatz und der Erfolg der ersten Tourneen überzeugte auch die Behörden in anderen Ländern. Musiker aus Jugoslawien hatten bereits 1988 an der Arbeit teilgenommen, und sogar die höchst komplizierten Probleme in der ehemaligen DDR konnten schließlich überwunden werden. Immer mehr Länder waren musikalisch in Abbados Orchester vertreten. Seit 1992 entsandten fast alle Staaten Europas – von Russland bis Spanien – ihren musikalischen Nachwuchs in das Gustav Mahler Jugendorchester.

Ein für die ersten Pionierjahre bezeichnender Vorfall spielte sich an der ungarischen Grenze ab: Aus finanziellen Gründen hatten wir die einzelnen Abende der Tournee recht dicht geplant. So spielte das Orchester an einem Abend in Bratislava, am nächsten bereits in Budapest. Die Busse waren für zwölf Uhr Mittag bestellt und wir hatten für die Grenzkontrolle etwa zwei Stunden veranschlagt. Leider richteten sich die Behörden nicht nach unserem Zeitplan, befragten alle 160 Musiker und Begleiter einzeln mit höchster Genauigkeit und durchsuchten ebenso penibel ihr Gepäck. Eine kurze Berechnung unsererseits ergab eine sechsstündige Dauer der Kontrolle und damit die extreme Gefährdung des Konzerts. Claudio Abbado bat mich sofort, meine ungarischen Sprachkenntnisse einzusetzen und den Verkehrsminister anzurufen. Der Maestro insistierte so lange, bis tatsächlich eine Verbindung zum Minister hergestellt wurde und ich ihm unsere Probleme mitteilen konnte. In kürzester Zeit kamen zwei Polizeiautos, die uns mit Blaulicht und überhöhter Geschwindigkeit zum Konzertsaal nach Budapest lotsten. Für die jungen Leute war das vielleicht der Höhepunkt des Sommers.

Das Jahr 1999 brachte das ehrgeizigste Projekt in der Geschichte des Gustav Mahler Jugendorchesters: In Tanglewood (USA) führte das Orchester auf Einladung von Seiji Ozawa mit zahlreichen prominenten

Künstlern kammermusikalische Konzerte sowie Workshops durch und arbeitete mit amerikanischen Orchestern zusammen. Auch auf einer anschließenden Tournee nach Caracas (Venezuela) und Havanna (Kuba) leitete Abbado Aufführungen der Siebten Symphonie von Gustav Mahler; zwei Benefizkonzerte galten der Förderung kubanischer Nachwuchsmusiker. Die Tournee wurde in Europa mit Konzerten unter anderem in Santiago de Compostela, Edinburgh, Berlin und München fortgesetzt. Einen weiteren Höhepunkt brachte die Sommerreise 2002 mit Wagners *Parsifal*, der szenisch in Edinburgh und konzertant in Luzern präsentiert wurde.

In der Zeit von 1987 bis 2002 dirigierte Abbado 86 Konzerte in 44 Städten. Überdies gelang es ihm, prominente Kollegen zur Arbeit mit dem Orchester zu animieren: Marc Albrecht, Pierre Boulez, Riccardo Chailly, Péter Eötvös, Ivan Fischer, Michael Gielen, Bernard Haitink, Mariss Jansons, James Judd, Kent Nagano, Vaclav Neumann, Seiji Ozawa und Franz Welser-Möst übernahmen im Rahmen großer Tourneen die Leitung von Konzerten.

Ostern 2003 kam es erstmals zu einem Gastspiel in Japan mit Pierre Boulez als Dirigent. Seit seiner Gründung ist das Gustav Mahler Jugendorchester in 82 Orten aufgetreten. Zahlreiche CDs bezeugen die Qualität des Orchesters. Exzellente, kompetente Organisatoren – Erhard Busek, seit 1996 Präsident des Orchesters, und Alexander Meraviglia-Crivelli, Generalsekretär seit 1996 – haben unter Abbados Leitung in den letzten Jahren mit Leib und Seele, mit Herz und Verstand die beispiellosen Erfolge ermöglicht.

Diese außerordentliche Leistung erklärt sich nur durch die ungewöhnlich kreative Atmosphäre, die vom ersten Augenblick an im Gustav Mahler Jugendorchester entstanden ist und noch immer anhält. Hunderte junge Musiker schwärmen – selbst wenn sie längst nicht mehr dem Orchester angehören – von der einzigartigen Erfahrung, sich als Anfänger in einer so hochkarätigen musikalischen Gemeinschaft sowohl künstlerisch als auch menschlich entwickeln zu können. Zur Erfolgsgeschichte des Orchesters zählen daher auch die glänzenden Karrieren ehemaliger Mitglieder, die heute weltweit in mehr als 120 Berufsorchestern engagiert sind – nicht wenige selbst bei den Wiener und den Berliner Philharmonikern. Einige ehemalige Musiker des Gustav Mahler Jugendorchester haben sich 1996 unter Abbados Leitung im Mahler Chamber Orchestra organisiert, das bereits in kurzer Zeit zu den besten Berufsorchestern Europas herangereift ist.

Im persönlichen Gespräch gibt Claudio Abbado zwar zu, dass ihn die großen Anstrengungen der Konzerttourneen viel körperliche Kraft kosteten, er betont aber zugleich, wie viel kreative Energie und Inspiration ihm die beruflichen und auch menschlichen Kontakte mit den jungen Musikern für seine künstlerische Tätigkeit gäben.

Wo auch immer in Europa Abbado Konzerte gibt, immer scharen sich nachher hinter der Bühne junge und nicht mehr ganz so junge Musiker um ihn, tauschen Erinnerungen aus und erzählen begeistert von ihrer aufregenden Zeit im Gustav Mahler Jugendorchester: »Ich habe sicher nie wieder eine derartige Intensität und Leidenschaft erlebt«, erzählt die österreichische Flötistin Eva Furrer. »Diese Frische, die die Konzerte gehabt haben, trotz der langen Arbeitsphase vorher, der Enthusiasmus und die große Verbundenheit, das, was Abbado wünscht, auch umzusetzen und zu musizieren – das alles sind für mich auch heute noch die schönsten und wesentlichsten Kriterien meiner Arbeit.« Und der ungarische Cellist Robert Nagy erinnert sich: »Es war einfach einmalig. Ich werde den Augenblick, als Abbado das erste Mal vor uns stand, nie vergessen. Und dann dieses Erlebnis, wie wir von Tag zu Tag besser musiziert haben. Der Wille zu diesem gemeinsamen Musizieren, zu einem sich ständig steigernden Zusammenspiel, war förmlich in der Luft zu spüren.« Der tschechische Geiger Milan Setena, seinerzeit erster Konzertmeister des Orchesters, sagt: »Für uns aus dem Osten war es ein besonderes Abenteuer. Wir waren alle unendlich dankbar, dass wir in so einem Orchester mit einem so großen Dirigenten spielen durften. Abbado konnte auch wunderbar mit uns umgehen. Er hat allerdings auch einen riesigen Vorteil gehabt: Er wurde von allen geliebt. Da gab es keinen einzigen Gegner.«

Die drei Musiker, die damals knapp zwanzig Jahre alt waren, hatten vor ihrem Eintritt in das Gustav Mahler Jugendorchester eine ähnliche musikalische Laufbahn beschritten. Sie waren an den Musikhochschulen ihrer Heimat ausgebildet worden, brachten aber kaum Orchestererfahrung mit. Sie betonen, wie viel sie bereits in der Vorbereitung durch die Dozenten lernten und welches Erlebnis dann die weitere Arbeit mit Abbado bedeutete. Eva Furrer, Schülerin des Soloflötisten der Wiener Philharmoniker, Wolfgang Schulz, berichtet von einem außergewöhnlichen Spannungsbogen: »Wir haben Dozenten gehabt, die uns wirklich den Unterschied zwischen Solo-, Kammermusik- und Orchester-Spiel beigebracht haben. Die Werke, die auf dem Programm standen, wurden so genau studiert, dass wir sie nahezu im Schlaf konnten. Dann kam die unglaubliche Begegnung mit Abbado. Der Kontakt war sofort da. Er hat das Ganze zusammengefügt und gestaltet wie ein Zauberer.« Auch Milan Setena möchte die Vorbereitungsarbeit mit den Dozenten nicht missen. »Wir waren ja alle unroutinierte Studenten, die jede Note, jede Phrase ganz genau studieren mussten und wollten. Ich durfte mit dem Konzertmeister der Wiener Philharmoniker, Gerhart Hetzel, arbeiten. Die Arbeit war unglaublich intensiv, er hat mit mir fast jeden Takt geübt. Mit Abbado, der ja auch immer wieder mit einzelnen Gruppen gearbeitet hat, ging es dann mehr um Phrasierungen, um die Stimmung und den Ausdruck. Ich kann mich an eine Abendprobe erinnern, da wurde schon zum Essen gerufen, aber wir wollten nicht aufhören. Wir wollten einfach mit ihm weiterprobieren.« Robert Nagy erklärt, wie er erst im Rückblick ganz begreifen konnte, was da im Musizieren mit Abbado geschehen war. »Als ich Jahre später die Erste Symphonie von Mahler als Solocellist im Tonkünstlerorchester wieder gespielt habe, meinte ich ein anderes Werk zu spielen. Das darf nicht so klingen. Da habe ich mich natürlich nicht sehr beliebt gemacht, weil ich versucht habe, den verschiedenen Stimmgruppen zu erklären, wie das Werk läuft. Aber selbst als ich dann bei den Wiener Philharmonikern die Erste von Mahler wieder unter Abbado spielen konnte, war es wieder nicht dasselbe. Die Begeisterungsfähigkeit, Intensität und die musikalische Energie sind bei einem Jugendorchester eben etwas anderes als beim Professionalismus der Philharmoniker. Beim GMJO haben wir vierzehn Tage probiert, bei den Philharmonikern gibt es höchstens vier, fünf Proben.«

Andere ehemalige Mitglieder des Gustav Mahler Jugendorchesters, die stellvertretend für hundert weitere stehen könnten, berichten von ähnlichen Erfahrungen in der Arbeit mit Abbado. »Er hat uns die Sensibilität gelehrt, aus der Stimmung Musik zu machen«, sagt Milan Setena. »Seine Hände haben uns alles gesagt.« Eva Furrer bewundert die Freiheit, die er den Musikern bei solistischen Passagen lässt. »Seine Offenheit und Leidenschaft haben einen derartigen Eindruck auf mich gemacht, dass ich auch deshalb heute mit dem Klangforum Wien arbeite, weil dort noch etwas von dieser Atmosphäre zu finden ist.« Sie spricht auch Abbados Fähigkeit an, zwischen den Probenphasen und den Konzerten noch eine Steigerung herbeizuführen: »Bei den Proben wird hart gearbeitet. Die Generalprobe und das Konzert waren dann jedes Mal ein unglaublicher Rausch. Das ist auch ein wahnsinniges Erlebnis im Orchester.« Und Robert Nagy wiederum meint: »Seine Ausstrahlung und seine Dynamik spricht jeden an. Mit seinen wunderbaren Bewegungen poliert er die musikalischen Phrasen, macht sie farbiger und hebt sie auf eine höhere Ebene. Ich habe zwölf oder fünfzehn Jahre warten müssen, bis jemand mit ähnlichen Handbewegungen genau das gezeigt hat, was innerlich in ihm vorgeht. Nicht nur das, was er will, sondern das, was er fühlt.«

Abbados Umgang mit den Jugendlichen bewundern sie alle. »Er war immer mitten unter uns, hat sich mit uns in enge Flugzeuge gezwängt, mit uns gegessen, sich immer sehr locker und freundschaftlich gegeben«, sagt Milan Setena. »Als ich später in Salzburg das Jeunesse Orchester unterrichtet habe, war Abbado als Gastdirigent eingeladen. Da konnte ich sechs oder sieben Jahre nach unserer Zeit beim GMJO als Beobachter erleben, dass er bei der Jugend nach wie vor so ankommt wie damals bei uns. Sofort war der Kontakt da, entwickelte sich beim Musizieren eine menschliche Nähe.« Eva Furrer erinnert sich nicht ohne Dankbarkeit: »Er hat auch so viel für uns getan. Er sorgte dafür, dass wir Stipendien und gute Instrumente bekamen, er hat sich immer für uns eingesetzt und uns gepusht. Zum Beispiel, dass wir aus Musikern des Orchesters ein kleines Orchester bilden, um zeitgenössische Musik umzusetzen. Er war immer daran, etwas weiterzubewegen.« Auch Robert Nagy bekräftigt: »Er hat uns allen wahnsinnig geholfen. Ganz idealistisch, ohne jemals ans Geld zu denken. Es geschah alles aus Musikleidenschaft. Er lebt für die Musik.«

Schöner und genauer kann man es nicht formulieren. Das Gustav Mahler Jugendorchester ist für Claudio Abbado Haupt- und Herzenssache, nicht nur professionelle Zutat neben seiner Karriere als Stardirigent. Für die Musik leben heißt für ihn: anstiften, vermitteln, weitergeben, pflanzen – nicht nur ernten. Es ist höchster Ausdruck seines künstlerischen Ethos, wenn sich der Dirigent Claudio Abbado auf dem Gipfel seines Ruhms, seiner Erfahrung und Erkenntnis mit voller Hingabe der Arbeit mit dem musikalischen Nachwuchs widmet. Er setzt damit ein strahlendes Zeichen kultureller und gesellschaftlicher Verantwortung des Künstlers für den Zustand der Welt, in der er lebt und aus der er seine Impulse empfängt: Musik als Weg in ein befreites Leben, zu einem offenen Zusammenleben.

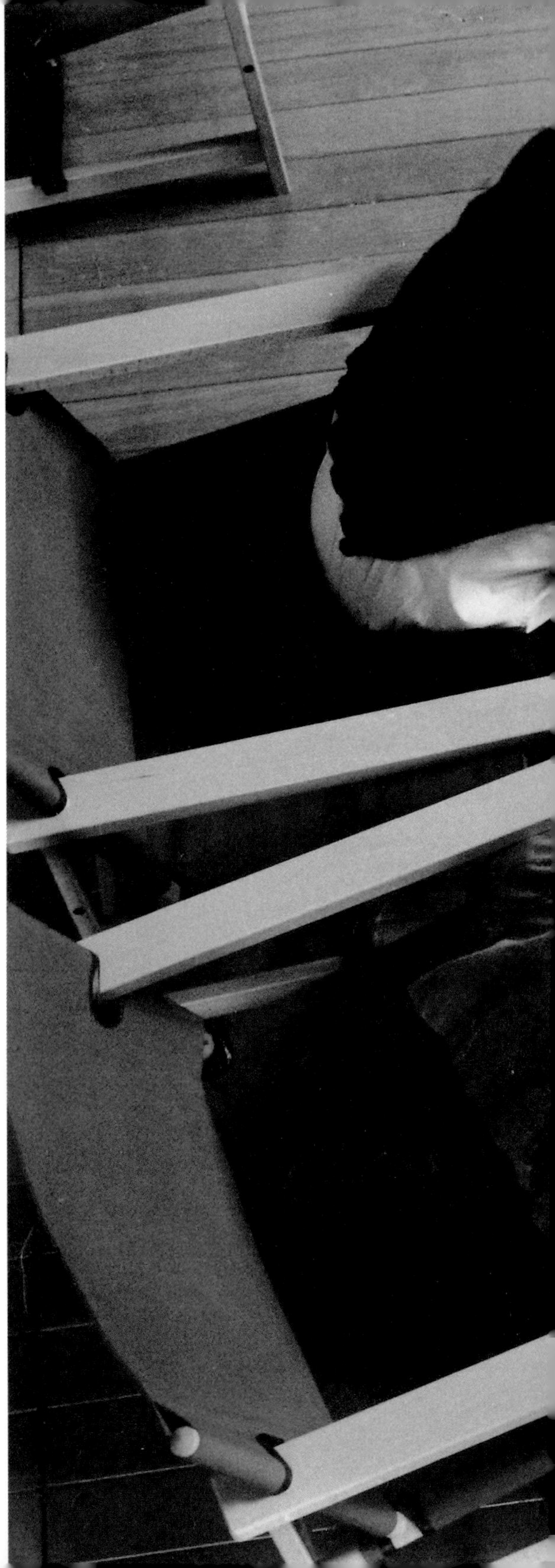

Habakuk Traber

Am Ziel: Berliner Zyklen

Am 8. Oktober 1989 wählten die Mitglieder des Berliner Philharmonischen Orchesters Claudio Abbado zu ihrem künftigen Chefdirigenten und damit zum Nachfolger Herbert von Karajans, der im Juli gestorben war. Der Übergang der Philharmoniker in eine neue Etappe ihrer Geschichte trug in verschiedener Hinsicht Züge des Außergewöhnlichen. Am Wahltag, der zu Abbados Nominierung als Chefdirigent führte, feierte rings um das damalige West-Berlin, in dem die Philharmoniker nach dem Krieg beheimatet waren, die DDR ihren 40. und letzten Jahrestag. Gut einen Monat später wurde die Mauer durch Berlin in beide Richtungen durchlässig. Michail Gorbatschow erklärte die Nachkriegszeit für beendet. Ein Neuaufbruch stand bevor, allgemeine Euphorie beherrschte die letzten Monate der achtziger Jahre. Der Führungswechsel verband sich bei den Philharmonikern selbst mit einer institutionellen Neubesinnung. Die Erfahrungen mit Herbert von Karajan, die zunehmenden Differenzen und Friktionen, die sich zwischen ihm und dem Orchester ergeben hatten, ließen eine Allianz auf die Lebenszeit eines Maestro nicht mehr ratsam erscheinen. Abbado und die Philharmoniker schlossen, wie fast alle bedeutenden Orchester mit ihren Chefdirigenten, einen zeitlich befristeten Vertrag mit Optionen auf Verlängerung.

Die Vorgeschichte

Die Philharmoniker kannten Claudio Abbado, seine musikalischen Vorstellungen und seine Arbeitsweise bereits. 17-mal hatte er zuvor mit ihnen gearbeitet und konzertiert, zum ersten Mal am 20. Dezember 1966 und mit größerer Häufigkeit dann in den späteren achtziger Jahren. Sein Debüt in Berlin aber gab er mit dem Orchester, mit dem sich junge Künstler meistens im Westteil der Viermächtestadt einführten, mit dem – durch Ferenc Fricsay international renommierten – Radio-Symphonie-Orchester Berlin (RSO) im Rahmen der Reihe »RIAS stellt vor«. Diese Konzertserie, die noch heute existiert und seit der Senderreform nach der Vereinigung »Debüt im DeutschlandRadio« heißt, bot und bietet jungen Musikerinnen und Musikern, meist nach Erfolgen bei internationalen Wettbewerben, die Gelegenheit, als Solisten oder Dirigenten ihre Berlin-Premiere mit einem erfahrenen Berufsorchester zu geben. Alle derzeitigen Chefdirigenten der Berliner Konzertorchester, mit Ausnahme von Kent Nagano, dem heutigen Chefdirigent des Orchesters, haben sich mit dem RSO, dem heutigen Deutschen Symphonie-Orchester, in der Stadt vorgestellt – auch Abbados Nachfolger, Sir Simon Rattle.

Mit dem damals dreißigjährigen Abbado konzertierte am 27. Oktober 1963 einer seiner besten menschlichen und musikalischen Freunde: der Pianist Maurizio Pollini. Er spielte Beethovens Drittes Klavierkonzert. Abbado dirigierte außerdem Tschaikowskijs *Fantasie-Ouvertüre Romeo und Julia* und Prokofjews Dritte Symphonie. Drei weitere Konzerte gab Claudio Abbado noch mit dem Radio-Symphonie-Orchester Berlin, das letzte am 19. März 1967. Inzwischen hatte er seine Zusammenarbeit mit den Berliner Philharmonikern begonnen, und im damaligen West-Berlin galt es als ungeschriebenes Gesetz, dass ein Dirigent in der Regel pro Saison nur mit einem der beiden Orchester arbeitete, entweder mit dem ersten am Platz oder dem (nach Hans Heinz Stuckenschmidts Formulierung) »anderen« Orchester.

Bei Durchsicht seiner Programme mit dem RSO erkennt man bereits in lockeren Umrissen Grundzüge von Abbados Konzertgestaltung: die Fokussierung auf einen Hauptgegenstand – einen Leitgedanken, eine musikalische »Leitfigur« – und dessen zusätzliche Beleuchtung durch ein sinnfällig darauf bezogenes Gegenstück sowie das Freispielen der Gegenwartsmusik durch einen Kontext historischer Werke. Ein Beispiel für die erste Methode bot das Konzert vom 6. März 1966: Der *Sinfonietta* für Orchester und dem *Concertino* für Klavier und Kammerensemble von Leoš Janáček stellte Abbado Dvořáks Achte Symphonie gegenüber: Der allgemeine kulturelle Zusammenhang von Werken, die zum Grundbestand tschechischer Identität zählen, wurde ergänzt durch die spezifische Behandlung der orchestralen Bläserpracht, die alle drei Werke zu ihrem Klangthema haben. Beispiel für das zweite Verfahren war das Konzert am 19. März 1967: Das orchestrale *Puppenspiel* des jungen Franco Donatoni stand wie eine Herausforderung des Hörens zwischen Vivaldis bekanntem *Gloria* und Verdis *Te Deum*, dem Schlussstück der späten *Quattro pezzi sacri*.

Man mag hinter diesen Grundsätzen der Programmgestaltung eine Ästhetik entdecken, die jedes Konzert zu einem »dramma dell' ascolto«, zu einem Abenteuer des Hörens macht. Sie steht dem musikalischen Denken Luigi Nonos nahe, der sein Opus magnum, den *Prometeo*, als eine »tragedia dell' ascolto« verstanden wissen wollte. Um »das Ohr zu wecken«, wie Nono forderte, stehen einem Dirigenten neben der Interpretation, durch die er ein Werk seinem Publikum vermittelt und »erläutert«, noch weitere konzeptionelle Mittel zur Verfügung: die Konstellation, in die er ein Werk im Zusammenhang eines Konzertes stellt, die Planung von Konzertfolgen unter einem Leitthema, wie es für Festivals inzwischen üblich geworden ist, und die Darstellung von Zusammenhängen, die über die Musik hinausweisen – im Konzert selbst oder in Veranstaltungen, die es umgeben und begleiten.

Beethoven und das Pilotprojekt Prometheus

Die Ära Abbado in ihren künstlerischen und kulturellen Dimensionen ernsthaft und gültig zu würdigen, ist noch kaum möglich. Zu kurz ist die zeitliche Distanz. Die Geschichte Abbados mit den Berliner Philharmonikern ist außerdem kein abgeschlossenes Kapitel. Die Kernzeit ist zwar zu Ende, dem langen Prolog (immerhin 23 Jahre) entspricht nun ein Epilog von hohem künstlerischem Eigengewicht. Auch darin liegt ein Modell künstlerischer Partnerschaft in Freiheit. Was die zwölfjährige Epoche Abbado jedoch programmatisch bedeutet, lässt sich präzise benennen. Es sind die thematischen Zyklen, die im Zentrum der jeweiligen Saison standen und in denen die Philharmoniker zugleich ein Netzwerk der Kooperation mit anderen Berliner Kulturinstitutionen entwickelten.

Die Anfänge waren dem Umfang nach klein, dem Themenentwurf nach allerdings groß und weit gespannt. Sie standen gleichsam an der Schnittstelle mehrerer Überlegungen und Ansätze für programmatische Schwerpunkte, die Abbado mit dem Intendanten Ulrich Meyer-Schoellkopf und den Philharmonikern entwickelte. Beethoven spielte für die Planung der Jahre 1991 und 1992 eine hervorgehobene Rolle. Die Konzerte zum Jahresende 1991 bestritt Abbado ausschließlich mit Werken des Wiener Klassikers. Er griff damit einen alten Brauch auf – die Neunte hat bei vielen festen und losen Musikfreunden zum Jahreswechsel fast Kultstatus – und veränderte ihn zugleich. Statt der Neunten dirigierte er deren »Vorstufe«, die *Chorfantasie* op. 80, die mit ihren Fusionsversuchen zwar weiter ging als das spätere, größere Werk: Beethoven verschmolz Solokonzert, Symphonie und Kantate zu einer neuen Form. An musikalischer

Überzeugungskraft aber bleibt die *Chorfantasie* weit hinter der Neunten zurück. Abbado stellte ihr die *Egmont-Ouvertüre*, die Konzertarie *Ah perfido* und die dritte *Leonoren-Ouvertüre*, voran. Zweierlei ist daran musikalisch bemerkenswert:

Erstens brachte er die *Chorfantasie* in den Kontext mit theatralisch motivierten Werken und deutete damit an, wo der Schlüssel zu der von Beethoven gesuchten Synthese der Gattungen liegen könnte. Nicht zufällig berief sich Richard Wagner bei der Begründung des Musikdramas hauptsächlich auf die Neunte Symphonie. Man kann dieses ewig kontrovers beurteilte Hauptwerk durchaus so verstehen, dass es Möglichkeiten zu einem Gesamtkunstwerk aus dem Geiste der Musik eröffnet oder zumindest andeutet. Die *Chorfantasie* war die Skizze dazu. Dem Zusammenhang zwischen Gesamtkunstwerk und autonomer musikalischer Komposition ging Claudio Abbado in etlichen seiner späteren Projekte forschend und interpretierend nach. Mit seinem Silvesterprogramm 1991 erkundete er das Vorfeld.

Zweitens präsentierte er dem Publikum einen Komponisten nicht ausschließlich vom Meisterwerk, sondern auch vom Experiment, nicht nur vom Endprodukt, sondern auch von den Zwischenstationen eines künstlerischen Weges her. Gerade scheinbar allbekannte Komponisten und ihre Werke erscheinen so in einem neuen Licht. Einen roten Faden, den Abbado durch die Jahre 1991 und 1992 legte, könnte man als »Beethoven-Konstellationen« bezeichnen. Mit Maurizio Pollini, dem Freund und musikalischen Weggefährten seit vielen Jahren, führte er alle fünf Klavierkonzerte auf und konfrontierte sie mit Neuer Musik, mit Werken von Ligeti und Nono, von Lutosławski und Rihm; nur das letzte, das Fünfte, ließ er im rein Beethoven'schen Zusammenhang: Er stellte diese hochfahrende Musik der *Pastorale* gegenüber. Zwei Denkwelten in Beethovens Schaffen wurden in einen unmittelbar nachzuvollziehenden Dialog versetzt.

Innerhalb dieses Zyklus führte Abbado auch die Ballettmusik *Die Geschöpfe des Prometheus* auf, weil, wie er im unter dem Titel *Musik über Berlin* als Buch veröffentlichten Gespräch mit Lidia Bramani erklärte, »dieses Werk im Vergleich zu den anderen Bühnenwerken Beethovens noch wenig Beachtung gefunden hat«; er dirigierte die wesentlichen Teile der gesamten Ballettmusik, nicht nur die Ouvertüre, die man doch hin und wieder hört. Er widmete das ganze Konzert dem Prometheus-Thema, bezog neben Liszts Ouvertüre auch Alexander Skrjabins letzte Symphonische Dichtung mit ein: *Prométhée. Le poème du feu*. Skrjabin verlangt in dieser Partitur ein Farbenklavier. Es ist zweistimmig notiert, eine Stimme enthält die Grundfarbe, die andere die darüber geblendeten, schneller wechselnden Kolorierungen. Meistens wird dieses oberste System der Partitur bei Aufführungen ignoriert. Unterschiedliche Gründe werden für den üblichen Verzicht auf die optische Dimension genannt: Zu Skrjabins Zeit hätten gute und hinreichend starke Projektionen kaum realisiert werden können, deshalb fehlten adäquate, durch Erfahrung gestützte Vorstellungen eines Raum-Licht-Spiels; die hoch differenzierte Ästhetik der Musik verbinde sich mit visuellen Ideen, die allenfalls in den Kinderschuhen steckten; Skrjabin selbst habe nie eine Realisation in einem großen Raum gesehen, sondern nur mit einem ziemlich kleinen Arrangement verschieden farbiger Glühbirnen an seinem Schreibtisch experimentiert. Gegenüber heutigen Möglichkeiten von Farblichtspielen wirke das, was Skrjabin notierte, rudimentär bis primitiv. Man tue dem Komponisten daher keinen Gefallen, wenn man das Farbspiel zu verwirklichen suche. Die Qualität dessen, was dem Auge zugemutet werde, erreiche niemals den Rang der Musik.

Abbados Lösung gab eine andere Auskunft. *Prométhée* war für Skrjabin, der nie eine Oper schrieb, ein Schritt zu einer neuen Art des Gesamtkunstwerkes, das er mit seinem »Mysterium« ins Kosmische weiten wollte. Er verfolgte ein synästhetisches Konzept, das von der Musik als Zentrum ausging und sie als die lenkende Instanz beibehielt. Die Farben richteten sich nach Klängen und der Dramaturgie der Komposition, nicht umgekehrt. Abbado stellte sich mit seiner Entscheidung für den »ganzen« Skrjabin'schen *Prométhée* gegen die verbreitete Tendenz, Musik als »Untermalung« einzusetzen und sie den Gesetzen der optischen Regie zu unterwerfen. Der Prometheus-Abend war übrigens das zweite Konzert, das in der wieder eröffneten Philharmonie stattfand. Wegen eines Schadens an der Decke hatte man sie für längere Zeit sperren müssen. Mit Schönbergs *Gurre-Liedern* war das Berliner Philharmonische Orchester in seine angestammte Residenz zurückgekehrt. Mit dem Prometheus-Projekt hatte Abbado die akustischen und die visuellen Möglichkeiten des Raumes als eindrückliche Erfahrung vermittelt.

Die konzertanten, halbszenischen Aufführungen in den späten Jahren folgten derselben Grundüberzeugung: dass im Gesamtkunstwerk, auch im Musiktheater, die Musik und mit ihr das Hören die entscheidende Instanz sei. Hier begegnen wir erneut der wesentlichen kulturellen Einsicht, die Abbado mit Luigi Nono teilte: dass das Hören wieder in sein Recht eingesetzt werden müsse, dass davon eine Revolutionierung der Sinne ausgehen könne, die sich fundamental auf die Kultiviertheit und auf das Denken der Menschen auswirke. Nono unterstrich diesen gedanklichen Ansatz im Untertitel seines *Prometeo*, den Abbado 1984 in Venedig aufführte und der 1988 im Rahmen der Berliner Festwochen zum ersten Mal in Deutschland vorgestellt wurde. Eine Suite aus diesem groß konzipierten Musikdrama neuen Stils mit seinen musikalischen Insellandschaften nahm Abbado in sein philharmonisches Prometheus-Konzert auf.

Die Zyklen

»Prometheus« war das Pilot-Projekt. Die Resonanz, die es beim Publikum und bei der Kritik fand, legte nahe, in der eingeschlagenen Richtung weiter zu denken und neue, umfangreichere Vorhaben in Angriff zu nehmen. Zehn thematische Zyklen hat Claudio Abbado insgesamt angeregt und durchgeführt – mit dem Philharmonischen Orchester und mit anderen Institutionen des Berliner Kulturlebens, die seine Einladung zur Zusammenarbeit annahmen: 1992 Prometheus – 1993 Hölderlin – 1994 Faust – 1994/95 Antike – 1995/96 Shakespeare – 1996/97 Berg-Büchner – 1997/98 Der Wanderer – 1998/99/2000 Liebe und Tod – 2000/2001 »Musik ist Spaß auf Erden« *(Falstaff)* – 2001/02 »Zum Raum wird hier die Zeit« *(Parsifal)*.

Große Themen – zu große Themen? Demjenigen, der an Vollständigkeit im Hinblick auf Meisterwerke zum gestellten Thema oder an dokumentarische Ausgewogenheit denkt, mag es so erscheinen. Claudio Abbado verfolgte jedoch eine andere Absicht. Ihm lag daran, dem modernen, heutigen Menschen unabhängig von der Generation, der er angehört, die Bedeutung der Tradition und der Gedankenstränge, die sich wie Leitmotive durch sie hindurchziehen, einleuchtend zu machen und nahe zu bringen. Werner Dahlheim hat diese Intention in seinem Essay zu Abbados Antike-Projekt im Begleitheft zu diesem

Zyklus auf den Begriff und ins historische Bild gebracht: »Gewiss: Es lässt sich eine Generation denken, die eines Tages ohne alle diese Erinnerungen an ferne Zeiten auskommen will und deren materielle Reste einer Schar auserwählter Gralshüter anvertraut, die sie liebevoll auf Museumsinseln einsargen. Wahrscheinlich ist dies nicht. Denn seit dem Anbruch der mittelalterlichen Welt haben die Europäer in immer neuen Renaissancen versucht, von den Alten zu lernen und mit ihrer Hilfe eine bessere Welt zu schaffen. Sie gründeten damit die einzige Zivilisation dieser Erde, die es dahin brachte, eine ihr voraufgegangene Hochkultur, obwohl sie längst untergegangen war, als in die Pflicht zu nehmendes Erbe zu verstehen. Im Grunde geht es dem Europäer seit Karl dem Großen nicht anders als der keltischen Herrin von Vix, die um 500 v. Chr. unweit des heutigen Chatillon-sur-Seine über ein kleines Volk von Hirten und Köhlern gebot. Als ihr das Glück einen griechischen Bronzekrug in die Hände spielte, nahm sie ihn mit in die andere Welt: Sie wollte für immer teilhaben an einer damals noch kaum bekannten Zivilisation, deren Herrlichkeit sie in der Schönheit des zufällig gewonnenen Gefäßes gespiegelt sah.«

Die Pflicht, in die dieses Erbe genommen wurde, fiel im Laufe der Jahrhunderte unterschiedlich aus. Jedes der Themen, die Claudio Abbado den philharmonischen Zyklen als Leitgedanken gab, hat seine Archäologie, seine eigenen Schichten und Geschichten, erfuhr spezifische Veränderungen durch die Zeiten hindurch. In jedem scheint daher eine eigene Kulturhistorie auf, eine Wirkungsgeschichte, die zu seiner Substanz gehört und ihm nicht äußerlich bleibt. Abbado wählte seine Themen nach verschiedenen Gesichtspunkten, legte unterschiedliche Schnittebenen in die lange Kulturgeschichte Europas, teilweise zentrierte er sie um Dichter, die für die Geschichte der Musik Entscheidendes angestoßen haben, um Themenkreise, die den Horizont der Musik hin zu den anderen Künsten öffnen und zugleich zu den wesentlichen Denkfiguren der abendländischen Geistesgeschichte zählen. Fast alle Zyklen aber gruppierten sich um ein zentrales Werk, um ein »Hauptstück«, auch wenn sie es nicht, wie der *Parsifal*-Zyklus, im Titel führten: das Antike-Projekt um Richard Strauss' *Elektra*, das Projekt über Liebe und Tod um Richard Wagners *Tristan und Isolde*, der Berg-Büchner-Zyklus um den *Wozzeck*; der Faust-Zyklus dagegen verfolgte die Vor- und Nachgeschichte von Goethes Drama, seinen Nachhall in der Musik von Franz Liszts *Mephisto-Walzer* bis zu Ferruccio Busonis *Faust*-Oper, von Berlioz' *La damnation de Faust* und Schumanns *Faust-Szenen* bis zu Mahlers Achter Symphonie, deren zweiter Teil auf der Schlussszene von Goethes *Faust II* beruht.

Hölderlin

»Prometheus« war von Beethoven her motiviert, der Hölderlin-Zyklus dagegen von Brahms – und von Luigi Nono. Brahms und seine Orchesterwerke galten zeitweise als das musikalische Wahrzeichen für Abbado und »seine« Philharmoniker, die ihn gewählt hatten, nachdem sie mit ihm die Dritte Symphonie von Brahms einstudiert und im Eröffnungskonzert der Berliner Festwochen 1989 aufgeführt hatten. Ausschließlich Orchesterwerke von Brahms (mit und ohne Solisten) spielten sie auf der ersten gemeinsamen Japan-Tournee im Januar 1992; eine Serie von Brahms-Konzerten gaben sie im Februar 1993 in der Salle Pleyel in Paris; einen kleineren Brahms-Zyklus spielten sie im August und September 1996 in Berlin, London, Luzern und New York. Für die Philharmoniker lag diese Schwerpunktsetzung ganz in der eigenen Tradition. Berlin war eine Brahms-Stadt. Sie ist musikalisch gleichsam mit Werken des Wahlwieners aus Hamburg groß geworden. In Preußens Metropole leitete Joseph Joachim die Musikhochschule seit ihrer Gründung im Jahre 1869 und führte als Solist, als Dirigent des Hochschulorchesters und mit seinem Streichquartett viele Werke des Freundes in der Hauptstadt Preußens ein. Brahms selbst dirigierte das Philharmonische Orchester wenigstens zwei Mal und trat dabei auch als Solist in seinem Ersten Klavierkonzert auf. Hans von Bülow, in seinen späten Jahren ein Protagonist der Brahms'schen Musik, leitete das Orchester als Chefdirigent während der prägenden, turbulenten Pionierphase fünf Jahre lang, von 1887 bis 1892. Brahms gehört also gewissermaßen zum Gründungserbe des 1882 ins Leben gerufenen Berliner Philharmonischen Orchesters. Abbados Affinität zu dem Komponisten, dessen Leistung Schönberg 1933 in seinem Aufsatz *Brahms der Fortschrittliche* neu gedeutet hatte, liegt wahrscheinlich in dem sicheren Sinn des Dirigenten für die Tiefenschärfe eines musikalischen Werkes begründet, der in der Struktur einer Komposition die Ausdrucksgehalte formuliert sieht und in der Expressivität eines Werkes dessen Logik erkennt. Das Verständnis für die Dialektik zwischen Ausdruck und ästhetischer Konstruktion dürfte ein wesentliches Moment der künstlerischen Übereinstimmung zwischen Claudio Abbado, Luigi Nono, Bruno Maderna und Maurizio Pollini gewesen sein. Darin besteht, so lässt sich folgern, die Brücke, die Brahms für Abbado mit Exponenten der Nachkriegsmoderne in Italien verbindet. Sie verfolgten einen anderen ästhetischen Ansatz als Arnold Schönberg 1933. Gemeinsam war ihnen jedoch mit dem engeren Kreis der Wiener Schule, mit Schönberg und Berg vor allem, die für Claudio Abbado musikalisch wichtiger wurden als Anton Webern, die konsequente Weigerung, den Ausdrucksgehalt der Musik strukturalistisch zu kassieren. Die seriellen Kompositionen, die Nono in den fünfziger Jahren schrieb, blieben expressiv, sie erreichten nie den Abstraktionsgrad von Werken mancher seiner Zeitgenossen. Der *Canto sospeso*, streng in seiner Struktur und eigenwillig im Verhältnis von Musik und Sprache, ist ein Stück engagierter Musik.

Brahms' *Schicksalslied*, Teile aus Nonos *Prometeo*, die auf Texten von Hölderlin aufbauen, sowie die Beschäftigung mit dem Maler, Zeichner und Bildhauer Max Klinger brachten Abbado auf die Idee des Hölderlin-Zyklus. Der Dichter aus Tübingen erlebte ja im deutschen Geistesleben wellenartige Konjunkturen. In Zeiten politischen Drucks erfährt er traditionell die stärkste Beachtung. Als Intellektuelle und Künstler (West-)Deutschland wegen der Gesetzesverschärfungen gegen den Terrorismus der Rote-Armee-Fraktion im Dauerherbst sahen und Filme wie *Die verlorene Ehre der Katharina Blum* gedreht wurden (mit Musik von Hans Werner Henze), fand auch Hölderlin, der Dichter der Unbehaustheit, gesteigerte Aufmerksamkeit. Der Frankfurter Verlag Roter Stern, eine Gründung aus der ganz linken Szene, legte ab 1975 eine neue Hölderlin-Gesamtausgabe vor. Klaus Michael Grüber, der einstige Assistent von Giorgio Strehler, inszenierte 1977 im Berliner Olympiastadion seine *Winterreise*, eine Produktion der Berliner Schaubühne nach Texten von Friedrich Hölderlin. Im anderen deutschen Staat äußerte Wolf Biermann sein Unbehagen in der sozialistischen Politik und Kultur unter anderem in seinem *Hölderlin-Lied*: »In diesem Lande leben wir wie Fremde im eigenen Haus«, schrieb und sang er, Bezug nehmend auf eine berühmte Passage aus dem Briefroman *Hyperion*. Diejenigen, die sich in den siebziger Jahren mit dem Exil von Musik und Musikern in der Zeit des Nationalsozialismus forschend auseinander setzten, entdeckten die Dichtungen von Friedrich Hölderlin als Poesie, in der die Exilierten ihre eigene Lage reflektiert fanden. 1975 begann der Komponist Heinz Holliger die große Serie seiner *Scardanelli*-Werke: mit Scardanelli hatte Hölderlin einen Teil der Dichtungen signiert, die er im Tübinger Turm schrieb, eigenartig berührende Gebilde von glatter Form, durchschossen von Lücken, Worten, die er nicht fand, Dokumente eines verrückten Sinns, des Leidens an den Verhältnissen und der Sehnsucht nach Vollkommenheit, der das Verstummen eingeschrieben ist.

Luigi Nonos Streichquartett *Fragmente – Stille. An Diotima*, 1979/80 komponiert, bezog sich nicht nur im Titel auf Hölderlins *Hyperion*, sondern auch in Zitatfragmenten, die der Komponist als »Gedanken«, »schweigende Gesänge« den Musikern in die Partitur geschrieben hatte. Diese Texte werden jedoch weder gelesen noch gesungen; sie sollen, ohne dass das Publikum sie hört, das Spiel der Musiker beeinflussen. Der 24-jährige Wolfgang Rihm komponierte 1977 *Hölderlin-Fragmente*, György Ligeti 1982 seine drei Chorfantasien nach Hölderlin. Der Hölderlin-Zyklus der Philharmoniker bündelte einen Trend, der anderswo längst etabliert war, und rückte die Musik ins Zentrum der Reflexion. An zeitgenössischen und neueren Werken bestand kein Mangel. Geschichte und Gegenwart in spannungsvolle Konstellationen zu versetzen, lag bei diesem Thema und seinen verschiedenen Schichten von Aktualisierungen auf der Hand. Zum ersten Mal aber wurde die Beschäftigung mit dem Thema zur Gemeinschaftsarbeit mit anderen Institutionen des Berliner Kulturlebens.

»Mit dem Hölderlin-Zyklus ist es uns gelungen, das Konzertprogramm aus den Werken ganz verschiedener Epochen und Stilrichtungen zusammenzustellen«, resümierte Claudio Abbado im Gespräch mit Lidia Bramani. »Zudem gab es zum ersten Mal begleitende Theateraufführungen und Lesungen. Daneben wurden Filme aus verschiedenen Ländern gezeigt, die sich mit Hölderlins Leben und Werk befassen, Beiträge aus Italien, Deutschland und der Schweiz. Die meisten sind kaum bekannt, weil sie nicht der Kategorie angehören, die sich als Videokassette verkaufen lässt: *Haltestelle Ätna* von Klaus Michael Grüber, *Hälfte des Lebens – Hölderlin* von Herrmann Zschoche, *Hommage an Hölderlin* von Herwig Kipping, *Das untergehende Vaterland* von Harald Bergmann.«

Shakespeare – der dramatische Rahmen

Mit William Shakespeare stand zwei Jahre später erneut ein Dichter im Mittelpunkt eines Zyklus – ein Dichter, für den die Musik eine wesentliche Rolle spielte, der mit seinen Dramen und seiner Lyrik auf die Entwicklung der Musik besonders seit dem 19. Jahrhundert einen bestimmenden Einfluss nahm. Claudio Abbado und dem Berliner Philharmonischen Orchester gelang es, den Kreis der Beteiligten für dieses Projekt entscheidend zu erweitern – auch über die Grenzen von Berlin hinaus – dank der engagierten Unterstützung durch den Intendanten Ulrich Meyer-Schoellkopf und der unermüdlichen Überzeugungsarbeit der Projektleiterin Francesca Spinazzi, die durch ihre Kontakte manche Türen zu öffnen vermochte und die vielen verschiedenen Stränge der Projekte koordinierte. Das Kino Arsenal, selbst exponiert durch thematische Reihen und die Präsentation cineastischer Raritäten aus Geschichte und Gegenwart, richtete das Filmprogramm aus und arbeitete dabei mit dem Filmkunsthaus Babylon und dem Filmmuseum Potsdam zusammen. 44 verschiedene Shakespeare-Verfilmungen wurden gezeigt – eine kleine Auswahl nur aus einer Fülle von Spiel- und Fernsehfilmen. Klassiker waren darunter wie

Laurence Oliviers *Henry V.* (1944) und *Hamlet* (1948), Orson Welles' *Macbeth* (1948) und *Othello* (1955); frühe filmische Auseinandersetzungen mit dem Dramatiker der elisabethanischen Ära wurden gezeigt: Sven Gades *Hamlet* von 1920, in dem Asta Nielsen die Hauptrolle spielte, und Dimitri Buchowetzkis *Othello* von 1922 mit Emil Jannings in der Titelrolle und Werner Krauss als Jago. Den Gegenpol dazu bildeten Shakespeare-Reflexionen der filmischen Avantgarde, wie Celestino Conrados *Hamlet* (1976) und *Sommernachtstraum* (1980) oder Peter Greenaways *Prosperos Bücher* (nach Shakespeares *Sturm*). Hervorgehoben wurden »Filme, die wegen der Musik Bedeutung haben, wie die berühmte moderne Version der unmöglichen Liebe von Romeo und Julia: die *West Side Story* mit der Musik von Leonard Bernstein, *Hamlet* von Grigorij Kosinzew mit Musik von Dmitrij Schostakowitsch oder *Ran* von Akira Kurosawa, dessen großartige Bilder mit der intensiven Musik von Toru Takemitsu unterlegt sind« (Claudio Abbado im Gespräch mit Lidia Bramani).

Das Theaterprogramm bezog auch auswärtige und ausländische Gastspiele mit ein. Das Hebbel-Theater in der Kreuzberger Stresemannstraße, das über kein eigenes Ensemble verfügt und sich unter Nele Hertlings Leitung besonders auf Tanztheater-Produktionen verlegte, konzentrierte seine Shakespeare-Aktivitäten von März bis Juni 1996 auf die Tragödie des Hamlet. Das Tanztheater Bremen gastierte mit *Hamletszenen* in der Choreographie von Susanne Linke; den *Hamlet-Monolog* brachte Robert Wilson auf die Bühne – als Regisseur, Ausstatter und Darsteller in Personalunion. Paolo Tonti gab eine andere Version dieser großen, irren Rede in der Regie von Romeo Castellucci. Den *Hamlet I, II, III* des Tanztheaters Weimar hatte Joachim Schlömer konzipiert und erarbeitet. Den Kontrapunkt zu den Tänzen um den tragischen Dänenprinzen setzte das Nottingham Playhouse mit einer Produktion des *Sturm*. Am Deutschen Theater, dem einstigen Haus von Max Reinhardt und seiner legendären Inszenierung des *Sommernachtstraums*, setzte Johanna Schall *Der Widerspenstigen Zähmung* in Szene, Thomas Langhoff, der Chef des Hauses, stellte seine Deutung der *Geschichte von Heinrich IV.* zur Diskussion. *Othello* war als Schauspiel in zwei verschiedenen Interpretationen zu sehen: im Potsdamer Hans-Otto-Theater und auf der Studiobühne der Hochschule für Schauspielkunst »Ernst Busch« in Berlin.

Peter Brook, »dessen entfesselt zirzensischer *Sommernachtstraum* im weißen Spielkasten (1970) inzwischen ebenso zur Legende geworden ist wie Max Reinhardts kreisender Feenwald« (Andreas Höfele im Beiheft zum Shakespeare-Zyklus), war mit zwei Produktionen beteiligt, die in der Schaubühne gezeigt wurden: *Qui est là* lief unter der veranstaltenden Obhut der Berliner Festspiele, *Evocation Shakespeare* wurde in direkter Zusammenarbeit mit dem Haus am Lehniner Platz verwirklicht. Die Schaubühne hatte ja durchaus ihre eigene Shakespeare-Tradition, eine kurze zwar, aber eine bahnbrechende. Sie begann im großen Stil: Mit *Shakespeares Memory*, in den Hallen der Filmstudios auf der Havelinsel Eiswerder in viele Szenen gesetzt, inszenierte Peter Stein sein Shakespeare-Pendant zu Klaus Michaels Grübers Hölderlin-Projekt im Stadion. Shakespeare entrümpelt, neu gelesen, seine Bilderwelt erschlossen aus der Sprache heraus: Das war der gemeinsame Ansatz von Peter Steins engagiertem Perfektionismus und Peter Brooks Theatervision. Die Protagonisten der Schaubühne brachten denn auch den beinah vergessenen Shakespeare in Erinnerung, die beiden Versepen, die hinter der großen Dramatik des britischen Dichters selten wahrgenommen werden: Peter Stein las am

10. Dezember 1995 die Geschichte der Lukretia und ihrer Vergewaltigung durch den Königssohn, Jutta Lampe eine Woche später die Verserzählung von Venus und Adonis. Peter Stein blieb Claudio Abbados Partner in vielen Kooperationen auch über die Berliner Zeit und Zyklen hinaus.

So umgab der Dichter und Dramatiker William Shakespeare das musikalische Programm des philharmonischen Zyklus 1995/96. Bestimmte Leitlinien strukturierten die Vielfalt der Aktivitäten um den Wort- und Theaterkünstler aus Stratford-upon-Avon. *Othello* gab den Rahmen: Antonín Dvořáks Konzertouvertüre stand im letzten Konzert des Zyklus auf dem Programm, die Schauspielinszenierungen in Potsdam und Berlin beendeten die Theatersaison. Mit einer halbszenischen Aufführung von Giuseppe Verdis Oper *Otello* am 30. November 1995 aber eröffnete Claudio Abbado das Berliner Shakespeare-Fest, für das es keinen äußeren, sondern allein einen künstlerischen Anlass gab. »Wenn wir in Berlin eine Oper in halbszenischer Form vorstellen«, erläuterte Claudio Abbado gegenüber Lidia Bramani, »verstehen wir das als ersten Schritt auf dem Weg zur eigentlichen, zur vollständigen Aufführung ... Wir testen gewissermaßen eine musikalische Konzeption, an deren Entwicklung auch der Regisseur beteiligt ist. Bei den Vorarbeiten zu *Otello* habe ich mich gemeinsam mit Ermanno Olmi in die Urfassung der Tragödie vertieft, von der sich der große englische Dramatiker inspirieren ließ«. *Otello* wurde 1996 bei den Salzburger Festspielen unter Olmis Regie in voller Inszenierung gegeben und 1997 im Regio di Torino wieder aufgenommen.

Schuf *Othello* den Rahmen des Shakespeare-Zyklus, so bildete das wohl bekannteste und am häufigsten variierte Drama des großen Briten gleichsam das Zentrum: *Romeo und Julia*, die tragische Geschichte von der Liebe, die dem Streit zweier Veroneser Familienclans zum Opfer fällt. Auf drei verschiedene musikalische Übersetzungen der Tragödie richtete Claudio Abbado das Augenmerk des Publikums. Zwei davon dirigierte er selbst: Pjotr Tschaikowskijs *Fantasie-Ouvertüre* und eine selbst getroffene Zusammenstellung aus Sergej Prokofjews Ballettmusik und den Suiten, die der Komponist daraus kompiliert hatte. Hector Berlioz' dramatische Symphonie *Romeo und Julia* führte Roger Norrington mit dem Deutschen Symphonie-Orchester Berlin, dem Rundfunkchor Berlin und dem RIAS-Kammerchor auf. Zum zweiten Mal beteiligte sich damit das ehemalige Radio-Symphonie-Orchester an den philharmonischen Zyklen. Treibende Kraft dieser Zusammenarbeit war Elmar Weingarten, der Intendant des Orchesters. Er wurde noch 1996 als Nachfolger von Ulrich Meyer-Schoellkopf zum Intendanten des Berliner Philharmonischen Orchesters berufen, betreute aus Überzeugung Abbados thematische Zyklen und unterstützte wirkungsvoll die Bemühungen, sie mit einer möglichst breiten Kooperation zu verwirklichen. Mit Felix Mendelssohn Bartholdys Musik zum *Sommernachtstraum* dirigierte Claudio Abbado zum Jahreswechsel 1995/96 die musikalische Komposition, die im Laufe der Geschichte wohl die engste Symbiose mit Shakespeares Drama einging.

Im Programm des Philharmonischen Orchesters setzte der Chefdirigent die Akzente. Doch auch Gastdirigenten griffen den Shakespeare-Schwerpunkt auf: George Solti nahm Richard Strauss' Tondichtung *Macbeth* in sein Programm, Simon Rattle erinnerte mit *Béatrice et Benédict* an Hector Berlioz' kreative Auseinandersetzung mit *Viel Lärm um nichts*, Daniel Barenboim brach mit Edward Elgars symphonischer Studie *Falstaff* eine Lanze für den Theatersinn des britischen Komponisten. Vladimir Ashkenazy brachte das Deutsche Symphonie-Orchester Berlin mit Tschaikowskijs *Hamlet-Ouvertüre* ein zweites Mal in den Shakespeare-Zyklus ein. Zwei Liederabende beleuchteten die Wirkung der Musik auf Shakespeare und die Wirkung von Shakespeares nicht dramatischen Dichtungen auf die Musik: »Hark, hark the lark« war ein Programm überschrieben, das Musik um Shakespeare, Kompositionen von John Dowland, William Byrd, Antony Holborne, John Playford, Christopher Simpson, Thomas Morley, Tobias Hume, Johann Christoph Pepusch und Henry Purcell gewidmet war. Christine Schäfer, Catherine Wyn-Rogers, Richard Jackson und Graham Johnson stellten Shakespeare-Vertonungen von Carl Maria von Weber, Franz Schubert, Hector Berlioz, Johannes Brahms, Hugo Wolf, Richard Strauss, Francis Poulenc, Dmitrij Schostakowitsch und Benjamin Britten vor. Stärker noch als andere Zyklen verlangte der Einblick in Shakespeares Kunst und Wirkungsgeschichte ein beispielhaftes Vorgehen, Konzentration und Vertiefung an exemplarischen Stellen.

Grundlagenarbeit: Das Antike-Projekt

Die Probe auf das gewagte Exempel, die Ahnung von Weite und Größe eines Themas mit der Erforschung seiner Tiefe im Einzelfall sinnvoll zu verbinden, hatten Claudio Abbado und seine Mitarbeiter bereits in dem Projekt bestanden, das dem Shakespeare-Zyklus voranging. Mythos und Tragödie der Antike standen im Mittelpunkt der Saison 1994/95. Ein weites Thema, es umspannt den Horizont der abendländischen Kulturgeschichte wenigstens zur Hälfte. Keine Epoche der europäischen Geistesgeschichte wird sich finden lassen, die sich nicht in irgendeiner Form auf die Antike bezogen und sich mit ihren – oft vielfach übermalten – Sagen, Legenden, Dramen und Philosophien auseinander gesetzt hätte. Abbado ging das große Thema von zwei Seiten an, die sich äußerlich vielleicht zu widersprechen scheinen. Einerseits wählte er den Weg der Konzentration. Er stellte Richard Strauss' Oper *Elektra* ins Zentrum seines Konzepts; sie wurde in der Berliner Philharmonie halbszenisch, bei den Salzburger Osterfestspielen dann in voller Inszenierung unter der Regie von Lew Dodin aufgeführt. Auf der anderen Seite ließ Claudio Abbado in den wichtigsten europäischen Bibliotheken nach verborgenen Schätzen Alter Musik suchen – schließlich standen die Rezeption der Antike und die Vorstellung, die man sich von ihren Künsten machte, am Anfang der gut vierhundertjährigen Geschichte, welche die Gattung Oper bisher durchlaufen hat. Das Ergebnis der Recherche übertraf selbst seine kühnsten Erwartungen: »Es war, als hätte man eine kleine Grube in die Erde gegraben und dabei plötzlich eine unterirdische Stadt entdeckt. So fanden wir allein in Neapel Dutzende von Partituren, viele davon noch unveröffentlicht. Genauso war es in den Bibliotheken von Mailand, Venedig, Turin und anderen Städten. Wir haben sehr viel Material zusammengetragen« – und Programme daraus gestaltet. Abbado stellte dem Hauptstück der Saison außerdem einen entschiedenen Antipoden gegenüber: Igor Strawinskys *Oedipus Rex*. »Strawinsky markiert, so scheint es, den radikalen Gegenpol zu Richard Strauss. Seine Haltung zu den antiken Geschichten psychologisiert nicht mehr, sie stilisiert und nimmt, was jene erzählen können, aus der Gefahrenzone persönlicher Identifikation. Im *Oedipus* reichen Stilisierung und Abstraktion bis in die Sprache: Jean Cocteaus Text wurde vor seiner Vertonung ins Lateinische übersetzt. Die Verwendung der alten Kultursprache, die keiner Verständigung, nicht einmal dem wissenschaftlichen oder theologischen Diskurs mehr dient, entsprach der gefrorenen Gestik der Szene, die keine bunten Bilderbogen wie im Märchenbuch wollte, sondern kubistische Typisierungen bevorzugte« (der Autor im Begleitheft zum Antike-Zyklus) – und den Fluchtpunkt optischer Stilisierung in der statuarischen Szenerie einer konzertanten Aufführung fand. Abbado arbeitete damit die Hauptlinien der Antikenrezeption im 20. Jahrhundert heraus: die psychologische und die sachliche Deutung. Dass es Strawinsky nicht um Historisieren, sondern um Objektivieren ging, verdeutlichte der Chefdirigent der Berliner Philharmoniker dadurch, dass er dem *Oedipus Rex* Werke Alter Musik voranstellte: von Henry Purcell die Bühnenmusik zum *Ödipus*-Drama und *Didos Klage* aus *Dido und Aeneas*, Monteverdis *Klage der Ariadne* und Pergolesis Orpheus-Kantate *Nel chiuso centro*.

Abbado erinnerte außerdem an Ansätze einer Opernreform, die zu Mozarts Zeiten von dem tschechischen Komponisten Jiri Antonín Benda in Mannheim eingeleitet wurde, und die sich historisch nie durchsetzte, auch wenn sie immer wieder erkennbare Spuren hinterlassen hat: er erinnerte an den Versuch, das Musiktheater aus der Synthese von gesprochenem Wort und Musik zu erneuern. »Melolog« nannte man diese Ausdrucksform, von der sich der junge Mozart vollkommen begeistert zeigte. Abbado stellte Bendas Monodrama *Medea* im Rahmen des Antike-Zyklus vor. Zum Wohlbekannten wie Strauss' *Elektra* schuf er in seinem musikalischen Konzept zahlreiche Kontrapunkte des wenig und gar nicht Bekannten, und er entwickelte dabei eine sehr feine Kunst der erhellenden Konstellation. Die *Chasse royale* aus Berlioz' Trojaner-Oper stellte er in einem Konzert der *Mänadenjagd* aus Hans Werner Henzes *Bassariden* gegenüber. Das einzige Fragment, das aus Modest Mussorgskijs Jugendoper *Ödipus in Athen* erhalten ist, konfrontierte Abbado mit *Stele*, einer Komposition, die György Kurtág während seiner Zeit als »composer in residence« für das Berliner Philharmonische Orchester geschrieben hatte. Hans Werner Henzes *Apollo et Hyazinthus* wurde im Kammermusiksaal der Philharmonie mit Ligetis *Mysteries of the Macabre* und zwei Kompositionen des britischen Avantgardisten Harrison Birtwistle kombiniert: mit der *Tragoedia*, einer Komposition aus dem Jahre 1865, und dem *Prolog der Wache* aus der Oper *Agamemnon*.

Mit dem Antike-Zyklus erreichte die Zusammenarbeit mit anderen Kulturinstitutionen in und um Berlin erstmals die Breite, auf die man in der Planung des Shakespeare-Zyklus dann zurückgreifen konnte. Das Berliner Ensemble und das Hans-Otto-Theater Potsdam beteiligten sich zum ersten Mal an dem spartenübergreifenden Vorhaben des Berliner Philharmonischen Orchesters. Nahe lag einmal mehr die Zusammenarbeit mit der Schaubühne am Lehniner Platz, gehörte doch deren Antiken-Projekt – es lag schon etliche Jahre zurück – neben Shakespeare und Hölderlin zu den entscheidenden Stufen in der künstlerischen Entwicklung der Bühne, die bis 1989 im Westteil Berlins mehr und mehr die künstlerischen Maßstäbe im Bereich des Theaters setzte. Die Schaubühne brachte unter anderem eine Neufassung des *Orest* von Euripides in den Zyklus der Saison 1994/95 ein. Andrea Breth hatte sie erarbeitet. Peter Stein stellte seine Übertragung der *Eumeniden* des Euripides vor, zahlreiche Lesungen gingen den Spuren der antiken Sagen- und Denkwelt von Aischylos bis zu Christa Wolf und Roberto Calasso nach. Das Kino Arsenal arbeitete für seine Filmreihe erstmals mit dem Filmmuseum Potsdam zusammen. Gezeigt wurden unter anderem Filme von Pier Paolo Pasolini (*Medea*, *Appunti per un' Orestiade africana* und *Edipo Re – Bett der Gewalt*), von Cacoyannis (*Elektra* und *Iphigenie*), von Jean Cocteau (*Orphée* und *Le testament d'Orphée*), *Orfeu negro* von Marcel Camus und

Hans Jürgen Syberbergs *Penthesilea*. Mit im Programm standen außerdem Aufzeichnungen von Peter Steins *Coephoren* und *Eumeniden* aus dem früheren Antike-Projekt der Schaubühne. Die Staatlichen Museen – auch das lag nahe – beteiligten sich mit ihren jeweils zuständigen Abteilungen: die entsprechenden Sammlungen in Charlottenburg und im Pergamonmuseum, die Alte Nationalgalerie, die unter ihren ständigen Exponaten zahlreiche Beispiel für die Rezeption der Antike in den verschiedenen Epochen der Neuzeit besitzt, und das Bode-Museum. Mit dem Antike-Zyklus entstand eine Zusammenarbeit der Kulturinstitutionen in Berlin und Potsdam, durch die alle nur gewinnen konnten. Cineasten und Theatergänger begannen sich neu für Konzerte zu interessieren, Konzertbesucher ließen sich durch Rundgänge in Galerien und Museen auf ein tieferes Verständnis dessen vorbereiten, was sie abends in der Philharmonie oder dem Konzerthaus hörend erleben konnten. Die Kulturszene geriet in Bewegung, und sie fing dabei einen Teil der allgemeinen Bewegung auf, die Berlins allmählichen Übergang in seine Hauptstadtfunktion begleitete.

Brennpunkte: Faust und Woyzeck

Für die Zyklen der Jahre 1994/95 und 1995/96 wählte Claudio Abbado Themen, die in die Weite orientierten; man konnte ihnen nur auf exemplarischen Wegen und über beispielhafte Stationen genauerer Betrachtung beikommen. Für die umgebenden Spielzeiten 1993/94 und 1996/97 entschied er sich für das gedanklich umgekehrte Verfahren. Er orientierte auf einen Brennpunkt hin: auf Faust im ersten Halbjahr 1994, auf Woyzeck im Berg-Büchner-Zyklus 1996/97 (die künstlerische Schnittmenge zwischen dem sozialrevolutionären Dichter des 19. Jahrhunderts und dem Ausdrucksmusiker des 20. Jahrhunderts liegt in der einen Oper, der Alban Berg den Titel *Wozzeck* gab). Bei beiden, bei Faust wie bei Woyzeck, handelte es sich ursprünglich um historisch greifbare Menschen, die aus der Norm ihrer Zeit herausfielen und wohl auch aus ihr herausfallen wollten. Johann Faust, den man bisweilen auch unter dem Vornamen Georg führte, lebte zwischen 1480 und 1540 vor allem im süddeutschen Raum; im württembergischen Knittlingen soll er geboren, im badischen Staufen im Breisgau gestorben sein. Johann Christian Woyzeck erblickte 1780 in Leipzig das Licht einer unruhigen, für ihn nicht sehr verheißungsvollen Welt; er starb daselbst 1824 – durch öffentliche Hinrichtung auf dem Marktplatz; er hatte seine Geliebte drei Jahre zuvor umgebracht. Über Faust, seinen Wissensdrang, seine alchimistischen Neigungen und seinen angeblichen Teufelspakt wurde viel und Großes geschrieben – vom so genannten Volksbuch, der *Historia von Johann Fausten*, die 1587 zur Frankfurter Buchmesse erschien, über Christopher Marlowes Drama, Goethes große, weltgeschichtliche Dichtung in zwei Teilen, Nikolaus Lenaus dramatisches Gedicht bis zu Thomas Manns Roman *Doktor Faustus*, der im Spannungsfeld von Musik, Gesellschaft und Politik im 20. Jahrhundert spielt, den Bezug zur historischen Gestalt also fast gänzlich verlässt. Über Woyzeck gibt es nur ein einziges Drama, das Büchners, das den Kriminalfall als Krankengeschichte mit gesellschaftlichen Ursachen darstellt. An Versuchen, Faust auf die Opernbühne zu bringen, hat es nicht gefehlt. Hector Berlioz wollte seine Dramatische Legende von »Fausts Verdammung« nicht inszeniert wissen, verhindern konnte er es auf die Dauer nicht. Doch keine der Opern, weder Gounods *Margarete* noch Ferruccio Busonis *Doktor Faust* oder Konrad Boehmers Faust-Versuch in jüngster Zeit konnte sich im Repertoire des Musiktheaters halten. *Die* Faust-Oper gibt es nicht. *Die* Woyzeck-Oper dagegen sehr wohl, obgleich sich zwei Komponisten fast zur gleichen Zeit an

Georg Büchners Szenen machten. Alban Bergs Opus wurde das Meisterwerk; Manfred Gurlitts Oper nur das Vergleichsstück (das gleichwohl die Aufführung lohnt).

War das Prometheus-Projekt von Beethoven her, der Hölderlin-Zyklus von Brahms her motiviert, so wählte Claudio Abbado den Zugang zum Faust-Thema über Gustav Mahler, den Komponisten, der nicht nur in der Zusammenarbeit des Dirigenten mit dem London Symphony Orchestra eine zentrale Rolle spielte, sondern auch in den zwölf Jahren seiner Chefdirigententätigkeit in Berlin immer wieder zum Kristallisationspunkt seiner musikalischen Confessio wurde. Davon zeugt jede einzelne der Mahler'schen Symphonien und Liederzyklen, die Claudio Abbado mit den Berliner Philharmonikern für die Deutsche Grammophon eingespielt hat. Nicht zufällig gab er einer seiner Orchestergründungen mit jungen Musikern den Namen des Komponisten, den viele für den letzten großen Symphoniker der deutsch-österreichischen Musiktradition halten.

Claudio Abbado eröffnete den Faust-Zyklus am 12. Februar 1994 mit Gustav Mahlers Achter Symphonie, jenem musikalischen Weihfestspiel ohne Szene, das im weit gespannten ersten Teil mit dem Text eines alten Pfingsthymnus den »Schöpfer Geist« herbei bittet, im zweiten Teil mit der Schlussszene aus Goethes *Faust II* die Musik wie in einer grandiosen Vision gen Himmel öffnet. Goethe selbst hatte sich den Schluss seines *Faust* immer mit Musik vorgestellt. Mahlers Komposition übertraf des Dichters Erwartungen sicher um ein Mehrfaches. Mahlers Achte gab letztlich auch das Bezugs- und Wertungssystem für die anderen Faust-Musiken des Zyklus vor: für Berlioz' *La damnation de Faust*, die Seiji Ozawa am 31. Mai und 1. Juni dirigierte, für Schumanns *Szenen aus Goethes Faust*, mit denen Abbado selbst die Serie der groß besetzten Werke am 5. und 6. Juni abschloss, für Liszts *Faust-Sinfonie*, die Simon Rattle Mitte April mit Messiaens *Et exspecto resurrectionem mortuorum* konfrontierte (er rückte sein Programm gleichsam sub speciem aeternitatis), und für die Auszüge aus Busonis *Doktor Faust*, die Gerd Albrecht mit dem Berliner Philharmonischen Orchester erarbeitet hatte.

Faust ist vor allem ein literarisches Thema – und der Testfall für die Musik, wie sie sich große Dichtung zu eigen machen kann. Faust taugt seit Goethe nicht mehr so ohne weiteres für ein Gesamtkunstwerk. Ferruccio Busoni griff für seine Oper hauptsächlich auf das Volksbuch zurück, auf das Überlieferungsstadium vor Goethe. Berlioz verlieh seiner Dramatischen Legende von Faust eine andere Wendung als der deutsche Dichter, der ihm Thema und Vorbild gab; der Teufelspaktierer landete für ihn in der ewigen Verdammnis. Schumann wählte einzelne Szenen aus Goethes *Faust* aus und vermied es, das literarische Werk als Ganzes in seine Musik zu holen; er fragmentierte bewusst. Liszt aber band in seiner *Faust-Sinfonie* den freien Flug der Fantasie erst ganz zum Schluss an die Macht des Wortes: mit dem *Chorus mysticus*, den Frauenstimmen und ein Solotenor singen; was an ihnen wichtiger sei, die Erweiterung der orchestralen Klangfarben durch himmlische Töne oder die musikalische Trägerschaft für die Bedeutungsdimension der Sprache, lässt sich kaum entscheiden. Faust war also ein Projekt, bei dem sich die Musik nicht unentwegt selbst feiern kann, sondern permanent an ihre Grenzen stößt und sich daran abzuarbeiten hat. Der Faust-Zyklus führte gleichsam einen Musterprozess über das, was Sprache und Musik vermögen und wo sie sich ihre Grenzen setzen und Schweigen verordnen.

Literatur nahm in diesem philharmonischen Zyklus notwendig einen breiten Raum ein. An fünf Abenden im Mai las Peter Stein Goethes *Faust II* im Lichthof des Martin-Gropius-Baus. Bernhard Minetti rezitierte im Kammermusiksaal der Philharmonie Teile aus *Faust I*. Selten praktizierte Verbindungen von Dichtung und Musik wurden erprobt: Ulrich Wildgruber las Nikolaus Lenaus dramatisches *Faust*-Gedicht; Vladimir Stoupel spielte Klavierwerke von Liszt, die durch Lenau, den deutschen Dichter aus Siebenbürgen, inspiriert waren. Zu Bruno Ganz' Vortrag aus Thomas Manns *Faustus*-Roman spielte das Reger-Trio Arnold Schönbergs Streichtrio op. 45, ein Werk der Auseinandersetzung mit dem Tod. Walter Schmidinger war der Protagonist eines musikalisch-literarischen Abends über Teuflisches und Faustisches. Eine ganze Collage des Diabolischen und Dämonischen brachte die Compagnia Giorgio Barberio Corsetti auf die Bühne des Hebbel-Theaters.

Faust, das große Thema, favorisierte im Zusammenspiel von Literatur und Musik besonders die kleineren Formen. Claudio Abbado lag viel daran, dass das Thema auch an kulturellen Traditionen befragt würde, denen die Gestalt des Johann Faust unbekannt blieb. Von einem Teufelspakt besonderer Art erzählt ein altes russisches Märchen – Strawinsky gewann daraus den Stoff für seine *Geschichte vom Soldaten*, die Mitglieder des Berliner Philharmonischen Orchesters mit Otto Sander (Erzähler), Kolja Blacher (Violine, Soldat) und Wolfgang Maria Bauer (Teufel) in einer Inszenierung von Christina Friedrich im Kammermusiksaal der Philharmonie aufführten. Das Dämonische mit seinen mythischen, historischen und technischen Erscheinungsformen zog sich als roter Faden durch die Filmreihe, die das Kino Arsenal zeigte – von Carl Theodor Dreyers *Blätter aus Satans Buch* (1920) und Friedrich Wilhelm Murnaus legendärem *Faust* von 1926 über die Aufzeichnung der Gründgens-Inszenierung bis zu dem Film, den István Szabó über Gründgens, den perfektesten Mephisto des 20. Jahrhunderts, selbst drehte, und bis zu Roman Polanskis Schocker über *Rosemary's Baby* und Andrej Tarkowskijs *Solaris*.

War der Faust-Zyklus von der Literatur als Kern her aufgebaut, so verwirklichte das Berg-Büchner-Projekt ein Konzept der Begegnung, der Kreuzung zweier Wege, die sich an einem historisch entscheidenden Punkt trafen. Nur ein einziges Werk, der *Wozzeck*, ist mit dem Namen des Dichters und mit dem des Komponisten verbunden. Bergs Oper bezeichnet allerdings den Beginn einer breiten Rezeption, die den Werken Georg Büchners allmählich zuteil wurde, nachdem sie erst Anfang des 20. Jahrhunderts ernsthaft wieder entdeckt worden waren. Der Berg-Büchner-Zyklus bestand demnach aus zwei Strängen, einem, der vom Komponisten ausging und zu ihm hinführte, und einem, der dem Dichter gewidmet war. Wie sich beide Linien zueinander verhielten, das war – außer in *Wozzeck* – der konkreten Gestalt eines Werkes oder Programms oder aber der Schwerpunktsetzung und der Wahrnehmungsweise des Zuschauers/Zuhörers überlassen.

Das zentrale Werk wurde in diesem Zyklus in zwei verschiedenen Realisationen vorgestellt: Claudio Abbado dirigierte in der Philharmonie den *Wozzeck* in einer halbszenischen Fassung; sie beruhte auf dem Konzept, das Peter Stein für die Salzburger Osterfestspiele 1997 entwickelte. Einmal mehr berührten sich hier Abbados Intentionen mit Erfahrungen der Berliner Schaubühne; an ihr hatte Büchners *Woyzeck* seine eigene Leidens- und Erfolgsgeschichte, sein eigenes Drama des Scheiterns und Gelingens. In der Staatsoper Unter den Linden wurde Bergs Musikdrama in einer Inszenierung von Patrice Chéreau gegeben. Von den anderen Opern, die im Laufe der Jahre nach den wenigen Dichtungen von Georg Büchner komponiert wurden, wählte Claudio Abbado eine für seinen Zyklus aus: *Jakob Lenz* von Wolfgang Rihm, geschrieben 1977/78 von dem damals 25-jährigen Komponisten. Die Kammeroper nach Büchners Erzählung – »eine Zustandsbeschreibung innerhalb eines Zerfallsprozesses; Momente einer bereits vollzogenen – aber noch nicht akzeptierten – Verstörung«, so Rihm im Programmbuch der Musikfestwochen Luzern 1997 – zeigte die Opéra de Lyon als Gastspiel im Hebbel-Theater. Damals schon zeigte sich in Rihms Komponieren eine sehr starke Affinität zu Alban Bergs expressiver Musiksprache.

Georg Büchner war mit allen seinen literarischen Werken in diesem Zyklus präsent. Die Volksbühne am Rosa-Luxemburg-Platz, die sich zum ersten Mal an einem philharmonischen Projekt beteiligte, brachte die Komödie *Leonce und Lena* heraus. Am Hans-Otto-Theater in Potsdam wurde *Dantons Tod* inszeniert. *Auf der Flucht ins Paradies* nannte die Theaterabteilung der Akademie der Künste eine Produktion nach verschiedenen Büchner'schen Texten. Das Centre National de la Chóreógrafie d'Orléans transponierte den *Woyzeck*-Stoff ins Medium des Tanztheaters. Zum ersten Mal forderten und förderten Claudio Abbado und das Philharmonische Orchester junge Komponisten gezielt für ihren Zyklus. Sie erteilten Kompositionsaufträge an Moritz Eggert, Beat Furrer, Wolfgang Rihm und Fabio Vacchi. Für ihre Werke sollten sie Texte von Georg Büchner auswählen, den *Woyzeck* ausgenommen. Vacchi und Eggert entschieden sich für Passagen aus Büchners Briefen, Wolfgang Rihm entwickelte aus einer Büchner zugeschriebenen Tagebuchseite Umrisse eines musikalischen Porträts, Beat Furrer rückte mit seiner Komposition für Stimme allein die phonetischen Aspekte, den Klang von Büchners Sprache in den Mittelpunkt.

Mit Ausnahme einzelner Lieder und der Auszüge, die Berg aus seinen Opern für den Konzertgebrauch herstellte, war auch das musikalische Gesamtwerk des Wiener Komponisten im philharmonischen Zyklus vollständig vertreten – von der Klaviersonate op. 1 bis zum Violinkonzert und der unvollendeten Oper *Lulu*, die Michael Gielen in einer Inszenierung von Peter Mussbach an der Staatsoper dirigierte. Abbado äußerte sich gegenüber Lidia Bramani: »Den Arbeiten von Alban Berg haben wir Stücke von weiteren Komponisten zur Seite gestellt, ohne uns jedoch auf die beiden Vertreter der Wiener Schule, Schönberg und Webern, mit denen sein Name üblicherweise verbunden wird, zu beschränken ... Wir haben Stücke von verschiedenen Komponisten, die aber allesamt mit der Wiener Welt verbunden waren, in unser Programm aufgenommen: Mozart, Beethoven, Schubert, Mahler, Reger, sowie Zemlinsky, Schönbergs Lehrer und Schwager.«

Am Berg-Büchner-Zyklus in der Spielzeit 1996/97 beteiligten sich außer der Volksbühne und der Staatsoper Unter den Linden zum ersten Mal auch die Komische Oper und das Berliner Sinfonie-Orchester im Konzerthaus am Gendarmenmarkt. Damit war eine Kooperation erreicht, in der die alten, auch kulturell zum Teil noch fortlebenden Grenzen zwischen Ost und West überschritten, überwunden waren. In der Berliner Kulturszene und Kulturpolitik kam diese weit gespannte Zusammenarbeit einem Signal gleich, in schwierigen Zeiten durch vernünftige Abstimmung und Kooperation neue künstlerische Perspektiven zu gewinnen.

Schatten der Romantik: Der Wanderer

Mit dem Wanderer-Zyklus begaben sich Claudio Abbado und die Philharmoniker 1997/98 mitten in die deutsche Romantik mit ihrem Weltschmerz und Fernweh, ihrem (inneren) Rebellentum und ihrer biedermeierlichen Idyllenpflege. Franz Schubert, dem Lehrersohn aus der Wiener Vorstadt, bedeutete die Figur des Wanderers ein Alter Ego, Inbegriff seines Empfindens und Denkens. Viele seiner Lieder, darunter der berühmteste Zyklus *Winterreise* kreisen um dieses Thema. Die Symbolgestalt vereinte Kontroverses in sich: Flucht und Entkommen aus der Enge, gewonnene Freiheit und Ausgestoßensein. Mit 18 Jahren hatte Schubert das Lied *Der Wanderer* nach dem Text des ansonsten wenig bekannten Dichters Schmidt-Lübeck komponiert. Es fragt nach dem Land der Hoffnung und sieht es nicht. Es endet: »Dort wo du nicht bist, da ist das Glück.« Glück als Negation, das Nichts als Glück – das haben später Philosophen übernommen und geistig verfüllt. Aus dem Mittelteil – er kulminiert in den Worten: »... ich bin ein Fremdling überall« – entwickelte Schubert später eine große Klavierfantasie. Sie nimmt mit der Form durchkomponierter Viersätzigkeit Franz Liszts h-Moll-Sonate vorweg. Schubert, dessen Geburtstag sich 1997 zum zweihundertsten Mal jährte, stand im Mittelpunkt des philharmonischen Wanderer-Zyklus, der fünf Berliner Bühnen, die Hochschule (heute: Universität) der Künste, die Staatlichen Museen und weitere Veranstalter einbezog: Schubert, der Liedkomponist, mit seiner *Winterreise* und seinen vielen gesungenen Variationen über das Wanderer-Thema; aber auch der unbekannte Schubert, der Komponist für das Musiktheater, mit der Oper *Fierrabras*, die parallel zum Liederzyklus *Die schöne Müllerin* geschrieben wurde; und Schubert mit seiner Wirkung zum Beispiel auf Gustav Mahler und dessen *Lieder eines fahrenden Gesellen* oder auf Wolfgang Rihm und dessen *Wanderer-Fantasie* nach Schubert.

Das Lebensgefühl und die Existenznot dessen, der »ein Fremdling überall«, also auch »im eigenen Land« (Hölderlin) ist, wurde vielen im 20. Jahrhundert zur harten, mitunter tödlichen Erfahrung. Die Romantik mit ihrem ausgeprägten Sinn für unauflösbare Widersprüche hat manches vorausgedacht, was im gerade vergangenen Jahrhundert bittere Wirklichkeit wurde. Abbado und die Philharmoniker gingen in ihren Programmen nicht der Musik im (äußeren) Exil nach, sondern thematisierten, zum Beispiel mit Schostakowitschs erstem Violinkonzert, eine Musik, die unter lebensbedrohlicher Verfolgung als Akt der Selbstbehauptung komponiert worden war und erst lange nach ihrer Entstehung, als Neuschöpfung getarnt, aufgeführt wurde. Der Wanderer-Zyklus verband sich mit einer publizistischen Premiere. Erstmals erschien zum Thema ein Begleitbuch mit Essays verschiedener Autoren, die Aspekte des Saisonschwerpunkts genauer beleuchteten und dadurch einen wichtigen Reflexionshintergrund beisteuerten.

Liebe und Tod oder der Kosmos der Musik

Der umfangreichste Zyklus galt dem Thema, das sich wie kaum ein anderes durch die Geschichte der (vor allem gesungenen) Musik zieht. Der Mythos von Liebe und Tod stand am Anfang der Oper in den Werken eines Jacopo Peri und eines Claudio Monteverdi, dessen *Orfeo* und *Combattimento di Tancredi e Clorinda* der neuen Gattung die entscheidenden Wege wiesen. Das Thema hat seine geistliche Transsubstantiation erfahren: in der Leidens- und Erlösungsgeschichte des Jesus von Nazareth, bei dem die christliche Religion ihren Ausgang nahm; nicht die schlechteste Kirchenmusik ist aus der Betrachtung seines Todes aus Liebe zur Menschheit entstanden. Der

Mythos von Liebe und Tod markiert schließlich die Öffnung nicht nur der Musik zur Moderne: Richard Wagners Oper *Tristan und Isolde* diente den Komponisten, die aus der Enge der bisherigen tonsprachlichen Normen heraus wollten, als Vorbild und Anstoß; dieses Musikdrama und seine literarischen Begleiterscheinungen inspirierten Dichtungen wie Maurice Maeterlincks *Pelléas et Mélisande*, und diese wirkten dann wiederum auf das musikalische Theater und auf die theatralische Musik zurück: Claude Debussy nahm Maeterlincks andeutungsreiches Schauspiel zur Grundlage einer Oper, Arnold Schönberg wählte es zum Stoff einer Symphonischen Dichtung. Wagners Gesamtkunstwerk fand Nachklang in Hans Werner Henzes *Tristan* für Klavier und Orchester, eines der frühesten Dokumente einer kontinuierlichen Auseinandersetzung – sie verbindet den Komponisten, der die deutschen Verhältnisse floh, mit dem Musikdramatiker, der vielen als Inbegriff der deutschen Kultur gilt, auf erstaunlich enge Weise und für eine erstaunlich lange Periode.

Der Philharmoniker-Zyklus von Liebe und Tod erstreckte sich über zwei Spielzeiten. Claudio Abbado dirigierte in diesem Projekt nicht nur eine sensationelle Aufführung des Wagner'schen Hauptstücks. Er nahm eine Suite aus Debussys *Pelléas et Mélisande* in sein Programm auf, stellte Schönbergs frühe und opulente Symphonische Dichtung Mozarts Klavierkonzert B-Dur KV 595 (Solist: Maurizio Pollini) gegenüber. Gustav Mahlers *Lied von der Erde*, dem die Liebe-Tod-Beziehung ständig gegenwärtig ist, obwohl sie nur selten ausgesprochen wird, kombinierte er mit Wolfgang Rihms *In doppelter Tiefe*. Claudio Abbado bezog aber auch die Alte Musik mit ein. Am 13. Dezember 1999 dirigierte er ein Konzert mit Monteverdis *Combattimento* und *Lamento d'Arianna*, mit alten Chansons und Minneliedern von Walther von der Vogelweide über Guillaume Dufay bis Thomas Weelkes und konfrontierte sie mit zwei Kompositionen, die auf Goethes Dichtungen zum Thema Bezug nahmen: Beethovens *Egmont-Ouvertüre* und Liszts *Faust-Sinfonie*: eine kühne Konstellation. Der große Zyklus schloss mit einem Rückblick in das 17. und frühe 18. Jahrhundert, zu Jacopo Peri, Domenico Belli, Giovanni Battista Pergolesi, Georg Friedrich Händel und Johann Adolf Hasse.

Abbado hatte die gesamte Reihe in zwei Sequenzen geteilt. Die eine nannte er »Liebe und Tod«, die andere »Amore e Morte«. In der ersten konzentrierte er sich auf den Kulturraum nördlich der Alpen, auf die Welt der Sagen, die an den Gestaden jenes Meeres spielen, das Europa im Norden begrenzt. In der Saison 1999/2000, in der zweiten Sequenz, orientierte er sich auf den Mittelmeerraum, auf Italien vor allem. Im Zentrum stand, gleichsam als Antipode zu Wagners *Tristan*, ein Werk, das in den Spielplänen der Musiktheater höchst selten anzutreffen ist: Verdis *Simon Boccanegra*. Claudio Abbado 1999 im Programmbuch zur Aufführung der Oper durch die Berliner Philharmoniker: »Man muss sich wirklich fragen, weshalb eine Oper von solcher Bedeutung und Schönheit wie *Simon Boccanegra* (1857) nicht schon viel früher Eingang ins normale Opernrepertoire gefunden hat. Jedenfalls erscheint sie dem heutigen Hörer ungewöhnlich reich an verschiedenartigen musikalischen und psychologischen Themen. Im schöpferischen Prozess Verdis ist *Simon Boccanegra* Zeugnis und Beleg für quälende Mühsal, die zeigt, wie sehr dem Autor an dem Werk lag. 1881 entschloss er sich tatsächlich, die Oper wieder vorzunehmen und ihr durch Überarbeitung ein neues Gewand zu geben ... Musikalische Darstellung und Umsetzung der bemerkenswert tiefen Gedanken rücken *Simon Boccanegra* in die Nähe der großen Opern des späten

Verdi und lassen das Werk zu den bedeutendsten des Meisters zählen.«

Musik ist Spaß auf Erden

War der Wanderer-Zyklus auch eine Fortsetzung des thematischen Schwerpunkts Hölderlin, so stellte Abbado in seiner vorletzten philharmonischen Reihe ein Stück in den Mittelpunkt, das bereits im Shakespeare-Zyklus hätte stehen können: Verdis *Falstaff*. Aus dem Schluss und der Quintessenz von Verdis letzter Oper gewann er quasi durch dramaturgische Naheinstellung das Motto für den Saisonschwerpunkt 2000/01: »Musik ist Spaß auf Erden.« Abbado leitete das Buch zum Thema, das unter dem Titel *Das Lächeln der Euterpe* im Parthas-Verlag erschien, mit folgenden Worten ein: »›Tutto nel mondo è burla‹ heißt es am Ende von Verdis *Falstaff* – ›Alles ist Spaß auf Erden‹. Ist es die Abgeklärtheit des Alters, die den greisen Komponisten sein Opernschaffen so heiter beschließen ließ? Ist es das Vermächtnis eines Weisen, das uns daran erinnern soll, uns nicht zu ernst zu nehmen, über dem grauen Alltag nichts das Lachen zu verlernen?«

Die zentrale Veranstaltung dieses Zyklus wurde sinnigerweise auf das Jahresende gelegt (mit dem, rechnerisch genau genommen, das zweite Jahrtausend schloss). Abbado dirigierte Auszüge aus dem *Falstaff* und kombinierte sie mit einzelnen Stücken aus früheren Opern Verdis. Um dieses Hauptstück herum arrangierten die Philharmoniker mit Kammerensembles ihrer Musiker sowie hochkarätigen Gästen aus dem E- und U-Bereich der Musik eine Vielzahl von Veranstaltungen. Sie gingen darin dem musikalischen Humor von Haydn und Richard Strauss nach, der sich nicht allein in *Till Eulenspiegel* und *Don Quixote*, sondern auch in den recht deutlichen Nachtszenen der *Sinfonia domestica* äußert. Sie ließen den Witz aufblitzen, der in Bearbeitungen für ungewöhnliche Ensembles (etwa für 14 Flöten) liegen kann, verfolgten die derbe Komik in Mozarts *Dorfmusikanten-Sextett* und Mendelssohn Bartholdys *Sommernachtstraum*, spielten Hindemiths ironische Eskapaden mit Versatzstücken der nicht mehr ganz hohen Kunst nach.

Abbado demonstrierte mit seinem Orchester und dem Jazzmusiker Wynton Marsalis die auskomponierte Liebeserklärung ernster Komponisten wie Igor Strawinsky oder Dmitrij Schostakowitsch an die Unterhaltungsmusik, oder anders gesagt: die Lust der großen Meister an Unbotmäßigkeiten gegen den (allzu) ernsten Stil, am pfiffigen Reiz des Trivialen, der die strukturelle Intelligenz teils überlistet, teils beschäftigt und in Atem hält. Sie entdeckten den Geist der Komödie auch bei Gustav Mahler. Der hatte seine Vierte Symphonie, die mit dem Lied vom »himmlischen Leben« schließt und wesentlich daraus entwickelt ist, eine »Humoreske« genannt: Vom utopisch Schönen, so meinte er wohl, lasse sich nur in Anführungszeichen und nicht mit todernster Miene sprechen und musizieren. *Falstaff* war Verdis Vermächtnis. Hatte Claudio Abbado seinen vorletzten Zyklus mit den Philharmonikern auch als ein Stück Vermächtnis an Berlin konzipiert?

Parsifal: Das Vermächtnis

Zum Vermächtnis wurde Claudio Abbados letztes Projekt in seiner Ära als Chefdirigent des Berliner Philharmonischen Orchesters. Richard Wagners Bühnenweihfestspiel vom *Parsifal*, die letzte Oper des Bayreuther Meisters, stand im Mittelpunkt des letzten Zyklus, den Claudio Abbado mit den Philharmonikern und ihren Partnern durchführte. Er ging damit ans Wesentliche, ans Existenzielle der Musik: Zum Thema wurden Raum und Zeit, in denen sich der

Mensch bewegt, in denen sich die Musik bewegt; Raum und Zeit, deren Maße und Grenzen die Musik nicht nur ordnen, sondern zugleich auch überschreiten will, zur Größe hin, aber auch hin zur maximalen Verdichtung, zum Augenblick und zur Ewigkeit, zum einzelnen Punkt, in dem alles Geschehen versammelt sei, zum Kosmos, der keinen Anfang, kein Ende, kein Ziel hat.

Lange habe ihn der *Parsifal* beschäftigt, schrieb Claudio Abbado im Vorwort zum Begleitbuch. Beim Studium von Wagners letzter Partitur habe er auf den Erfahrungen aufbauen können, die er mit anderen Musikdramen des Komponisten, mit *Lohengrin*, mit *Tristan und Isolde*, gesammelt habe. In Berlin dirigierte Abbado, 68-jährig, das Bühnenweihfestspiel zum ersten Mal. Die Musik des *Parsifal* sei, so der Dirigent, »von außerordentlicher Dichte, gibt neben der kompositorischen Zusammenschau einen Blick auf das Vergangene und durch eine neue, moderne Harmonik auch einen visionären Blick auf die Zukunft. Sie bildet so gleichsam eine Brücke von der Romantik in das 20. Jahrhundert. ›Zum Raum wird hier die Zeit‹ – dieses Zitat aus der Oper soll der Leitgedanke der Spielzeit sein. Lange habe ich überlegt, ob es möglich ist, dieses Werk, das als ›Bühnenweihfestspiel‹ auf das akustische Ideal Bayreuths abgestimmt war, auf das Podium der Berliner Philharmonie zu bringen. Wagners Oper ist ein Gesamtkunstwerk, das uns in besonderem Maße berührt, und bei dem die Musik eine Wirkung hat, die fast gegenständlich ist; über den zeitlichen Ablauf hinaus wird sie zu einer räumlichen Atmosphäre, die uns einhüllt. Auch Scharoun hatte eine eigene Vorstellung vom Zusammenwirken von Raum – Musik – Mensch, und er konnte sie mit dem Bau der Berliner Philharmonie genial verwirklichen. Mein Traum war es, diese beiden Visionen zusammenzuführen« – die Raum-Klang-Vision der Moderne und die Entgrenzung der Dimensionen, die Musik ausmachen. Wagner hatte diese ästhetische Kühnheit einem mittelalterlichen Stoff mit hohem mystischem Gehalt abgewonnen.

Edgar Wisniewski, Assistent und Partner des Philharmonie-Erbauers Hans Scharoun sowie Architekt des Kammermusiksaals, thematisierte das Verhältnis von Werk und Raum aus der Sicht der Baukunst und erinnerte daran: »Der Raum der Philharmonie ist gewiss kein ›mystischer Ort‹ für ein ›Bühnenweihfestspiel‹ – sein Geheimnis liegt in der Dominanz des musikalischen Geschehens und in der Wechselwirkung zwischen Individuum und Gemeinschaft. Seine gleichberechtigte Struktur ohne Ränge und Logen würde Richard Wagners Forderung zum Theaterbau entsprechen. Es gibt hier keinen ›mystischen Abgrund‹ [Wagner über den Orchestergraben in Bayreuth], wohl aber einen Orchestergraben, der bedauerlicherweise seit Eröffnung der Philharmonie 1963 niemals benutzt worden ist. Ergänzend zu Scharouns Vision für einen Zentralraum mit der Musik im Mittelpunkt war es bei der Planung der Philharmonie mein besonderes Anliegen, Einrichtungen für neue Musik – wie u. a. die drei Raummusikemporen an der Peripherie des Raumes – und ein variables Podium mit einer Orchestergraben-Absenkung durchzusetzen. Der Zentralraum der Philharmonie regt zu halbszenischen Aufführungen mit wenigen Requisiten an und lässt faszinierende Lichtprojektionen zu ... Bei der Planung der Philharmonie dachten wir an halbszenische Aufführungen oratorischen Charakters wie Darius Milhauds *Orestie*-Vertonung *Les Choëphores* oder Strawinskys *Oedipus Rex*, an abstrakte oder expressionistische Opernformen wie Schönbergs *Glückliche Hand* und vor allem an *Moses und Aron*. Doch leider war Karajan für halbszenische Aufführungen nicht zu gewinnen ... Es bleibt die Frage, ob nicht fast 120 Jahre nach der Entstehung des *Parsifal* eine andere Rezeption des Werkes berechtigt ist. Wagner lässt Gurnemanz das vielseitig interpretierbare Wort ›... zum Raum wird hier die Zeit‹ sprechen, nachdem 26 Takte lang zuvor das Ziel durch das Grals- und Glockenmotiv angedeutet wird. In der Partitur steht zu Beginn der ›Verwandlungsmusik‹ der Hinweis auf den ›Thorweg‹ als Weg zum Gral – womit offenbar das ›geistige Voranschreiten‹ gemeint ist. Hier deutet sich meines Erachtens Wagners späte Abwendung vom mythischen Geschehen im *Ring* an. Der *Parsifal* wird zum Übergangswerk zu einer von Wagner erträumten absoluten Musik, die zu schreiben ihm nicht mehr vergönnt war« (Begleitheft zum *Parsifal*-Zyklus).

Mit Wagners *Parsifal* hinterließ der Chefdirigent Claudio Abbado seinem Berliner Publikum, bei dem er sich im Vorwort für die entgegengebrachte Treue und Liebe bedankte, sein Vermächtnis. *Parsifal* wurde durch die Einheit von Raum und Projekt zu einer großartigen Hommage an die Philharmonie, an ihren Architekten, an die Kunstauffassung, für die das markante und geniale Bauwerk Hans Scharouns steht; damit schloss sich der Kreis zu den Lichtexperimenten mit Skrjabins *Prométhée*, die ebenfalls auf die Raumverhältnisse der Philharmonie hin konzipiert waren. *Parsifal* wurde in Abbados Deutung zu einem Zeichen des Aufbruchs, den die Musik ins Zeitalter der Moderne wagte: Wagner nahm, wie Verdi nach ihm, mit seinem letzten Werk Neuland in Blick. Von einem »unsichtbaren Theater« sprach der Bayreuther Hügelherrscher in Bezug auf den zweiten Akt des Bühnenweihfestspiels, also letztlich von der Aufhebung des Bühnenbilds durch die Musik.
Die Aufführung in der Philharmonie kam dieser Vision sehr nahe. Konzertbesucher, die Claudio Abbados künstlerisches Wirken in Berlin konstant und regelmäßig verfolgt hatten, meinten nach dem *Parsifal*-Erlebnis, sie hätten an diesem Abend den Eindruck gewonnen, als sei die ganze Serie der Zyklen, die Abbado mit dem Philharmonischen Orchester konzipiert und gestaltet hat, letztlich auf diese eine Aufführung hin angelegt. Hier seien die vielfältigen Erkundungen der abendländischen Kulturgeschichte zu ihrem musikalischen Ziel gekommen.

Die Begeisterung des großen Erlebnisses hat diese Auskünfte vielleicht diktiert. Man mag sie deshalb für überpointiert halten. Richtig daran ist jedoch eine Beobachtung: Durch die Folge der Zyklen zog sich – unbewusst vielleicht – eine Dramaturgie, die konzentrisch immer näher auf die Musik selbst hinführte, zu Fragestellungen, die aus ihr heraus kamen und nur aus ihr heraus zu beantworten sind – und das bedeutet mehr, als Musik nur zu Rate zu ziehen. Vom Prometheus-Projekt bis zum *Parsifal*-Zyklus vollzog sich eine Bewegung, die bei einem Thema begann, das immer wieder Musik angeregt und herausgefordert hat, und schließlich eine Idee erreichte, welche die Musik selbst vorgibt und gedanklich vorzeichnet. Es war, aufs Ganze gesehen, ein Prozess der Konzentration. Auch deshalb schlugen die beiden *Parsifal*-Abende am 29. November und am 1. Dezember das Publikum in Bann, wie zuvor höchstens das Verdi-*Requiem*, der *Tristan* und der Beethoven-Zyklus beim philharmonischen Gastspiel in Rom. Bernd Feuchtner resümierte in einem Beitrag für den Südwest-Rundfunk: »Vor einigen Jahren hatte er [Abbado] einen spektakulären *Tristan* dirigiert, mit abgeschattetem Klangbild, das er unter anderem durch eine völlig veränderte Aufstellung des Orchesters erreicht hatte ... Sein *Parsifal*-Klang ist hell und transparent, die Berliner Philharmoniker spielen weich und substanzreich. Der erste Akt begeistert durch klare

Strukturierung und dramatische Stringenz ... Als sinnreich erweist sich die Aufführung endgültig mit dem dritten Akt. Hier geschieht geradezu ein Wunder an Sinn und Tiefe, an musikalischer und philosophischer Gestaltung. Sanftheit und Schönheit können die Welt erlösen, nicht die Waffen ... Mild und leise endete die Oper, Abbado lenkt die Ekstase wie in alten Zeiten. Ihm gilt tosender Applaus, das Publikum erhebt sich zu Standing Ovations wie ein Mann – und das gibt es in Berlin äußerst selten. Der Dirigent, gezeichnet von Krankheit und Anstrengung, wird mit Bravos überschüttet ... Das Publikum verlässt die Philharmonie nach sechs Stunden frisch und munter. Und Abbado hoffentlich um einige Jahre verjüngt.«

Mit unmissverständlicher Eindeutigkeit beantwortete Abbados Aufführung die Frage, die Peter Wapnewski in seinem Beitrag zum Programmbuch aufgeworfen hatte, die Frage, »wie es um unser Verhältnis zum Mittelalter und seinem Denken steht – in Fremdheit oder in Vertrautheit, in Epochenferne oder in der Zeitlosigkeit der conditio humana.«

Zyklus und Festival

Durch die Konzentration auf ein Thema, das verschiedene Institutionen und Medien zu einer engen, projektbezogenen Zusammenarbeit verband, waren Abbados thematische Zyklen wie Festivals konzipiert. Einziger Unterschied: Die philharmonischen Themenprojekte erstreckten sich seit dem Faust-Zyklus über mehrere Monate in teilweise loser Folge insbesondere der musikalischen Veranstaltungen. Vom Antike-Projekt an umschlossen sie sogar die Zeit von November bis zum Ende der Saison im Juni und prägten schließlich dramaturgisch nicht nur eine ganze Spielzeit, sondern überspannten, wie der Mythos von Liebe und Tod, deren zwei.

Der Festivalgedanke lag allerdings damals, in den Zeiten des Umbruchs und des Aufbruchs ins Ungewisse, in der Luft. Auch andere Berliner Institutionen kamen in jenen Jahren der rasanten Veränderungen in Berlin auf die Idee, neue kleine Festspiele einzurichten – vor allem im Interesse eines möglichst effektiven Marketings. Abbados Zyklen vermieden es dagegen bewusst, sich – in der dinglichen Sprache des Marketings – auf ein bestimmtes Publikumssegment zu beschränken. Das inhaltliche Konzept hätte einer solchen Einschränkung auch direkt widersprochen. Seine Strategie der thematischen Bündelung künstlerischer Ereignisse zielte auf Grenzüberschreitungen, um Einsichten in das Wesen des musikalischen Kunstwerkes zu fördern und den Zusammenhang mit der Geschichte der Zivilisation herzustellen.

Thematisch und interdisziplinär orientiert waren auch die Programme der von Ulrich Eckhardt seinerzeit geleiteten Berliner Festwochen. Er war interimistisch Intendant des Berliner Philharmonischen Orchesters, als Claudio Abbado zum Chefdirigenten und Künstlerischen Leiter gewählt und berufen wurde. Ulrich Eckhardt führte ihn in sein Amt ein, besprach mit Claudio Abbado wichtige Fragen der organisatorischen Struktur und der langfristigen inhaltlichen Planung, diskutierte mit ihm die Präsenz in Berlin, die Gestaltung der Arbeitsperioden. Der ohnehin enge, über Jahrzehnte gewachsene Kontakt zwischen den Berliner Festspielen und dem Berliner Philharmonischen Orchester, zu deren Dienstpflichten auch Festwochen-Konzerte gehörten, wurde auf diese Weise zusätzlich gestärkt. Ein Konflikt zwischen Festwochen-Planung und philharmonischen Projekten war dadurch ausgeschlossen – auch für die Zeit, als die Intendanz des Berliner Philharmonischen Orchesters erst mit Ulrich Meyer-Schoellkopf und dann mit Elmar Weingarten neu besetzt war. Aus den philharmonischen Zyklen blieben in der Regel die ersten beiden Monate der Saison ausgespart, sie gehörten traditionell den Berliner Festwochen, an denen sich auch das Philharmonische Orchester weiterhin beteiligte.

Ein Konflikt entstand auch deshalb nicht, weil die thematischen Planungen von Festwochen und Philharmonikern sehr unterschiedliche Konzepte verfolgten und verschiedene Schwerpunkte setzten. Sinn und Anliegen von Abbados Zyklen erschöpften sich außerdem nicht in der Festivalidee, denn sie waren eingebettet in die musikalischen Aktivitäten der gesamten Saison und schufen darin einen roten Faden, um den sich vieles und Heterogenes gruppieren konnte. Man kann sie als Versuch bezeichnen, Gedankenkreise, die für die abendländische Kultur und damit für unsere Zivilisiertheit konstitutiv sind, ins Gedächtnis zu rufen. Durch die Vielfalt an Aktivitäten in verschiedenen Bereichen künstlerischen Arbeitens wurde die Weite des Themas und des Denkens skizziert. Daher konnte eine irgendwie geartete Vollständigkeit oder repräsentative Dokumentation niemals im Interesse der thematischen Zyklen liegen. Die Gedanken, die Wirkungen gehen weiter, über die einzelne Veranstaltung, auch über die Reihe hinaus, denn was hier konzentriert verhandelt wurde, ist Teil der Kultur, die tagtäglich in Konzerten, Opern- und Theatervorstellungen, Ausstellungen und Filmvorführungen stattfindet.

Abbados Zyklen galten manchen Kritikern als Kulminationspunkte bildungsbürgerlicher Repräsentationskunst. Wenn damit gemeint war, dass er auch für die Beiprogramme, die Lesungen, die Liederabende, die kleinen Inszenierungen oder kammermusikalischen Konzerte die am besten geeigneten prominenten Künstler verpflichtete – etwa Bruno Ganz, Jutta Lampe und Edith Clever für Lesungen, Dietrich Fischer-Dieskau für Liederabende oder Matthias Goerne und Alfred Brendel für die *Winterreise* – und gleichzeitig aber auch Nachwuchstalente wie Christine Schäfer in Projekte einband, dann tat er das einzig Richtige. Dem Verdacht des äußerlichen Glanzes widerspricht Abbados Konzept nicht nur durch die Vielschichtigkeit, die keineswegs nur Massenwirksames suchte, sondern vor allem durch die Intensität der musikalischen Interpretation, die im letzten Thema, das an die Ursprünge der Musik rührte, ihre exemplarische Größe erreichte – im *Parsifal*-Zyklus: »Zum Raum wird hier die Zeit«.

Claudio Abbados Zeit als Chefdirigent fiel in eine Periode des Übergangs in Berlin. Als er begann, bestand die Teilung noch. Als er sein Amt im Dezember mit dem ersten Konzert in neuer Funktion antrat, war ein Ende der deutschen Teilung und damit auch der Spaltung Berlins in Sicht. Das Berliner Philharmonische Orchester war international das leuchtende Zeichen, wie unter widrigen und absurden Umständen hohe Kunst gedeihen kann. Als Abbados Amtszeit zu Ende ging, war die institutionelle Zukunft der Berliner Philharmoniker durch die Einrichtung einer Stiftung gesichert. Abbado aber hat die Zeit der radikalen Veränderung zu seiner Ära gemacht. In seinen Zyklen erinnerte er an Grundwerte der europäischen Kultur. Er zeigte, wie diese immer wieder neu begriffen und beleuchtet wurden, er dokumentierte die Veränderungen, denen sie ausgesetzt waren. Besinnung auf die Grundlagen, Offenheit für Veränderung, für Neues, Erarbeiten neuer Horizonte, Bewahren dessen, was eine kultivierte Identität ausmacht – kann man eine Amtszeit, die in einer weltgeschichtlichen Zäsur begann und den anhaltenden Prozess gesellschaftlicher Umwälzungen über zwölf Jahre begleitete, produktiver gestalten?

Peter Hagmann

Das »Eliteorchester« – ein Thema mit Variationen *Claudio Abbado in Luzern*

Er werde sicher nicht zum letzten Mal in Luzern dirigiert haben, so vermutete die *Neue Zürcher Zeitung* in ihrer Morgenausgabe vom 23. August 1966 von einem 33-jährigen Italiener, der mit einer »orchestralen Meisterleistung« aufgefallen war. Die Vermutung ist Tasache geworden. Seit diesem erfolgreichen Debüt erschien Claudio Abbado regelmäßig bei den Internationalen Musikfestwochen Luzern, dem heutigen Lucerne Festival – erst neben Herbert von Karajan, dann als dessen Nachfolger. 40 Auftritte sind es bis heute, und wie in einem großen Panorama spiegeln sie die Stationen von Abbados Laufbahn und die Schwerpunkte seiner Tätigkeit.

Der Paukenschlag, mit dem Claudio Abbados Wirken in Luzern begonnen hat, ereignete sich beim Schweizerischen Festspielorchester – und das hat nun seine eigene Logik. In ihren Anfängen gehen die Internationalen Musikfestwochen Luzern – das sommerliche Stelldichein der großen Orchester aus aller Welt – auf jenes Freiluftkonzert vom 25. August 1938 zurück, bei dem Arturo Toscanini im Garten der Villa Tribschen, dem Wohnsitz Richard Wagners in den Jahren 1866 bis 1872, ein ad hoc zusammengestelltes Orchester dirigierte. Auf der sanft gegen den Vierwaldstättersee hin abfallenden Wiese hatte sich ein, wie es damals hieß, erlauchtes, jedenfalls polyglottes Publikum versammelt; unten, nah am Wasser, war ein gedecktes Podium für die Musiker aufgestellt. Mit von der Partie war das noch junge Orchestre de la Suisse Romande, für das sein Gründer, der Dirigent Ernest Ansermet, eine Beschäftigung während der Sommermonate gesucht hatte. Dabei waren aber auch die Stimmführer der schweizerischen Sinfonieorchester, während an den ersten Pulten der Streicher das Busch-Quartett saß. In jenen Jahren hatten manche Musiker Zuflucht in der Schweiz gesucht, andere waren an Auftritten auf neutralem Boden interessiert – und so kam es, dass sich für die Leitung dieses so genannten »Eliteorchesters« eine Größe wie Toscanini hatte finden lassen. Das Programm umfasste die Ouvertüre zur Oper *La scala di seta* von Rossini, Wagners *Siegfried-Idyll* und das Vorspiel zum dritten Akt der *Meistersinger von Nürnberg* sowie die große g-moll-Sinfonie von Mozart und Beethovens Zweite Sinfonie – aus heutiger Sicht eine ziemlich bunte Mischung, die aber äußerst wirkungsvoll gewesen sein soll.

Fünf Jahre danach entstand aus diesen Ansätzen das Schweizerische Festspielorchester, das bis zu seiner Auflösung im Jahre 1993 die Funktion des Hausorchesters bei den Internationalen Musikfestwochen Luzern übernahm. Die namhaftesten Dirigenten der Zeit – unter ihnen Wilhelm Furtwängler, Herbert von Karajan, Joseph Keilberth und Rafael Kubelik mit besonders zahlreichen Auftritten – standen ihm vor. Und sein Ruf war, zumal in den früheren Jahren seines Bestehens, außerordentlich gut. Auch Abbado erinnert sich daran: Ja, das Orchester habe sich 1966 in blendender Verfassung befunden; als Oboist habe zum Beispiel kein Geringerer als Heinz Holliger mitgewirkt. Höhepunkt des Konzerts mit Abbado war die Vierte Sinfonie von Mendelssohn, die »Italienische«, die, folgen wir wieder der *Neuen Zürcher Zeitung*, »herrlich geklungen« haben soll; die orchestrale Präzision sei »nicht Selbstzweck, sondern in federnden, über sich hinausweisenden Rhythmus eingebettet« gewesen. Und besonders hervorgehoben wird der Umstand, dass Abbado im Kopfsatz die Exposition wiederholt und damit, ganz im Gegensatz zu den Gepflogenheiten jener Zeit, die formalen Proportionen des Satzes hörbar gemacht habe. Gelobt wird auch die Aufführung des Violinkonzerts von Sibelius mit dem Solisten Zino Francescatti, während Paul Hindemiths *Sinfonische Metamorphosen über ein Thema von Carl Maria von Weber* auf weniger Zustimmung stießen; Abbado habe die 1943 im amerikanischen Exil entstandene Partitur eher auf ihre brillante Erscheinung hin ausgeleuchtet, wo sie doch auch Spiegel der Zeiterfahrung sei.

Mit fast allen Orchestern, mit denen er in engerer Beziehung verbunden war, ist Claudio Abbado bei den Internationalen Musikfestwochen Luzern in Erscheinung getreten. Schon verhältnismäßig früh, nämlich im Sommer 1980, kam er mit einem der von ihm betreuten Jugendorchester nach Luzern: mit dem European Community Youth Orchestra, das 1978 auf Abbados Initiative hin zum ersten Mal zusammengestellt worden war. Die Idee, junge Musikerinnen und Musiker aus verschiedenen Ländern auf Zeit zu einer Art »Eliteorchester« zusammenzubringen, war damals noch neu. Als weitere Besonderheit wurde aber auch die Programmgestaltung empfunden, die neben der Zweiten Sinfonie von Brahms die Suite aus *Der Wunderbare Mandarin* von Bartók und, als Schweizer Erstaufführung, das *Concerto lugubre* für Viola und Orchester des Polen Tadeusz Baird vorsah.

Zweimal hat Abbado auch das Chamber Orchestra of Europe, das 1981 aus dem European Community Youth Orchestra hervorgegangen war, nach Luzern geführt – und das zweite Mal, es war im Sommer 1988, spielte er jenes Programm nach, das Toscanini fünfzig Jahre zuvor für den Auftritt seines »Eliteorchesters« vor der Villa Tribschen zusammengestellt hatte. Auf Wagner, der hier wohl aus zeitlichen Gründen nur mit dem *Siegfried-Idyll* vertreten war, kam Abbado in Luzern erst 1996 wieder zurück, als er mit dem Gustav Mahler Jugendorchester das Vorspiel zu *Die Meistersinger von Nürnberg* gab. Unvergessen ist die weiche, geschmeidige Linearität, welche die Wiedergabe prägte und dieses durch seine Wirkungsgeschichte so belastete Stück in ein überraschendes Licht stellte – einer der vielen Höhepunkte in Abbados Luzerner Tätigkeit.

Und nun also: das Lucerne Festival Orchestra, das, von Abbado geleitet, im Sommer 2003 zum ersten Mal zu hören sein soll. Verschiedene Traditionen und Ideen bündeln sich in dieser weithin beachteten Neugründung, die auf Abbado und Michael Haefliger, den Intendanten des Lucerne Festivals, zurückgeht. Von Toscaninis »Eliteorchester« zum einen und von Abbados Jugendorchestern zum anderen geht das Prinzip aus, erstklassige Musiker – Solisten, Mitglieder bekannter Kammerformationen, Stimmführer großer Orchester, junge Spitzenkräfte – zu einem ad hoc gebildeten Klangkörper zusammenzufügen. Was Toscanini das Busch-Quartett war, ist Abbado das Hagen-Quartett, das im Lucerne Festival Orchestra die ersten Pulte der Streicher besetzen soll. Mit dabei sind auch Solisten wie die Cellistin Natalia Gutman, der Flötist Emmanuel Pahud oder die Klarinettistin Sabine Meyer – und viele dieser Musikerinnen und Musiker, so erzählt Abbado, hätten ihr Interesse an einer Mitwirkung von sich aus bekundet. Zurück ins Orchester finden sodann ehemalige Mitglieder der Berliner Philharmoniker, die ihre Orchesterstelle wegen der Unvereinbarkeit mit pädagogischen Verpflichtungen haben aufgeben müssen, zum Beispiel der Geiger Kolja Blacher als Konzertmeister. Wolfram Christ steht als Solobratscher zur Verfügung, und der Wiener Philharmoniker Alois Posch wirkt als Solokontrabassist mit. Den Kernbestand wiederum bilden Mitglieder des Mahler Chamber Orchestra – Abbado kann sich hier auf eine homogene Gruppe von bis zu fünfzig Musikerinnen und Musikern stützen. So entsteht eine große, auf vielen Ebenen miteinander verbundene Familie.

Eine andere, für den Dirigenten Claudio Abbado zentrale Idee verwirklicht sich in der Luzerner Gründung: die Vorstellung nämlich, dass das Musizieren im Orchester nichts anderes als eine Art erweiterte Kammermusik darstelle. Wie viel er auch Toscanini verdanken mag: Abbado ist nie als Diktator oder als Zuchtmeister, auch nie als Verkörperung von Macht in Erscheinung getreten – nicht zuletzt darum haben ihn die Berliner Philharmoniker 1989 zum Nachfolger Herbert von Karajans gewählt. Dirigieren heißt für ihn: zuhören, aufeinander hören, gemeinsam musizieren. Und nach diesem Prinzip soll das Lucerne Festival Orchestra funktionieren. Vierzehn Tage vor ihrem ersten Konzert treffen sich die Orchestermitglieder zu konzentrierter Probenarbeit, und da sie allesamt vorbereitet und kompetent seien, könnten sie – so denkt es sich Abbado – die Registerproben weitgehend selbständig durchführen. Inwieweit aus dieser Versammlung von Solisten eine Gemeinschaft werden und ob in dieser kurzen Zeit ein einheitlicher Orchesterklang entstehen kann, wird sich zeigen; seine Erfahrung im Umgang mit Orchestern, die nicht kontinuierlich, sondern phasenweise arbeiten und immer wieder neu zusammengestellt werden, lässt Abbado zuversichtlich bleiben. Besonderen Wert legt er zudem darauf, dass die Mitglieder des Orchesters in verschiedenen Formationen kammermusikalisch auftreten werden. Da setzen sich Konzepte fort, die Abbado in dem guten Jahrzehnt an der Spitze der Berliner Philharmoniker verfolgt hat und die sich mit der von Michael Haefliger in Luzern so nachdrücklich vertretenen Idee des »orchestra in residence« verbinden. Und nicht zuletzt kommt darin die Überzeugung zum Ausdruck, dass ein Orchester nicht eine anonyme Masse bilde, sondern aus lauter Individuen bestehe.

Drittens schließlich könnte das Lucerne Festival Orchestra – wenn auch auf ganz anderem Niveau – die Funktion des Hausorchesters erfüllen, wie sie schon dem Schweizerischen Festspielorchester übertragen worden war. Wo das Programmangebot, wie es in Luzern heute der Fall ist, konsequent an thematischen Linien ausgerichtet ist, gehört ein qualifiziertes Hausorchester zu den ersten Desideraten. Denn manche Rarität, die ein Programm sinnvoll runden würde, kann von den Spitzenorchestern, die sommers den Globus bereisen und in Luzern Halt machen, nicht im Gepäck mitgeführt werden. Ein solcher Akzent (und eine Reverenz an den in Luzern gerne beschworenen Genius loci) deutet sich darin an, dass Abbado die Musik Richard Wagners besonders pflegen möchte. Vielleicht wird sich das Lucerne Festival Orchestra in ferneren Zeiten aber noch ganz andere Horizonte erschließen; Abbado hätte Luzern dann zu einem institutionellen Pfeiler verholfen, der eine ähnliche Bedeutung gewinnen könnte wie der neue Konzertsaal.

Der neue Konzertsaal, der eigenwillige Bau des französischen Architekten Jean Nouvel mit der ebenso eigenwilligen Akustik des Amerikaners Russell Johnson: Natürlich war Claudio Abbado auch in diesem Bereich jüngerer Luzerner Ver- und Entwicklungen nachhaltig wirksam. Im Vorfeld des Projekts hat er sich zusammen mit den Wiener Philharmonikern und dem Berliner Philharmonischen Orchester in Benefizkonzerten für den Bau eingesetzt und damit bleibende Spuren hinterlassen.

In erster Linie sind diese Spuren jedoch musikalischer Natur. Und Abbado hat sie mit jenen Orchestern gelegt, denen er in leitender Funktion zugetan war.

Nur ein einziges Mal ist er mit dem Orchester des Teatro alla Scala aus Mailand über die Alpen gekommen: 1979. Dafür gab es damals ein Programm, das den künstlerischen Horizont des Dirigenten in einzigartiger Weise spiegelte. Auf die *Symphoniae sacrae* von Giovanni Gabrieli und Pergolesis *Stabat mater* folgten *Il Canto sospeso* von Luigi Nono, der seinen Freund Abbado persönlich nach Luzern begleitet hatte, und das *Te Deum* von Verdi – eine grandiose musikalische Visitenkarte. Früh, aber auch relativ selten, war Abbado zudem mit den Wiener Philharmonikern in Luzern: nur viermal insgesamt und nur bis 1984, was auch damit zusammenhängen mag, dass die Wiener Philharmoniker ihrer Salzburger Verpflichtungen wegen damals noch nicht regelmäßig nach Luzern geladen wurden. Dabei musizierte Abbado, als er Anfang September 1973 zum ersten Mal mit den Wienern in Luzern auftrat, bereits seit 1965 regelmäßig mit ihnen. Besonderes Aufsehen erregte in jenem Konzert die Wiedergabe von *Tod und Verklärung*, der Tondichtung von Richard Strauss; die klangliche Schönheit auf der einen Seite und auf der anderen die Leichtigkeit der Diktion, die einen glasklaren Blick auf die Partitur und geradezu impressionistische Farbenspiele zutage befördert haben sollen, müssen von ungemeiner Wirkung gewesen sein. Ebenfalls viermal hat Abbado zwischen 1982 und 1985 mit dem London Symphony Orchestra in Luzern gastiert – mit durchweg konventionelleren, mehrheitlich im klassisch-romantischen Bereich verankerten Programmen.

So war Claudio Abbado in Luzern schon wohlbekannt, als er am 30. August 1990 in seiner neuen Funktion als Chefdirigent der Berliner Philharmoniker – damals noch: des Berliner Philharmonischen Orchesters – aufs Podium trat. Zwei Jahre zuvor hatte Herbert von Karajan ein letztes Mal sein Orchester geleitet. Und niemand, der dieses Konzert miterlebt hat, wird jene trotzig diesseitige, unglaublich kraftvolle Wiedergabe der Ersten Sinfonie von Brahms vergessen, mit welcher der Abend schloss. Im Jahr darauf – die Berliner gastieren seit 1968 jährlich in Luzern – gab es ein Interregnum mit Daniel Barenboim und James Levine. Und als die Berliner dann, wiederum ein Jahr später, mit Abbado erschienen, stand auf dem Programm erneut die c-moll-Sinfonie von Brahms – eine Entscheidung, die sowohl als Hommage an den verstorbenen Vorgänger wie als Bekenntnis des neuen Chefdirigenten zu Kontinuität verstanden werden konnte.

Nicht solche Überlegungen hätten ihn zu dieser Werkwahl bewogen, berichtigt Abbado im Rückblick auf seine bisherigen Luzerner Jahre; vielmehr habe er sich zusammen mit den Berliner Philharmonikern mitten im Projekt einer Gesamtaufnahme der Brahms-Sinfonien befunden, das noch zu Lebzeiten Karajans begonnen und in jenem Jahr zur Aufführung der Ersten geführt habe. Die Interpretation selbst ließ freilich erkennen, wie rasch hier ein Prozess in Gang gekommen war. So sehr der Klang des Orchesters noch der unter Karajan gepflegten Ästhetik verpflichtet war, so deutlich war doch schon jener vibrierend vitale, klanglich extrem gespannte Ton zu vernehmen, der zur Handschrift Abbados gehört. Sechs Jahre später stand die Erste Sinfonie ein weiteres Mal auf dem Luzerner Programm, und nicht zu überhören war damals, in welchem Maß Orchester und Dirigent gemeinsam aufgebrochen waren – zu neuen Dimensionen der Expressivität, der Eindringlichkeit und der Gegenwärtigkeit.

Fast zwei Dutzend Auftritte absolvierte Claudio Abbado mit den Berliner Philharmonikern zwischen 1990 und 2001 bei den Internationalen Musikfestwochen Luzern: grob gesagt jedes Jahr zwei, mit Ausnahme der gesundheitsbedingten Unterbrechung im Sommer 2000. Die Konzerte der Berliner Philharmoniker blieben – was sie in der Ära Karajan geworden waren – Höhepunkt des Festivals, in gesellschaftlicher Hinsicht ohnehin, erst recht aber in künstlerischer. Mahlers Fünfte und Tschaikowskijs Sechste 1993, Mahlers Neunte 1994 und die Neunte von Bruckner im Jahr darauf, Mahlers Sechste 1995 und seine Zweite 1996 – das waren Sternstunden, die geradewegs in die Annalen des Festivals eingegangen sind. Dazu geworden sind sie durch die technische Souveränität, welche die Partituren in besonderem Maß greifbar werden lässt, vor allem aber durch die einzigartige emotionale Präsenz, welche die Musik bei Abbado immer wieder erhält.

Die Programme freilich schritten einen relativ engen Kreis österreichischer Spätromantik und klassischer Moderne aus. Einmal Nono, wie gesagt, zweimal Rihm, wobei die Wiedergabe von dessen Violinkonzert *Gesungene Zeit* mit dem Solisten Rainer Kussmaul im hölzernen Provisorium des Sommers 1997 als besonders feinfühlig in Erinnerung ist – ansonsten blieb es im Wesentlichen (und mit verschiedenen Wiederholungen) bei Brahms, Bruckner und Mahler, bei Berg und dem frühen Schönberg, bei den Ausflügen zu Mozart, Mendelssohn und Schubert. Der innovative Impetus, den Abbado an allen Stationen seiner Laufbahn entwickelt hat, ist in Luzern nicht zum Tragen gekommen; die Erweiterung des ästhetischen Horizonts, wie er sie in Mailand und Wien betrieben hat, schlug sich hier ebenso wenig nieder wie die Konsequenz der Programmgestaltung, die er in der Berliner Philharmonie entwickelt hat. Mit der Gründung des Lucerne Festival Orchestra indes könnte sich diese Seite der künstlerischen Persönlichkeit Abbados auch in der Schweiz verwirklichen. Nicht auszuschließen ist jedenfalls, dass die Wiederbelebung der Idee des »Eliteorchesters« unter veränderten Auspizien dem Festival ganz unerwartete Perspektiven eröffnet.

Irene Dische

Für Claudio

Ballade vom unbekannten Jungen

Mit Texten des Rappers L.D.B.

Der Junge hatte von dem Loch im Zaun gehört. Wenn man dünn genug war. Von den Büschen davor und der spärlichen Beleuchtung am Abend. Natürlich entschied er sich für eine amerikanische Fluggesellschaft. Nachdem ihm das Versteck in der Kammer des Fahrgestells eingefallen war, musste er seinem Stolz mit einem Reim einen Dämpfer verpassen:

Well, it don't take a genius
to figure out the fucking obvious.

An dem Morgen, als er seinen Lohn für einen Monat Arbeit erhielt und sich die fünfstündige Bahnfahrt nach Zürich hinunter leisten konnte, lag dichter, alles vertuschender Nebel über der Nordschweiz, sodass er nicht zu warten brauchte, bis es dunkel wurde. Statt in Zürich herumzutrödeln, bestieg er einen anderen Zug und fuhr zum Flughafen. Während der Fahrt wurde er nervös. Er zog die Lederjacke des Maestros aus, krempelte das Innere nach außen und zog sie wieder an. Prüfend betrachtete er sein Spiegelbild im Fenster auf der anderen Seite des Gangs: Das leuchtend rote Futter mit dem italienischen Etikett im Nacken war ziemlich knallig, aber er wollte auf keinen Fall für den Maestro gehalten werden. Außerdem fühlte sich das Wildleder viel weicher an als das Futter; rauhe Stoffe konnte er nicht leiden.
Der Zug, ordentlich und adrett, machte seinen Weg durch den Nebel. Der Junge konnte sich nicht entspannen. Er summte vor sich hin, trommelte auf den Knien und machte mit dem Mund drei verschiedene Schlagzeugklänge (Snare Drum, Tom-Tom, Besen). Die halbwüchsigen Mädchen, die in der Nähe saßen, beobachteten ihn voller Bewunderung. Offenbar glaubten sie, er sei Profi oder würde bald einer werden. Ihnen fiel auf, wie groß er war und dass auf seinem Gesicht der Glanz des Spätsommers lag: markante Züge in Braun und Rosa, schläfrige grüne Augen und darüber ein strohblondes Lockengewucher. Ältere Leute bemerkten seine Schlaksigkeit und dass er noch nicht ausgewachsen war, dass auf seiner sommersprossigen Haut noch Pickel zu sehen waren, aber keine Spur von einem Bart. Für sie war er ein Ärgernis – jemand, der unbedingt auf sich aufmerksam machen wollte. Die Mädchen fanden es mutig, dass er Lärm machte, wenn ihm danach war, und dass er seine Jacke in der Öffentlichkeit verkehrt herum trug. Von Flirten verstand er nichts und war in diesem Augenblick an Romantik sowieso nicht interessiert. Die Mädchen waren ihm gleichgültig. Er schrieb – im Kopf – eine Ballade über seine Zukunft. Der Maestro hatte ihm Respekt bezeugt, er hatte ihn gebeten, einen Rap-Text aufzuschreiben, damit er ihn in Ruhe lesen könnte. Dem Jungen war die Bitte vollkommen abwegig erschienen und unverdientermaßen schmeichelhaft. Er hatte abgelehnt – höflich natürlich. Aber der Maestro hatte einfach nicht locker gelassen und dem Jungen schließlich sein eigenes Notizbuch mitgegeben.
Die ersten paar Seiten waren schon benutzt, der Maestro hatte sie mit Zitaten in verschiedenen Sprachen, mit Notenzeichen und Taktstrichen vollgekritzelt – und die gezackten Druckbuchstaben, in denen er schrieb, sahen auf dem Papier wie Bergketten aus. Der Junge hatte sie sich genau angesehen. Er bewunderte die Art, wie die Menschen vor dem Computerzeitalter geschrieben hatten. Ohne zu fragen, hatte er auch den teuren Füllfederhalter des Maestros an sich genommen, weil er wie selbstverständlich der Meinung war, beide, der Füller und das Notizbuch, gehörten zusammen. Der Maestro hatte es gesehen und nichts gesagt. Er hatte auch die Jacke

nicht zurückgefordert. Allerdings hatte der Junge ihm nicht gesagt, dass er an diesem Abend sein Geld bekommen und den Maestro nie wiedersehen würde. Der Zug erreichte den Flughafen. Der Junge machte sich auf die Suche nach einem Laden, in dem er eine Farbspraydose kaufen könnte, musste jedoch zu seiner Bestürzung feststellen, dass im ganzen Terminal nirgendwo eine zu bekommen war. Er hielt das für ein schlechtes Omen. Kaum hatte er begonnen, seinen Plan in die Tat umzusetzen, ging schon etwas schief. Er hatte die Zeit in der Luft zum Verzieren der Räder nutzen wollen, sodass sie bei der Landung in New York jedem auffallen mussten und großes Erstaunen das Flugzeug begrüßen würde. Doch da fiel ihm das Notizbuch des Maestros ein und dass er mit ihm die gleiche Wirkung erzielen konnte.
Er verließ das Flughafengebäude und schlenderte die Straße neben dem Zaun entlang. Schließlich fand er das Loch hinter den Büschen und schob sich hindurch. Über die neblige Rollbahn schlich er zu dem Flugzeug hinüber. Gerade als er sich an dem Fahrwerk hochhangelte, um in die darüber liegende Kammer zu kriechen, hob sich der Nebel, und die Sonne richtete einen Punktstrahler auf ihn, wie er sich mit strampelnden Beinen an den Rädern des Flugzeugs nach oben zog. Er beeilte sich – was er in anderen Lebenslagen nur sehr selten tat. Drinnen dauerte es lange, bis er wieder Luft bekam. Als er sicher war, dass niemand ihn gesehen hatte, richtete er sich ein – die glatte, saubere Kammer war so groß wie der große Sessel in seinem Zimmer zu Hause und mit seinem Rucksack als Polster auch fast so bequem. Er fühlte sich geborgen und reisefertig, war froh und zufrieden und sicher, daß eigentlich niemand etwas gegen seine Anwesenheit hier haben konnte. Er nahm das Notizbuch und den Füller aus dem Rucksack und begann zu schreiben. Er hatte dem Maestro die Wahrheit gesagt: dass er berühmt werden wolle. Der Maestro hatte nicht gelacht und durch nichts angedeutet, dass ihm das nicht plausibel erscheinen würde. Im Gegenteil. Er wollte sich offenbar die Fähigkeiten und die Zukunft des Jungen zunutze machen.
Zwischen den Notizen des Maestros und seinen eigenen ließ der Junge eine Seite frei.

*****

I've been through basements, sidestreets and gutters
selling rocks to baseheads,
I am an independent business enterprise,
tryin to expand, but can't cross the line of authority,
But now I got my own plan. Just as soon as I get out
of the rotten Old Land
I had an idea, of a new stint, it just amazed me,
a new level of business, no longer roaming the streets,
no more stolen TVs, rodents, thieves, and no more
police,
no more agro, and desperado MCs,
I'll go where nobody ever heard my name.
At first I will be unknown,
Unknown to all and known to none,
But after they read my texts, and their minds are
blown
They'll say, Respect! Respect!
That's rap, that's our dialect, big man,
For politeness, and tolerance.
For that, I need a new name, a new land, a new gang.
No point telling mine here, they'll ruin my plan
With a swipe of the hand, and a huge gulp,
swallowing it whole,
vomiting it back in the form that they choose.
No, I'll just disappear
In a number of years
I'll be back
With more money, more prizes, than they ever seen
They will laugh and they'll cry:

The dead returned, flying high!
Higher than they ever dreamed.

Der Junge sprach laut vor sich hin, während er in der Fahrwerkkammer des Flugzeugs saß und schrieb. Er konnte nicht lesen, was er geschrieben hatte, dafür war es in seinem Versteck zu dunkel. Er musste lauter sprechen, er musste schreien; die Triebwerke der Maschine waren angelaufen. Plötzlich hörte er Schritte ganz in der Nähe.
Ihm stockte der Atem. Sie würden ihn schnappen. Aberwitzige Erklärungen und Ausreden schossen ihm durch den Kopf. Gegen die Demütigung würden sie nicht helfen. Er beschloss zu kämpfen, die Männer bewusstlos zu schlagen und in der Maschine zu bleiben. Wenn nötig, würde er sie mit bloßen Händen umbringen.

*****

Der Maestro saß in seiner Küche in einem Bauernhaus im schönsten Tal der Schweiz und wartete auf sein Mittagessen. Er war Italiener und meist auf Reisen, aber ab und zu, so oft er konnte, machte er in diesem alten, geräumigen Haus Station. Er hielt sich häufig genug dort auf, um sich zu Hause zu fühlen und Blumen im Garten anzupflanzen. Überall, wo er wohnte, pflanzte er Blumen an. Blumen interessierten ihn, aber auch Autos. Den Einrichtungen von Häusern schenkte er nur wenig Beachtung. Das Tal schätzte er auch, weil die Einwohner, die Besuchern mit gemischten Gefühlen begegneten, auf freundlicher Distanz blieben. Bald würde der Junge vor der Tür stehen und ihm sein Mittagessen bringen.
Seit fast vier Wochen hatte er den Jungen zu ermuntern versucht, beim Eintreten nicht anzuklopfen. Aber die Haustür war alt, vielleicht vierhundert Jahre alt. Der Maestro war Mitte sechzig. Der Junge war siebzehn. Für ihn waren die Haustür und der Maestro ungefähr gleich alt und gleich imposant. Er klopfte jedes Mal. Und wenn auf sein Klopfen keine Antwort kam, wartete er zitternd in seinem blauen Lieblingspullover, bis er vor lauter Kälte und Verlegenheit ganz rot im Gesicht geworden war, ehe er noch einmal klopfte. Schließlich musste der Maestro aufstehen und sich durch das Haus schleppen, um die Tür öffnen. Zusammen betraten sie das Engadinerzimmer, wo der Kamin war, wo man essen und trinken und zusammensitzen konnte. Wenn der Junge mit dem Tablett kam, sagte der Maestro jedes Mal: »Hallo Robert, du weißt doch, du kannst hereinkommen, ohne anzuklopfen. Ich erwarte dich ja.«
»Okay«, sagte Robert und zog den Kopf ein, sodass in seinem Blickfeld nur noch ein Bruchteil von jemandem zu sehen war, der sehr berühmt, allwissend und allmächtig war. Den Blick dieses Mannes zu erwidern hätte bedeutet, sich mit dem Unbekannten einzulassen. Trotzdem wollte der Junge, dass der Maestro mit seinem Essen und der Art, wie es ihm geliefert wurde, zufrieden war. Nachdem er alles auf dem Esstisch abgestellt und die Suppe, das Hauptgericht, den Nachtisch abgedeckt hatte, kehrte er in den ungeheizten Vorraum zurück, zog die Tür zum Engadinerzimmer leise zu und setzte sich auf eine Bank. Dort murmelte er unter allerlei Armschlenkern und Kopfwackeln Rap-Texte vor sich hin. Sein Rappen wurde mit der Zeit immer ausgelassener – ein sonderbares Englisch, er zog die S- und Sch-Laute in die Länge – sch..., tsch..., diss... – und klang dabei ein bisschen wie ein alter Heizkörper mit undichten Ventilen. So kam es dem wohlwollend zuhörenden Maestro jedenfalls vor. Manchmal trommelten die langen weißen Finger des Jungen auf der alten Holzbank, die direkt in der Wand verankert war. Und jedes Mal wenn der Maestro diesen Lärm hörte, stand er von seinem Essen auf, öffnete die Tür und rief noch

einmal: »Robert, komm doch herein und warte hier drinnen.«
Aber der Junge weigerte sich jedes Mal, in dem warmen Zimmer Platz zu nehmen und mit dem Mann, der dort aß, ein Gespräch zu beginnen. Seiner Meinung nach gab es zwischen ihnen keinerlei Gemeinsamkeit, nicht einmal das einfache Menschsein, denn sich selbst rechnete er nicht zu dieser Gattung, sah sich vielmehr irgendwo außerhalb und unterhalb von ihr, während der Maestro auf der anderen Seite irgendwo ganz oben stand.
Es gab viele Leute auf der ganzen Welt, die den Jungen um diese Einladung beneidet hätten. Der Maestro war nicht besonders gesellig. Immer hatte er sich nach Zeit zum Alleinsein gesehnt. Dies hatte ihn mehrere Beziehungen zu Frauen gekostet, die er sehr gern gehabt hatte. Er fühlte sich nicht einsam, bloß weil er allein war. Seine Interessen erfüllten ihn, er liebte die Gesellschaft von Gedanken, von Büchern und Musik, auch die der Berge. Menschen konnten ihm lästig werden. Wenn man ihre Gesellschaft leid war – zeitweilig, so wie man alles irgendwann leid wird –, dann konnte man sie nicht einfach zuklappen wie ein Buch oder sich von ihnen abwenden wie von einer Landschaft. Für seine Bekannten hatte er sich eine freundliche Art angeeignet, die ihnen half, darüber hinwegzukommen oder gar nicht mitzubekommen, wie er sie auf Distanz hielt. Viele waren stolz, dass sie ihn wenigstens ein bisschen kannten, und nannten ihn, wenn sie mit ihren Freunden von ihm sprachen, bei seinem Vornamen.
Der Maestro war für all das blind. Von seiner Warte aus konnte er vielleicht nicht einmal erkennen, dass es eine Hackordnung gab. Und sicher ahnte er nichts von den Kümmernissen, deren Ursache sie war. Er kannte die Schrecken nicht, die all jene zu erdulden haben, die in die Fänge der beiden Sklaventreiber Neid und Ehrgeiz geraten sind. Dem Maestro konnten diese beiden nichts anhaben, weil es ihm Freude machte, andere zu bewundern. Er besaß selbst viel Talent und das Temperament, etwas daraus zu machen – hart zu arbeiten, das, was er tat, gern zu tun und klar zu sagen, was er wollte. Außerdem sah er unbestreitbar gut aus. Er sah – nun ja, er sah wie ein Filmstar aus, wie ein schlanker Filmstar mit dunklen Augen, und die perfekte Abstimmung seiner Gesichtszüge genügte diesem höchsten aller Ansprüche. Wenn er lächelte, ging auf der Bühne das Licht an. Aber dieses Lächeln richtete sich an niemand Bestimmten.
Er hatte einen großen Teil seines Lebens auf der Bühne verbracht und war an das Kommen und Gehen von Leuten gewöhnt, die er nicht kannte und unmöglich alle kennen konnte, weil ihre Zahl den normalen Appetit auf gesellschaftlichen Umgang von jedem, der kein Politiker war, bei weitem überstieg. Schon mit jungen Jahren hatte man ihn auf einen Posten gestellt, der ihm große Autorität verlieh, beneidenswerte Einkünfte inbegriffen. Aber er machte sich nicht viel aus Geld, gab alles weg, was er nicht brauchte, um einfach, von Dingen möglichst unbelastet zu leben.
Er war ein Einsiedler und ein König, der in seiner Einsamkeit ein sehr öffentliches Leben führte. So wuchs seine Macht, denn wirklich angewiesen war er nur auf Musik, nicht auf die Gesellschaft und den Beistand von Menschen. Nur wenige wussten viel über ihn, denn von sich selbst sprach er selten.
Kurzum – trotz seiner charmanten Art und trotz seiner Hilfsbereitschaft wirkte er manchmal auf bestürzende Weise abwesend.
Vor kurzem hatte er sich, zumindest für eine Weile, aus dem öffentlichen Leben zurückgezogen, hatte einige Zeit mit seinen Kindern und Enkelkindern verbracht, und dann hatte er seine Einsamkeit noch um mehrere Grade verschärft.
Der Maestro hatte gesundheitliche Probleme. Er fuhr

in das auf zweitausend Meter Höhe gelegene Haus in der Schweiz und sagte seinen Kindern, sie bräuchten ihn nicht zu besuchen. Seine Zeit verbrachte er mit Bach, gelegentlich mit Mozart und immer mit den Bergen. Das alte Telefon stellte er in einen Schrank, damit es ihm aus den Augen war, und meistens schob er noch einen Papierknäuel in die Glocke, damit es nicht klingeln konnte. Eine Pension in der Nähe versorgte ihn einmal am Tag mit einer warmen Mahlzeit. Der Küchenjunge brachte sie herüber. Das war Robert. Auf Robert beschränkte sich der Umgang, den der Maestro mit der Menschheit pflegte. Und viel spielte sich bei diesem Umgang nicht ab. Robert kam, murmelte ein paar Worte, wartete und ging wieder. Er war wie ein Rotkehlchen, das einmal am Tag auf dem Fensterbrett erscheint. Anfangs nahm der Maestro allenfalls Notiz von ihm; dann begann er, nach ihm Ausschau zu halten; und schließlich machte er sich Gedanken über ihn. Immer wieder setzte er seine Einsamkeit aufs Spiel, indem er Robert in sein Engadinerzimmer einlud. Doch Robert lehnte ab, wochenlang. Eines Tages aber sagte der Maestro: »Also gut, wenn das so ist ...« Schwankend, von seiner Krankheit immer noch geschwächt, kam er in den ungeheizten Vorraum, stellte das schwere Tablett mit dem Essen auf die Bank, setzte sich neben den erstaunten Jungen und sagte schroff: »Erzähl mal, wer du bist.« Und als der Junge nicht antwortete, sagte er: »Oder erzähl mir, wer du sein möchtest.«
Der Junge war so verblüfft, dass er die Wahrheit sagte: »Ein Rap-Star, Herr Maestro.«

* * * * *

In der Radkammer des Flugzeugs kauerte der Junge jetzt eher wie ein Dichter als wie ein Kämpfer, die Spitze des Füllfederhalters auf dem Papier, und rührte sich nicht, um die Mechaniker nicht auf sich aufmerksam zu machen. In seiner Angst hielt er den Füller so krampfhaft, dass sich die Feder durch mehrere Blätter bohrte. Die Mechaniker hörten nichts von dem leisen Knirschen. Der Junge fasste wieder Mut. Er setzte den Füller neu an und schrieb ein paar Zeilen:

Dripping with gore, life is a carnivore,
you're just one of his zillions of meals,
his take-out, his schnitzel, his pretzel,
his dinner special;
always delicious, always his wish,
brain is his favorite dish.
Wipes it's mouth with your karma.

Der Dichter lächelte sich freundlich zu. Er fand den Text gut. Auch dem Maestro würde er gefallen. Die Mechaniker kamen näher. Aus der Radkammer waren ihre Köpfe jetzt zu sehen.

* * * * *

Während der vier Wochen, in denen Robert dem Maestro sein Mittagessen gebracht hatte, hatte er nie etwas von sich preisgegeben. Der Maestro hatte sich bei der Pension nach ihm erkundigt und die Auskunft erhalten, der Junge sei ein Misgeld. Der Name sagte dem Maestro etwas. Der Name Misgeld tauchte gelegentlich in der Zeitung auf.
Die Misgelds aus Hamburg waren von ihren vier Kindern ganz hingerissen gewesen und hatten sie nach Lust und Laune mit Aufmerksamkeit überhäuft. Sich selbst hielten sie für brennend interessiert an Kindern - vor allem Dr. Misgeld dachte so. Er blieb auf der Straße stehen, um kleine Kinder zu bewundern – und sich selbst in dieser Rolle, vor allem dann, wenn die zugehörige Mutter hübsch war. Die Kinder der Misgelds wuchsen in einer Mischung aus Überwacht- und Übersehenwerden heran. Zuneigung wurde ihnen

in dieser viel beschäftigten Familie reichlich zuteil, denn Zuneigung kostete wenig Mühe. Die drei Mädchen kamen irgendwie durch. Als der einzige Sohn aufhörte, für die Schule zu arbeiten, ermahnten ihn die Eltern, sich mehr anzustrengen, versicherten ihm, er sei intelligenter als die meisten anderen, so begabt wie sie selbst – die Mutter war Architektin, der Vater Herzchirurg –, und wandten sich wieder drängenderen Interessen zu.

Robert war tatsächlich begabt gewesen. Seine Kindergartenzeichnungen hatten im Bekanntenkreis der Eltern Aufsehen erregt. »Robert hat schon den dreidimensionalen Raum verstanden«, frohlockten Vater und Mutter, als er fünf war. Seine Bilder hingen im ganzen Haus und in ihren Büros.

Mit sechs hörte er auf zu zeichnen. Wenn man ihn drängte, zeichnete er Strichmännchen. Seine Eltern gaben der Schule die Schuld, sie ruiniere die Kreativität des Kindes - und ließen seine alten Bilder hängen. Sie fanden ihren Sohn hinreißend, auch dann noch, als er einen Rückschlag nach dem anderen erlebte. Sie freuten sich darüber, dass Robert offenbar kein gewöhnliches Kind war. Er war schüchterner, sensibler als die meisten anderen. Er hatte nur wenige Freunde. Er liebte Museen. Er hasste Aufmerksamkeit. Seine Haut wirkte fast durchsichtig und leuchtete wie rotes Neon, wenn er in Verlegenheit geriet. »Er wird so leicht verlegen!« Allen machte es Spaß, ihn zum Erröten zu bringen.

Als Robert älter wurde, interessierte er sich kurz für Bildhauerei und Töpfern. Er gab das wieder auf, nachdem sich das Wohnzimmer mit seinen Werken gefüllt hatte. Später saß er (»wie alle Kinder heutzutage«) viel vor dem Fernseher oder spielte Computerspiele. »Die Schule schafft es nicht, ihn für irgendwas zu interessieren«, klagten die Eltern. Die Schule war teuer - eine internationale Schule, in der auf Englisch unterrichtet wurde. Es kam ihnen nicht in den Sinn, ihren Sohn auf eine andere Schule zu schicken. Seine Noten waren mittelmäßig, aber er war höflich und zweisprachig. Und er war hübsch – hübscher als seine Schwestern, mit seinen blonden Locken und den dunkelgrünen Augen. Seine Eltern waren stolz, der Junge passte gut zu ihnen.

Die drei älteren Schwestern studierten. Robert war das letzte Kind zu Hause, als er anfing, sich in seiner Freizeit mit seltsamen Dingen zu befassen. Er interessierte sich für Rap-Musik, begann Texte zu schreiben – aber seine Eltern interessierten sich nicht dafür, sie wurden blass und hielten sich die Ohren zu, wenn er ihnen seine neuesten Werke vortrug. Von der elterlichen Begeisterung befreit, wuchs sein Interesse. Hamburg war ein kleines Zentrum für diese Kunstrichtung, wenn auch längst nicht so bedeutend wie London oder New York oder auch Berlin. Umso leichter war es, Zugang zur Gemeinde derer zu finden, die sich ganz dem Rap verschrieben hatten. Bis in ihre letzte Nische wollte Robert diese Welt kennen lernen. Abends kam er spät nach Hause, und morgens fand er nicht aus dem Bett, um in die Schule zu gehen. Seine Eltern stellten ihn zur Rede. Ob er Drogen nehme? Er verneinte. Er brauche keine Drogen. Er brauche auch keine Schule. Er werde nach New York gehen und ein Star werden. Sie fragten ihn nicht, ob er mit Drogen handele. Was er tat. Und nicht nur das.

In seiner Tasche steckte eine Menge Geld, als er eines Nachts wegen eines bewaffneten Raubüberfalls auf eine Tankstelle festgenommen wurde.

Die teure Schule warf ihn hinaus. Ein hastig herbeigezogener Psychologe empfahl den Misgelds, ihren Sohn in die Schranken geregelter Arbeit zu verweisen. Ein richtiger Job werde ihm gut tun, aber nicht in einem Architekturbüro und nicht in einem Krankenhaus bei Leuten aus ihrem Bekanntenkreis. Vielleicht irgendwo auf dem Land. Der Psychologe kannte eine Pension im Engadin. Die Besitzerin sei sehr nett, vielleicht konnte sie eine Aushilfe brauchen. Roberts Schicksal war besiegelt. Seine Mutter brachte ihn hin, ohne ihn nach seiner Meinung zu fragen. Während der zwölfstündigen Autofahrt hörte er nicht auf, sie in den gröbsten Tönen zu beschimpfen – und beim letzten Abendessen in einem hübschen Restaurant, wo er ein Steak für dreißig Franken aß, ging es weiter. Sie ihrerseits war auch zum Schimpfen aufgelegt, und immer wieder fuhr ihre schrille Stimme zwischen seine Beschwerden. Ständig nannte er sie Gecko und sie ihn Arschloch. Sie waren ein lautes Paar, und den anderen Gästen schmeckte es doppelt gut, weil sie sie lächerlich fanden.

Aber insgeheim schien er für diesen Anstoß doch dankbar zu sein. Er gab sich Mühe in seinem Job, erledigte seine Arbeit zuverlässig, aß gemeinsam mit den anderen und war zwar nicht gesprächig, aber doch freundlich - sein Lächeln entzündete sich langsam, aber dann brannte es hell auf seinem blassen Gesicht. Die Besitzerin der Pension übertrug ihm eine verantwortungsvolle Aufgabe: warmes Essen einen schmalen, steilen Pfad entlangzubalancieren, auf dem er nach fünfzehn Minuten zum Haus des Maestros gelangte. Meistens fing er schon unterwegs an zu rappen, und aus dem Gehen wurde ein Latschen, während er mit vorgerecktem Kinn und wackelndem Kopf breitbeinig seines Weges zog. Wenn er die Mahlzeit abgeliefert und sich auf die Bank im Vorraum gesetzt hatte, rappte er weiter. Bis zu dem Tag, an dem der Maestro sein warmes Engadinerzimmer verließ und sich zu ihm setzte.
»Ist Ihnen nicht zu kalt hier draußen?«, fragte der Junge. »In Ihrem Zimmer haben Sie es wärmer.«
»Es geht schon«, erwiderte der Maestro leicht gereizt. Er konnte es nicht leiden, wenn andere ihm Ratschläge gaben, die sein Wohlbefinden betrafen. Er nahm das Tablett auf den Schoß und begann zu essen.
»Ich verstehe nicht, warum du unbedingt hier draußen sitzen willst«, sagte er. »Aber vielleicht hast du Recht. Vielleicht ist es sogar klug von dir, dieses überheizte Zimmer zu meiden.«
»Ich bin überhaupt nicht klug«, sagte Robert bedauernd. »Wenn ich klug wäre, dann wäre ich nicht hier.«
Sie lachten – beide mit gesenktem Blick, beide schüchtern.
Sie sprachen nicht weiter. Der Maestro aß langsam. Schlucken können war für ihn keine Selbstverständlichkeit, und seit dem Ausbruch seiner Krankheit hatte er nicht mehr in einem Restaurant gegessen. Aber inzwischen ging es ihm besser. Das Lavieren zwischen Gebrechlichkeit und Gesundheit erforderte Geduld und Abgeschiedenheit. Sich beklagen mochte er nicht und wollte auch nicht, dass andere von seinen Beschwerden etwas mitbekamen. Schließlich beendete er seine Mahlzeit.
»Ich habe in meinem Leben einen einzigen klugen Menschen gekannt. Oder vielmehr einen Menschen, der etwas Kluges zu mir *gesagt* hat ...« Er wartete, ob der Junge neben ihm Interesse zeigte, und als Robert ihn erwartungsvoll ansah, fuhr er fort: »Als ich klein war. Es war mein Großvater.«
Nun wartete Robert. Der Maestro war kein besonders begabter Geschichtenerzähler. Kaum hatte er begonnen, da kam er schon aus dem Tritt, ließ sich von einer Wolke ablenken, die er durch das Fenster neben der Haustür sah: Die Wolke senkte sich auf die in strahlendem Licht daliegenden Berge. Schließlich fragte Robert: »Und was hat Ihr Großvater gesagt?«
»Er hat gesagt: ›Wenn du Angst hast, nimm meine Hand.‹«

*****

Der Maestro verfügte über beträchtliche Vorräte an Plätzchen und Pralinen, die er nun auf der Bank zwi-

schen sich und dem Jungen ausbreitete. Er entschuldigte sich kurz, er wolle Tee aufsetzen. Doch vorher streifte er sich einen zweiten Pullover über und brachte dem Jungen seine Wildlederjacke, ließ sie ihm mit einem knappen »Bitte« in den Schoß fallen, ehe er in die Küche ging. Als er mit dem Tee zurückkam, hatte Robert die Jacke angezogen und betrachtete sehnsüchtig die Süßigkeiten. Mit einer schwungvollen Geste griff der Maestro nach einer Praline. Der Junge machte es ihm nach. Er aß langsam, passte sich den kleinen, vorsichtigen Bissen des Maestros an.
»Ist das alles?«, fragte er nach einiger Zeit.
»Wie bitte?«
»Ist das alles, was Ihr Großvater gesagt hat?«
»Ja!«, erwiderte der Maestro. »Reicht das denn nicht? Mein Großvater hat nicht viel gesprochen. Er war auch nicht besonders gesellig. Ich nahm seine Hand.«
»Wovor hatten Sie Angst?«
»Wir machten einen Spaziergang. Wir sind immer zusammen spazieren gegangen. Und ich nahm seine Hand. Ich denke jetzt oft daran.«
»Waren Sie da noch sehr klein?«, fragte der Junge.
»Ja, wahrscheinlich«, erwiderte der Maestro und wunderte sich über die Frage.
Sie blieben im gleichen Rhythmus. Der Junge stimmte jeden Schluck Tee mit den Schlucken des Maestros ab. Eine Zeit lang blieb es still, dann begann der Maestro zu summen. Der Junge beobachtete ihn, und schließlich fragte er mit professioneller Neugier: »Was ist das?«
Der Maestro verstand ihn nicht.
»Was Sie da summen.«
»Ach so.« Er schien irgendwohin zu horchen und erwiderte dann: »Ravel, Klavierkonzert in G-Dur. Erster Satz. Ich erkenne den Dirigenten nicht – den Solisten auch nicht ...« Schweigend saß er da, ein aufmerksames Publikum, ehe er endlich zu einem Schluss kam: »Ach, natürlich, es ist Martha. Aber der Dirigent?« Er betrachtete die Praline in seiner Hand. Zeit verging, und der Junge fragte: »Spielt gerade etwas?«
Der Maestro antwortete: »Zweiter Satz. Immer noch Ravel. Und du? Was hörst du gerade?«
Der Junge antwortete mit einigen Schlagzeuggeräuschen und einem schnellen Sprechgesang.

I'm a badass motherfucka, here just to rhyme my statements,
my way of feeding you salt, and letting you starve inside my basement! uh,
I've seen my life and faced it – deceit, destruction and death ...
Liquor corrupting my liver ... weed disrupting my breath, uh, uh,
Questions of seconds till I find the place where I'll rest
In peace, uh,
I got the gun to my chest, uh,
no time to digress ...

Er brach ab, außer Atem. »Das nennt man *free-styling*, wenn man einfach spontan vor sich hin rappt«, erklärte er. »Ich bin ziemlich aus der Übung, es klingt nicht besonders – leider.«
»Für mich ist es trotzdem schwer zu verstehen«, sagte der Maestro.
Der Junge sagte: »Gerade habe ich mir vorgestellt, wie es auf der Welt zuginge, wenn jeder richtig musikalisch wäre, so wie Sie. Die Leute würden sich mit Summen und Singen und Geräuschen verständigen, statt miteinander zu reden. Es gäbe alle möglichen Musikinstrumente für die verschiedensten Situationen. Die kleinen Kinder würden zuerst Singen und ein Instrument lernen. Und später, in den höheren Klassen auf der Schule, falls sie wirklich schlau sind, würden sie sprechen lernen und manche vielleicht sogar lesen und ein bisschen schreiben.
Ich wäre dann einer von den ganz wenigen, die wirklich ohne weiteres sprechen, lesen und schreiben

könnten. Für die Leute wäre ich etwas Besonderes, ein Genie, wie Sie.«

*****

»Ich war der Zweitjüngste in der Familie«, erzählte der Maestro. »Mein Vater war ein sehr berühmter Musiker. Jeder kannte seinen Namen. Mein ältester Bruder war ein Wunderkind. Auch seinen Namen kannte jeder. Ein Pianist. Meine ältere Schwester war ebenfalls ein Wunderkind, Geigerin, und bald war auch ihr Name allgemein bekannt. Ich war nicht so begabt. Meine Mutter sagte: ›Aber er *hat* Talent. Ich *spüre* es‹, und schlug sich vor die Brust. Eine Sizilianerin. Mein Vater sagte: ›Da spricht die Mutterliebe.‹«
Der Junge machte ein verwundertes Gesicht. Er glaubte kein Wort von alledem. Der Maestro sah seine skeptische Miene, aber sie spornte ihn erst recht an. »Mein Vater glaubte nicht, was meine Mutter sagte. Er wollte, dass ich gut durchs Leben komme. Er machte sich Sorgen, weil ich nicht so begabt war wie die anderen. Er brachte mir Disziplin bei. Selbstdisziplin. Ich musste auswendig lernen – Partituren, Gedichte. Er ließ mich morgens um zwei aufstehen und einen Aufsatz für die Schule fertig schreiben. Manchmal hasste ich ihn dafür. Aber als ich älter wurde, war ich ihm dankbar. Denn er hatte mir beigebracht, wie man hart arbeitet. Hart arbeiten kann man lernen.«
»Aber hart arbeiten kann doch jeder!«, protestierte der Junge, dem die Vorstellung von harter Arbeit Angst machte.
»Als ich anfing, öffentlich aufzutreten, war ich für alle nur der Sohn meines Vaters. Einen eigenen Namen hatte ich nicht«, erwiderte der Maestro.
»Anscheinend ist das heute anders. Aber ganz verstanden habe ich es noch immer nicht.« Der Junge sah ihn mißtrauisch an. Der Maestro beruhigte ihn: »Ich habe doch gar keine Wahl. Auch heute bin ich noch immer der Sohn meines Vaters, und manchmal glaube ich, was er geleistet hat, werde ich nie schaffen. Und dieses Gefühl gefällt mir.«
»Das verstehe ich nicht.«
»Ich werde immer ein kleiner Bruder sein, wie damals. Ich bin zu dünn, der Krieg ist vorbei, wir haben wenig Geld, mein älterer Bruder ist sehr begabt. Aber dann bin ich auch ein junger Mann in New York, und der ältere Kollege, den ich so sehr verehre, fragt mich nach meiner Meinung über sein Spiel, und ich wage es, ihn zu kritisieren. Unentwegt soll ich Copland spielen. Aber ich kann Copland nicht ausstehen und gebe deshalb eine Stelle auf. Ich bin auch ein jung verheirateter Mann, der mit seiner Frau nicht zurechtkommt. Ich bin verliebt, einmal, zweimal, viele Male. Leute wollen Autogramme, zweitausend Leute stehen auf und applaudieren mir. Aber vor allem bin ich der Sohn meines Vaters.«
»Wie sah Ihr Vater aus?«
»Mein Vater? Er sah sehr gut aus.«
»Und Ihr Großvater?«
»Blond.« Der Maestro verstand nicht, was den Jungen daran interessierte, aber er versuchte, sein Interesse zu befriedigen. »Er war der Vater meiner Mutter. Ein blonder Sizilianer. Er hatte es nicht leicht im Leben. Seine Frau starb sehr jung. Ganz allein zog er vier Kinder auf und machte außerdem Karriere. Ein geistreicher Mann und ein großartiger Lehrer. Seine Studenten liebten ihn. Als ich neulich sehr krank war und nicht mehr wusste, ob ich leben oder sterben würde, habe ich viel an ihn gedacht. Wie wir spazieren gingen. Wir blieben stehen, nahmen uns Eier bei den Hühnern im Stall und aßen sie unterwegs, roh. Es war wichtig. Er war ein alter Mann, und ich war ein Kind, aber wir waren zwei Menschen, die einen Spaziergang machten. Er sagte: ›Nimm meine Hand‹, und ich tat es. Ich bewunderte ihn. Er war kein

Musiker. Er war Sprachwissenschaftler. Nimm noch eine Praline.«
Der Junge nahm eine.
»Kannst du einen von deinen Texten singen?«
Der Junge sang nie. Er sprach seine Gesänge. Der Maestro kannte sich mit dieser Art von Englisch nicht aus. Er sah zu, wie der Junge auf die Bank trommelte. Für kurze Zeit setzte die Musik in seinem Kopf aus, und er lauschte aufmerksam den Silben.

* * * * *

Der Junge und der Maestro hatten eine Unmenge Pralinen miteinander gegessen. Der Junge erklärte dem Maestro die Bedeutung von Hip-Hop, dass er sowohl eine Lebensform sei als auch eine Ausdrucksform für dieses Leben. Hip-Hop bestehe nicht nur aus Rap-Lyrik und Rap-Musik. Auch Graffiti gehörten dazu. Es gehe dabei um ein bestimmtes Verhältnis zu den Dingen, zu anderen Rappern, zum Kapitalismus, zum allgemeinen Verfall. Es gehe um die große Gefahr, die feindliche Rapper für den Rap darstellten, indem sie ihn verkäuflich machten und auf diese Weise zugrunde richteten. Eigentlich dürfe sich Rap-Musik gar nicht vermarkten lassen. Der Junge brach ab. Er hätte gern gewusst, was der Maestro von alldem hielt.
»Ich habe gerade ans Meer gedacht«, sagte der Maestro. »An Wellen. Wie jede Welle aus der Ferne heranrollt, auf den Strand kracht und sich im Ozean wieder auflöst. Ein Sturm peitscht viele wilde Wellen hoch, sie können die Geographie des Strandes verändern – aber die meisten hinterlassen keine bleibenden Spuren. Manchmal allerdings spült so eine Welle etwas Wertvolles an den Strand, eine Muschel von vollkommener Schönheit oder irgendetwas Glitzerndes.«
Der Junge blickte verwirrt drein.
»Kein Wunder, dass mir die Berge lieber sind, nicht wahr?«, sagte der Maestro munter.
»Maestro, meinen Sie denn, wir sind bloß Wellen?«, fragte der Junge plötzlich.
Der Maestro sah aus dem Fenster und bemerkte, dass es schon dunkel geworden war. Der Junge hatte aufgehört zu kauen. Der Maestro sagte: »Robert, tu mir einen Gefallen. Schreib mir deine Ballade auf, damit ich sie lesen kann. Mein Englisch ist nicht so gut. Ich verstehe dich kaum, wenn du so schnell sprichst.«
»Ich bin ein Rapper, kein Balladenschreiber«, sagte der Junge.
Der Maestro stand auf und ging hinüber in sein Engadinerzimmer. Er rief nach dem Jungen. Robert trat ein. Es war warm dort drinnen und sehr gemütlich – das knisternde Feuer im Ofen, der Duft der alten Holztäfelung und der Balken und der Blick aus dem Fenster auf das nächste Haus mit seinen erleuchteten Fenstern. Die aufragenden Berge dahinter wirkten nicht bedrohlich, sondern wie ein Schutzwall. Der Maestro suchte nach etwas und summte dabei vor sich hin.
»Was summen Sie jetzt?«, fragte der Junge.
»Den ersten Satz von ›Schwanensee‹«, sagte er. »Hier ist ein Notizbuch für dich. Schreib die Ballade bitte für mich auf. Und sag nicht mehr Maestro zu mir, ich hasse das. Du kennst meinen Namen.«

* * * * *

Der Junge hatte das Notizbuch angenommen – und damit auch die Aufgabe. In Gedanken hatte er sie sogar noch verschönert. Zeitdruck und kleine Aufträge verabscheute er, deshalb räumte er sich schon, als er das Buch zum ersten Mal in der Hand hielt und nach dem zugehörigen Füller griff, eine Fristverlängerung ein und fasste ein viel größeres Projekt ins Auge – er würde weiter und weiter schreiben, bis das ganze Notizbuch mit seinen Rap-Texten gefüllt war. Wenn es so weit war, würde er wahrscheinlich auch den Durchbruch in Amerika geschafft haben und konnte

es dem Maestro zusammen mit einem Zeitungsausschnitt über seinen ersten Auftritt zurückschicken.
Der Junge hatte sich mit gesenktem Kopf vom Maestro verabschiedet, weil er spürte, wie die Schüchternheit zurückkehrte. Aber er ging langsam in die Richtung der Pension zurück, ließ den Abstand zwischen sich und dem Maestro nur widerwillig größer werden. In Wirklichkeit hatte er nie Crack an irgendwelche Baseheads verkauft, weil er gar keine gekannt hatte. Aber die, die es taten, hatte er respektiert. Und lange Zeit hatte er niemanden sonst respektiert.
Hinter sich hörte er ein Rufen.
Er drehte sich um und wurde von einer Taschenlampe geblendet. Der Maestro hastete auf ihn zu. Der Junge hatte das Notizbuch vergessen, und der Maestro war ihm nachgelaufen, um es ihm zu geben – der erste rasche Fußmarsch seit Monaten.
Der Junge war geschlendert. Der Maestro keuchte. Er fühlte sich unwohl. Er gab dem Jungen das Notizbuch und den Füller.
Im Schutz der Dunkelheit traute sich der Junge wieder, den Maestro anzusehen, sein prägnantes, während der Krankheit schmal gewordenes Gesicht mit der runden Stirn und der langen Nase, die lebhaften Augen, und plötzlich spürte er ein Gefühl von Nähe und Zärtlichkeit. In diesem Augenblick gelang es ihm, den Maestro zu bewundern, und er nahm sich etwas ganz fest vor – wenn er alt war, wollte er genauso sein wie der Maestro: so perfekt, so klug, so ruhig und so hilfsbereit gegenüber einem jungen Menschen.
Er nahm das Notizbuch und den Füller. »Vielen Dank, Claudio. Hoffentlich haben Sie sich jetzt nicht erkältet.«
Diesmal war der Maestro dankbar für die Besorgnis des Jungen. »Bestimmt nicht, Robert. Gute Nacht.«
Er wandte sich zum Gehen. Er war zufrieden mit dem, was er getan hatte - dem Jungen war in seiner Lederjacke jetzt wärmer, außerdem hatte er nun ein richtiges Notizbuch und einen Füller und konnte seine Texte aufschreiben.
Robert überlegte auf dem Heimweg, ob er den Ausflug nach New York nicht aufschieben sollte, um den Maestro wiederzusehen. Er freute sich schon auf den nächsten Tag. Beim Abendessen gratulierte ihm die Inhaberin der Pension vor dem gesamten Personal zu seiner guten Arbeit, händigte ihm seinen Lohn aus und sagte, außerdem könne er sich den nächsten Tag freinehmen.
Am nächsten Morgen verschwand er in aller Frühe aus dem Dorf. Ein paar Leute sahen ihn einen Zug der Rhätischen Bahn besteigen. Wahrscheinlich wollte er nach Zürich, aber niemand machte sich weiter Gedanken darüber. Die Inhaberin der Pension wartete bis zum späten Abend, ehe sie seine Eltern anrief, doch die waren gerade auf einer Party. Am nächsten Tag vergaß sie anzurufen, und als es ihr wieder einfiel, war es schon Sonntag, und sie glaubte, der Junge müsse inzwischen längst zu Hause sein.

* * * * *

Mechaniker inspizierten auf dem Rollfeld des Züricher Flughafens das Fahrgestell eines amerikanischen Flugzeugs und tasteten dabei auch im Inneren der Radkammer herum. Der Junge zog die Beine an, machte sich so klein wie möglich, wagte kaum zu atmen. Köpfe und Hände seiner Verfolger näherten sich seinen Füßen bis auf wenige Zentimeter. Der Lärm der Triebwerke nahm zu. Als er ohrenbetäubend wurde, verschwanden die Mechaniker.
Mit einem Ruck setzte sich die Maschine in Bewegung. Der Junge küsste den Umschlag seines Notizbuches.
Er sagte: »Endlich geht es los!!« und schrieb:

The engines are revving
We are heading towards heaven.

Um dieselbe Zeit, da sein Füller diese Zeilen zu Papier brachte, lieferte ein anderer junger Mann dem Maestro sein Mittagessen. Dieser Junge kam aus dem Ort, er kannte sich aus und kam zurecht – gab im Winter Skikurse für Touristen und im Sommer Kletterkurse, erteilte nach der Schule einem geistig behinderten Jungen Privatunterricht und half nachmittags seinem Vater in der Tankstelle. Er wollte Betriebswirtschaft studieren, und seine Freundin stammte aus dem Nachbartal. Ungebeten setzte sich dieser Junge zu dem essenden Maestro an den Tisch. Der Maestro sprach nur ein paar unumgängliche Worte zu ihm, las beim Essen ein Buch und schob ihm dann das Tablett hinüber. Neben ihm lag der blaue Pullover, den Robert unter der Bank liegen gelassen hatte. Der Maestro wollte ihn für Robert aufheben. Er konnte sich nicht vorstellen, was Robert jetzt gerade tat, aber er hoffte, dass er durch sein bloßes Vorhandensein dem Jungen irgendwie helfen konnte, wo immer er gerade war.

*****

I am bold don't hold a ticket no one sold me one and
still I am here bold in the hold and a little cold big
man who asked me to write down my rap and all I
can think of now is the story you told about your own
big man when you were young and dumb and life
even for you was wrong
even for you it was horrible –
But that old man held your hand and made it tolerable

Der Junge schob das Notizbuch behutsam in seinen Rucksack, den Füller hielt er noch in der Hand.
Ihm war schwindlig und sehr, sehr kalt.

*****

Acht Stunden später, während der Maestro in seinem Bett lag und schlief und Musik durch seine Träume dröhnte, setzte der Jumbo zur Landung an. In zweitausend Meter Höhe schoben sich die Fahrwerke rumpelnd aus ihren Schächten. Der erfrorene Junge purzelte mit heraus und flog wie Ikarus – Hals über Kopf, von keinem Zuschauer bemerkt – durch den Himmel über Long Island. Dutzende kleiner Blätter umflatterten ihn, als würde er Federn verlieren. Die Sonne ließ seinen blonden Schopf aufleuchten, verwandelte ihn in eine kleine dahinhuschende Sonne. Er war in der Haltung des berühmten Denkers erstarrt, segelte nicht anmutig, sondern kugelte haltlos durch die Luft, und die rote Jacke umflatterte ihn wie Flügel, die nun gebrochen waren. Wenig später landete er in den Dünen, ein gutes Stück hinter der Wasserlinie des Ozeans, wo eine Kindergartengruppe gerade Marshmallows grillte. Es war typisch für ihn, dass er im Fallen niemandem wehtat. Ein teurer Füllfederhalter steckte ihm noch in der gefrorenen Faust.
Am nächsten Tag wurde er für die Dauer eines Tages zu einer Zeitungsmeldung von zehn Zeilen.
Sein Name war unbekannt.

Aus dem Englischen von Reinhard Kaiser

Diskografie

Johann Sebastian Bach
Matthäuspassion BWV 244
Christine Schäfer, Anne Sofie von Otter, Peter Schreier, Simon Keenlyside, Andreas Schmidt, Peter Mattei
Schwedischer Rundfunkchor
Tölzer Knabenchor
Berliner Philharmoniker
MUSICOM MC 9841-3, 1998*
[= Sonderpressung für die Förderer der Salzburger Osterfestspiele]

Messe h-Moll BWV 232
Véronique Gens, Anne Sofie von Otter, Charles Workman, Simon Keenlyside, Franz-Josef Selig
Schwedischer Rundfunkchor,
Solisten der Berliner Philharmoniker
(Konzertmitschnitt Osterfestspiele Salzburg 1999)
MUSICOM*
[= Sonderpressung für die Förderer der Salzburger Osterfestspiele]

Béla Bartók
Klavierkonzerte Nr. 1 und Nr. 2
Maurizio Pollini
Chicago Symphony Orchestra
(Aufnahmen 1977)
und *Zwei Portraits op. 5*
Shlomo Mintz
London Symphony Orchestra
DG 457 909-2, 1999
auch: DG 471 360-2, 2001 [= Pollini Edition]

Der wunderbare Mandarin op. 19, Zwei Portraits op. 5
Ambrosian Singers, Shlomo Mintz
London Symphony Orchestra
(mit Janáček: *Sinfonietta*)
DG 445 501-2, 1994*

Ludwig van Beethoven
5 Klavierkonzerte
Maurizio Pollini
Berliner Philharmoniker
DG 439 770-2, 1994
auch: *Klavierkonzerte Nr. 1 und Nr. 2*
DG 445 852-2, 1995
Klavierkonzerte Nr. 3 und Nr. 4
DG 445 850-2, 1995 u. DG 471 352-2, 2001 [= Pollini Edition]
Klavierkonzert Nr. 5
DG 445 851-2, 1995

9 Symphonien
Karita Mattila, Violeta Urmana, Thomas Moser, Thomas Quasthoff
Schwedischer Rundfunkchor,
Eric-Ericson-Kammerchor
Berliner Philharmoniker
(Aufnahmen 1999/2000)
DG 469 000-2, 2000
auch: *Symphonien Nr. 1 und Nr. 2*
DG 471 487-2, 2002
Symphonien Nr. 3 und Nr. 4
DG 471 488-2, 2002
Symphonien Nr. 5 und Nr. 6
DG 471 489-2, 2002
Symphonien Nr. 7 und Nr. 8
DG 471 490-2, 2002
Symphonie Nr. 9
DG 471 491-2, 2002

9 Symphonien, Meeresstille und Glückliche Fahrt, Ouvertüren: Coriolan, Egmont, Leonore II
Gabriela Benačková, Marjana Lipovšek, Gösta Winbergh, Hermann Prey
Konzertvereinigung Wiener Staatsopernchor
Wiener Philharmoniker
(Aufnahmen 1985–88)
DG 427 306-2, 1989
auch: *Symphonien Nr. 2 und Nr. 5*
DG 423 590-2, 1987
Symphonie Nr. 3 »Eroica«, Ouvertüre zu Coriolan
DG 419 597, 1987
Symphonie Nr. 3 »Eroica«, Ouvertüren: Egmont, König Stephan, Die Ruinen von Athen
DG 445 603-2, 1999
Symphonien Nr. 6 »Pastorale« und Nr. 8
DG 445 542-2, 1995
Symphonien Nr. 7 und Nr. 8
DG 423 364-2, 1987
Symphonie Nr. 9
DG 419 598-2, 1987

Symphonie Nr. 6 »Pastorale«, Fantasie für Klavier, Chor und Orchester op. 80, Meeresstille und Glückliche Fahrt op. 112
Maurizio Pollini
Konzertvereinigung Wiener Staatsopernchor
Wiener Philharmoniker
DG 419 779-2, 1987

Symphonie Nr. 9
Jane Eaglen, Waltraud Meier, Ben Heppner, Bryn Terfel
Schwedischer Rundfunkchor,
Eric-Ericson-Kammerchor

Berliner Philharmoniker
SONY CD 62 634, 1996

Ouvertüren: Coriolan op. 62, Zur Namensfeier op. 115, Die Weihe des Hauses op. 124, Leonore Prohaska WoO 96; Musik zu Egmont op. 84
Sylvia McNair, Cheryl Studer, Marie-Pierre Langlamet, Karoline Eichhorn, Bruno Ganz, Sascha Reckert
Rundfunkchor Berlin
Wiener Philharmoniker, Berliner Philharmoniker
DG 453 713-2, 1997 [= Beethoven Edition Vol. III, Schauspielmusik]

Musik zu Egmont op. 84, Ah perfido! op. 65, Ouvertüre Leonore III op. 72a, Fantasie für Klavier, Chor und Orchester op. 80
Cheryl Studer, Jewgeni Kissin, Bruno Ganz
RIAS-Kammerchor Berlin
Berliner Philharmoniker
DG 435 617-2, 1992 [= Beethoven in Berlin – Silvesterkonzert 1991]

Ouvertüren: Fidelio, Leonore I, II und III, Coriolan, Egmont u. a.
Wiener Philharmoniker
DG 429 762-2, 1991*

Die Geschöpfe des Prometheus op. 43 (Auszüge)
Berliner Philharmoniker
(mit Liszt: *Prometheus*, Skrjabin: *Prométhée*, Nono: *Prometeo – Suite*, Auszüge)
SONY CD 53 978, 1994 [= Prometheus, der Mythos in der Musik]

Alban Berg
Kammerkonzert für Klavier, Violine und 13 Bläser
Isaac Stern, Peter Serkin
Bläser des London Symphony Orchestra
(Aufnahme 1986)
SONY CD 67 194 [= Isaac Stern Edition 2]

Wozzeck
Franz Grundheber, Hildegard Behrens, Walter Raffeiner, Philip Langridge, Heinz Zednik, Aage Haugland, Alfred Šramek, Alexander Maly u. a.
Konzertvereinigung Wiener Staatsopernchor, Wiener Sängerknaben
Wiener Philharmoniker
DG 423 587-2, 1988

Lulu-Suite, Altenberg-Lieder op. 4, Drei Orchesterstücke op. 6
Margaret Price
London Symphony Orchestra
DG 449 714-2, 1997

Altenberg-Lieder op. 4, Drei Stücke aus der Lyrischen Suite, Lulu-Suite
Juliane Banse
Wiener Philharmoniker
DG 447 749-2, 1996*

Drei Orchesterstücke op. 6, Sieben frühe Lieder, Der Wein
Anne Sofie von Otter
Wiener Philharmoniker
DG 445 846-2, 1995

Hector Berlioz
Symphonie fantastique op. 14, Ouvertüre: Le Carnaval romain op. 9
Chicago Symphony Orchestra
Berliner Philharmoniker
(Aufnahmen 1983 u. 1998)
DG 474 165-2, 2003

Te Deum op. 22
Francisco Araiza
London Symphony Chorus, London Philharmonic Choir, Wooburn Singers
European Community Youth Orchestra
DG 410 696-2, 1983
(auch: DG 474 440-2, 2003)

Georges Bizet
L'Arlésienne-Suite Nr. 1 und 2, Carmen-Suite Nr. 1
London Symphony Orchestra
DG 423 472-2, 1988

Carmen
Teresa Berganza, Plácido Domingo, Sherrill Milnes, Ileana Cotrubas, Yvonne Kenny, Alicia Nafé, Robert Lloyd
George Watson's College Boys' Chorus, Ambrosian Singers
London Symphony Orchestra
DG 419 636-2, 1987
(Ausschnitte: DG 445 462-2, DG 469 121-2 u. DG 039 627-2)

Carmen (Auszüge)
Anne Sofie von Otter, Véronique Gens, Stella Doufexis, Bryn Terfel, Roberto Alagna
Südtiroler Kinderchor, Ensemble Donostiako Orfeoia
Berliner Philharmoniker
(mit Werken von Ravel, De Falla, Sarasate, Rachmaninow u. a.; Live-Aufzeichnung Berliner Philharmonie)
DG 457 583-2, 1998* [= Berlin-Gala – Silvesterkonzert 1997]

Pierre Boulez
Notations (I–IV)
Wiener Philharmoniker
(mit Ligeti: *Lontano*, *Atmosphères*,
Nono: *Canto d'amore*, Rihm: *Départ*)
DG 429 260-2, 1990 [= Wien Modern]

Johannes Brahms
Klavierkonzert Nr. 1
Alfred Brendel
Berliner Philharmoniker
PHILIPS 420 071-2, 1987
auch: PHILIPS 446 925-2 [= Brendel Edition]

Klavierkonzert Nr. 2
Alfred Brendel
Wiener Philharmoniker
PHILIPS 432 975-2, 1992
auch: PHILIPS 446 925-2 [= Brendel Edition]

Klavierkonzerte Nr. 1 und Nr. 2
Maurizio Pollini
Berliner Philharmoniker
(Aufnahmen 1997 u. 1995)
DG 457 837-2, 2000
auch: *Klavierkonzert Nr. 1*
DG 447 041-2, 1998 u.
DG 471 353-2, 2001
[= Pollini Edition]
Klavierkonzert Nr. 2
DG 453 505-2, 1997

Klavierkonzert Nr. 2
Maurizio Pollini
Wiener Philharmoniker
DG 419 471-2, 1987
auch: DG 453 067-2 u. DG 449 607-2

Violinkonzert op. 77,
Konzert für Violine, Violoncello und Orchester op. 102 (Doppelkonzert)
Gil Shaham, Jian Wang
Berliner Philharmoniker
DG 469 529-2, 2002

Violinkonzert op. 77
Viktoria Mullova
Berliner Philharmoniker
(Konzert-Mitschnitt Tokio 1992)
PHILIPS 438 998-2, 1994

Violinkonzert op. 77,
Akademische Festouvertüre op. 80
Shlomo Mintz
Berliner Philharmoniker
DG 423 617-2, 1988*

Konzert für Violine, Violoncello und Orchester op. 102 (Doppelkonzert)
Isaac Stern, Yo-Yo Ma
Chicago Symphony Orchestra
SONY CD 42 387, 1988

4 Symphonien
und *Haydn-Variationen*, *Tragische Ouvertüre*, *Akademische Festouvertüre*, *Alt-Rhapsodie*, *Schicksalslied*, *Nänie*, *Gesang der Parzen*
Marjana Lipovšek
Ernst Senff Chor, Rundfunkchor Berlin
Berliner Philharmoniker
(Aufnahmen 1987–91)
DG 435 683-2, 1992
auch: *Symphonie Nr. 1,*
Gesang der Parzen op. 89
DG 431 790-2, 1991
Symphonie Nr. 2
Alt-Rhapsodie op. 53
DG 427 643-2, 1989 u.
DG 459 054-2, 1998
Symphonie Nr. 3,
Tragische Ouvertüre op. 81,
Schicksalslied op. 54
DG 429 765-2, 1990
Symphonie Nr. 4,
Haydn-Variationen op. 56a, Nänie op. 82
DG 435 349-2, 1992

Symphonie Nr. 1
Wiener Philharmoniker
DG 2530 424, 1973*

Symphonie Nr. 2
Berliner Philharmoniker
DG 2530 125, 1971*

Symphonie Nr. 3,
Haydn-Variationen op. 56a
Staatskapelle Dresden
DG 2530 452, 1974*

Serenaden Nr. 1 op. 11 und Nr. 2 op. 16,
Akademische Festouvertüre op. 80
Berliner Philharmoniker
DG 449 601-2, 1996 (Sampler)

21 Ungarische Tänze
Wiener Philharmoniker
DG 410 615-2, 1984 (auch:
DG 449 601-2, Sampler)

Ein Deutsches Requiem op. 45
Cheryl Studer, Andreas Schmidt
Schwedischer Rundfunkchor, Eric-Ericson-Kammerchor
Berliner Philharmoniker
DG 437 517-2, 1993

Alt-Rhapsodie op. 53,
Schicksalslied op. 54,
Nänie, Gesang der Parzen
Marjana Lipovšek
Ernst Senff Chor, Rundfunkchor Berlin
Berliner Philharmoniker
DG 435 791-2, 1992

Schicksalslied op. 54
Chor des Mitteldeutschen Rundfunks Leipzig
Berliner Philharmoniker
SONY CD 53 975, 1994 [= Hölderlin-inspirierte Musik]

Rinaldo op. 50,
Schicksalslied op. 54
James King
The Ambrosian Singers
New Philharmonia Orchestra
DECCA SXL 6386, 1996*

Max Bruch
Violinkonzert Nr. 1 op. 26
Shlomo Mintz
Chicago Symphony Orchestra
DG 449 091-2, 1995 (Sampler)

Anton Bruckner
Symphonie Nr. 1
Wiener Philharmoniker
DG 453 415-2, 1997

Symphonie Nr. 4 »Romantische«
Wiener Philharmoniker
DG 431 719-2, 1991

Symphonie Nr. 5
Wiener Philharmoniker
DG 445 879-2, 1995

Symphonie Nr. 7
Wiener Philharmoniker
DG 437 518-2, 1994*

Symphonie Nr. 9
Wiener Philharmoniker
DG 471 032-2, 2001

Frédéric Chopin
Klavierkonzert Nr. 1 op. 11
Martha Argerich
London Symphony Orchestra
(mit Liszt: *Klavierkonzert Nr. 1*;
Aufnahmen 1968)
DG 449 719-2, 1996
auch: DG 469 127-2 u. DG 453 567-2
[= Argerich Coll. Vol. 1]

Klavierkonzert Nr. 2 op. 21
Ivo Pogorelich
Chicago Symphony Orchestra
DG 410 507-2, 1983

Luigi Dallapiccola
Piccola musica notturna
Gustav Mahler Jugendorchester
(mit Xenakis: *Keqrops*, Perezzani:
Primavera dell'anima, Henze:
Boulevard Solitude – Intermezzi, Mänadenjagd)
DG 447 115-2, 1997*
[= Wien Modern III]

Claude Debussy
Rhapsodie Nr. 1 für Klarinette und Klavier (Orchesterfassung)
Sabine Meyer
Berliner Philharmoniker
(mit Mozart: *Klarinettenkonzert*,
Takemitsu: *Fantasma*; *Cantos I*)
EMI 556 832-2, 1999

Pelléas et Mélisande – Suite,
Trois Nocturnes,
Prélude à l'après-midi d'un faune
Emmanuel Pahud
Rundfunkchor Berlin
Berliner Philharmoniker
(Aufnahmen 1998/99)
DG 471 332-2, 2003

Trois Nocturnes
New England Conservatory Chorus
Boston Symphony Orchestra
DG 469 130-2, 2000 (Sampler)

Pelléas et Mélisande
Maria Ewing, François LeRoux,
Christa Ludwig, José van Dam,
Jean-Philippe Courtis, Patrizia Pace,
Rudolf Mazzola
Konzertvereinigung Wiener Staatsopernchor
Wiener Philharmoniker
DG 435 344-2, 1992

La Damoiselle élue,
Prélude à l'après-midi d'un faune,
Images pour orchestre Nr. 2: Ibéria
Maria Ewing, Brigitte Balleys
London Symphony Chorus und Orchestra
DG 423 103-2, 1987*

Antonín Dvořák
Symphonie Nr. 8 op. 88,
Die Mittagshexe op. 108
Berliner Philharmoniker
SONY CD 64 303, 1994

Symphonie Nr. 9 op. 95 »Aus der Neuen Welt«,
Othello-Ouvertüre op. 93
Berliner Philharmoniker
DG 457 651-2, 1999

Beat Furrer
Face de la chaleur
Wissam Boustany, Ernesto Molinari,
Thomas Larcher
Ensemble Anton Webern
(mit Kurtág: *Samuel Beckett …*,
Nono: *No hay caminos …*,
Rihm: *Bildlos/Weglos*)
DG 437 840-2, 1996* [= Wien Modern II]

Alexander Glasunow
Violinkonzert op. 82
Maxim Vengerov
Berliner Philharmoniker
(mit Tschaikowski: *Violinkonzert op. 35*)
WSM 4509 90 881-2 ZK, 1995

Joseph Haydn
Trompetenkonzert Hob. VIIe:1
Adolph Herseth
Chicago Symphony Orchestra
(mit Mozart: *Bläserkonzerte*)
DG 415 104-2 (auch: DG 469 148-2, Sampler)*

Symphonien Hob. I:93 und Hob. I:101 »Die Uhr«
Chamber Orchestra of Europe
DG 469 713-2, 1990*

Symphonie Hob. I:96 »Das Wunder«, Sinfonia concertante Hob. I:105
Marieke Blankestijn, William Conway, Douglas Boyd, Matthew Wilkie
Chamber Orchestra of Europe
DG 423 105-2, 1987*

Symphonien Hob. I:98, Hob. I:100 »Militär« und Ouvertüre: Il mondo della luna
Chamber Orchestra of Europe
DG 439 932-2, 1995*

Symphonien Hob. I:93 und Hob. I:101 »Die Uhr«
Chamber Orchestra of Europe
DG 469 713-2, 1990*

Symphonien Hob. I:102 und Hob. I:103
Chamber Orchestra of Europe
DG 449 204-2, 1996*

Hans Werner Henze
Boulevard Solitude – Intermezzi, Mänadenjagd (Die Bassariden)
Gustav Mahler Jugendorchester
(mit Dallapiccola: *Piccola musica notturna*, Xenakis: *Keqrops*, Perezzani: *Primavera dell'anima*)
DG 447 115-2, 1997*
[= Wien Modern III]

Paul Hindemith
Symphonie »Mathis der Mahler«, Nobilissima Visione, Symphonische Metamorphosen über Themen von C. M. v. Weber
Berliner Philharmoniker
DG 447 389-2, 1995

Symphonische Metamorphosen über Themen von C. M. v. Weber
London Symphony Orchestra
DECCA 466 271-2 (Sampler)

Kammermusiken Nr. 1 op. 24,1, Nr. 4 op. 36,3 und Nr. 5 op. 36,4
Kolja Blacher, Wolfram Christ
Berliner Philharmoniker
EMI 556 160-2, 1996

Kammermusiken Nr. 2 op. 36,1, Nr. 3 op. 36,2, Nr. 6 op. 46,1 und Nr. 7 op. 46,2
Lars Vogt, Georg Faust, Wolfram Christ, Wayne Marshall
Berliner Philharmoniker
EMI 556 831-2, 2000

Leoš Janáček
Sinfonietta op. 60
Berliner Philharmoniker
(mit Bartók: *Der wunderbare Mandarin, Zwei Portraits*)
DG 445 501-2, 1994*

Tagebuch eines Verschollenen, Sinfonietta op. 60
Philip Langridge, Brigitte Balleys
Frauenstimmen des RIAS-Kammerchors
Berliner Philharmoniker
DG 427 313-2, 1989*

György Kurtág
Grabstein für Stephan op. 15c, Stele op. 33
Jürgen Ruck
Berliner Philharmoniker
(mit Stockhausen: *Gruppen*)
DG 447 761-2, 1996

Samuel Beckett: What is the Word op. 30b
Annet Zaire, Ildikó Monyók
Arnold Schoenberg Chor
Ensemble Anton Webern
(mit Furrer: *Face de la chaleur*, Nono: *No hay caminos ...*, Rihm: *Bildlos/Weglos*)
DG 437 840-2, 1996*
[= Wien Modern II]

György Ligeti
Doppelkonzert für Flöte, Oboe und Orchester, 6 Bagatellen für Bläserquintett
Jacques Zoon, Douglas Boyd, Richard Hosford, James Sommerville, Matthew Wilkie
Chamber Orchestra of Europe
(mit Schönberg: *Kammersymphonie*, Sciarrino: *Autoritratto*)
DG 449 215-2, 1997*

Lontano, Atmosphères
Wiener Philharmoniker
(mit Boulez: *Notations I–IV*,
Nono: *Canto d'amore*, Rihm: *Départ*)
DG 429 260-2, 1990 [= Wien Modern]

Franz Liszt
Klavierkonzert Nr. 1
Martha Argerich
London Symphony Orchestra
(mit Chopin: *Klavierkonzert Nr. 1*;
Aufnahmen 1968)
DG 449 719-2, 1996
auch: DG 469 151-2 u. DG 453 567-2
[= Argerich Coll. Vol. 1]

Prometheus – Symphonische Dichtung Nr. 5
Berliner Philharmoniker
(mit Beethoven: *Die Geschöpfe des Prometheus op. 43,* Auszüge, Skrjabin: *Prométhée*, Nono: *Prometeo – Suite*, Auszüge)
SONY CD 53 978, 1994 [= Prometheus, der Mythos in der Musik]

Gustav Mahler
10 Symphonien
Cheryl Studer, Jessye Norman, Sylvia McNair, Andrea Rost, Waltraud Meier, Frederica von Stade, Anne Sofie von Otter, Rosemarie Lang, Peter Seiffert, Bryn Terfel, Jan-Hendrik Rootering
Arnold Schoenberg Chor, Konzertvereinigung Wiener Staatsopernchor, Rundfunkchor Berlin, Prager Philharmonischer Chor, Wiener Sängerknaben, Tölzer Knabenchor
Berliner Philharmoniker, Wiener Philharmoniker, Chicago Symphony Orchestra
(Aufnahmen 1978–95)
DG 447 023-2, 1995

Symphonie Nr. 1
Chicago Symphony Orchestra
und *Symphonie Nr. 10: Adagio*
Wiener Philharmoniker
DG 445 565-2, 1995

Symphonie Nr. 1
Berliner Philharmoniker
(Konzert-Mitschnitt 1989)
DG 431 769-2, 1991

Symphonie Nr. 2 »Auferstehung«
Cherly Studer, Waltraud Meier
Arnold Schoenberg Chor
Wiener Philharmoniker
DG 439 953-2, 1994

Symphonie Nr. 2 »Auferstehung«
Karita Mattila, Christa Ludwig
Wiener Jeunesse Chor, Berliner Konzertchor, Chor Camp Berlin
European Community Youth Orchestra
(Berliner Festspiele)
DMM ST 02, 1985*

Symphonien Nr. 2 »Auferstehung« und Nr. 4
Carol Neblett, Marilyn Horne, Frederica von Stade
Chicago Symphony Chorus und Orchestra
Wiener Philharmoniker
(Aufnahmen 1977/78)
DG 453 037-2, 1996

Symphonie Nr. 3
Anna Larsson
London Symphony Youth Chorus
Berliner Philharmoniker
DG 471 502-2, 2002

Symphonie Nr. 3
Jessye Norman
Wiener Sängerknaben, Konzertvereinigung Wiener Staatsopernchor
Wiener Philharmoniker
DG 410 715-2, 1984

Symphonie Nr. 5
Berliner Philharmoniker
(Konzert-Mitschnitt 1993)
DG 437 789-2, 1993

Symphonie Nr. 5
Chicago Symphony Orchestra
DG 427 254-2, 1989 (auch: DG 474 169-2, 2003)

Symphonie Nr. 6, Rückert-Lieder
Hanna Schwarz
Chicago Symphony Orchestra
DG 423 928-2, 1988

Symphonie Nr. 7
Berliner Philharmoniker
DG 471 623-2, 2002

Symphonie Nr. 7
Chicago Symphony Orchestra
DG 445 513-2, 1994

Symphonie Nr. 8
Cheryl Studer, Sylvia McNair, Andrea Rost, Anne Sofie von Otter, Rosemarie Lang, Peter Seiffert, Bryn Terfel, Jan-Hendrik Rootering
Rundfunkchor Berlin, Prager Philharmonischer Chor,

Tölzer Knabenchor
Berliner Philharmoniker
(Konzert-Mitschnitt 1994)
DG 445 843-2, 1995

Symphonie Nr. 9
Berliner Philharmoniker
DG 471 624-2, 2002

Symphonien Nr. 9 und Nr. 10: Adagio
Wiener Philharmoniker
DG 423 564-2, 1988*

Lieder aus »Des Knaben Wunderhorn«
Anne Sofie von Otter, Thomas Quasthoff
Berliner Philharmoniker
DG 459 646-2, 1999

Kindertotenlieder, Rückert-Lieder Nr. 5: Ich bin der Welt abhanden gekommen
Marjana Lipovšek
Berliner Philharmoniker
(mit Nono: *Il canto sospeso*)
Sony CD 53 360, 1993

Felix Mendelssohn Bartholdy
Violinkonzert op. 64
Shlomo Mintz
Chicago Symphony Orchestra
(mit Bruch: *Violinkonzert Nr. 1 op. 26*)
DG 419 629-2, 1987*

Violinkonzert op. 64
Nathan Milstein
Wiener Philharmoniker
(mit Tschaikowski: *Violinkonzert op. 35*; Aufnahmen 1972/73)
DG 419 067-2, 1987 (auch: DG 453 142-2, Sampler)

5 Symphonien, Ouvertüren: Ein Sommernachtstraum, Die Hebriden, Meeresstille und Glückliche Fahrt, Das Märchen von der schönen Melusine, Trompeten-Ouvertüre, Ruy Blas, Harmoniemusik
Elizabeth Connell, Karita Mattila, Hans Peter Blochwitz
London Symphony Chorus und Orchestra
DG 471 467-2, 2001
auch: *Symphonien Nr. 1 und Nr. 5 »Reformation«*
DG 445 596-2, 1997
Symphonie Nr. 2 »Lobgesang«
DG 423 143-2, 1987
Symphonien Nr. 3 »Schottische« und Nr. 4 »Italienische«
DG 427 810-2, 1989
Symphonien Nr. 4 »Italienische« und Nr. 5 »Reformation«
London Symphony Orchestra
DG 415 974-2, 1985

Ein Sommernachtstraum (Ausschnitte), *Symphonie Nr. 4 »Italienische«*
Sylvia McNair, Angelika Kirchschlager, Barbara Sukowa
Ernst Senff Frauenchor Berlin
Berliner Philharmoniker
SONY CD 62 600, 1996
[= Silvesterkonzert Berlin 1995]

Ouvertüren: Das Märchen von der schönen Melusine, Ein Sommernachtstraum, Meeresstille und Glückliche Fahrt, Harmoniemusik, Trompeten-Ouvertüre, Ruy Blas, Die Hebriden
London Symphony Orchestra
DG 423 104-2, 1988

Wolfgang Amadeus Mozart
Klavierkonzerte Nr. 14 KV 449 und Nr. 26 KV 537 »Krönungskonzert«
Maria João Pires
Wiener Philharmoniker
DG 437 529-2, 1993
(*Nr. 26* auch: DG 471 738-2, 2002)

Klavierkonzerte Nr. 17 KV 453 und Nr. 21 KV 467
Maria João Pires
Chamber Orchestra of Europe
DG 439 941-2, 1995
(*Nr. 21* auch: DG 471 738-2, 2002)

Klavierkonzerte
Rudolf Serkin
London Symphony Orchestra
Nr. 8 KV 246 und Nr. 27 KV 595
DG 410 035-2, 1984*
Nr. 9 KV 271 »Jeunehomme« und Nr. 17 KV 453
DG 415 206-2, 1985
Nr. 12 KV 414 und Nr. 20 KV 466
DG 400 068-2, 1982
Nr. 15 KV 450 und Nr. 22 KV 482
DG 415 488-2, 1987
Nr. 16 KV 451 und Nr. 20 KV 466
DG 445 597-2, 1997
(*Nr. 16* auch: DG 474 328-2, 2003)
Nr. 18 KV 456 und Nr. 24 KV 491
DG 423 062-2, 1987
Nr. 19 KV 459 und Nr. 25 KV 503
DG 410 989-2, 1984*
Nr. 21 KV 467 und Nr. 23 KV 488
DG 410 068-2, 1983
Nr. 21 KV 467 und Nr. 27 KV 595
DG 445 516-2, 1994

Klavierkonzerte Nr. 20 KV 466, Nr. 21 KV 467, Nr. 25 KV 503 und Nr. 27 KV 595

Friedrich Gulda
Wiener Philharmoniker
(Aufnahmen 1974/75)
DG 453 079-2, 1997
(*Nr. 20 u. 21* auch: DG 415 842-2,
Nr. 25 u. 27 auch: DG 419 479-2)

Violinkonzerte Nr. 4 KV 218
und Nr. 7 KV 271a
David Garrett
Chamber Orchestra of Europe
DG 447 110-2, 1995

Flötenkonzerte Nr. 1 KV 313
und Nr. 2 KV 314,
Konzert für Flöte und Harfe KV 299
Emmanuel Pahud, Marie-Pierre Langlamet
Berliner Philharmoniker
EMI 565 - 556 365-2, 1997

Klarinettenkonzert KV 622 (Fassung f. Bassettklarinette)
Sabine Meyer
Berliner Philharmoniker
(mit Debussy: *Rhapsodie Nr. 1*,
Takemitsu: *Fantasma, Cantos I*)
EMI 567 - 556 832-2, 1999

Flötenkonzerte Nr. 1 KV 313,
Konzert für Flöte und Harfe KV 299,
Klarinettenkonzert KV 622 (Fassung f. Bassettklarinette)
Emmanuel Pahud, Marie-Pierre Langlamet, Sabine Meyer
Berliner Philharmoniker
EMI 567 - 557 128-2, 2001

Hornkonzert Nr. 3 KV 447,
Fagottkonzert KV 191,
Oboenkonzert KV 314
Dale Clevenger, Willard Elliot, Ray Still
Chicago Symphony Orchestra
(mit Haydn: *Trompetenkonzert*)
DG 415 104-2, 1985*

Symphonien Nr. 23 KV 181
und Nr. 36 KV 425 »Linzer«,
Sinfonia concertante KV 364
Rainer Kussmaul, Wolfram Christ
Berliner Philharmoniker
SONY CD 66 859, 1996

Symphonien Nr. 25 KV 183
und Nr. 31 KV 297,
Maurerische Trauermusik KV 477,
Sinfonia KV 320 (nach der »Posthorn-Serenade«)
Berliner Philharmoniker
SONY CD 48 385, 1995

Symphonien Nr. 28 KV 200,
Nr. 29 KV 201
und Nr. 35 KV 385 »Haffner«
Berliner Philharmoniker
SONY CD 48 063, 1992

Symphonien Nr. 40 KV 550
und Nr. 41 KV 551 »Jupiter«
London Symphony Orchestra
DG 415 841-2, 1987

Serenade Nr. 9 KV 320 »Posthorn-Serenade«,
Märsche Nr. 1 und Nr. 2 KV 335,
Divertimento KV 251 »Nannerl-Septett«
Berliner Philharmoniker
SONY CD 53 277, 1993

Messe c-Moll KV 139 »Waisenhaus-Messe«
Gundula Janowitz, Frederica von Stade, Wieslaw Ochman, Kurt Moll
Konzertvereinigung Wiener Staatsopernchor
Wiener Philharmoniker
DG 427 255-2, 1989

Messe c-Moll KV 427
Arleen Augér, Barbara Bonney,
Hans Peter Blochwitz,
Robert Holl
Rundfunkchor Berlin
Berliner Philharmoniker
SONY CD 46 671, 1991

Requiem KV 626,
Grabmusik KV 42: Betracht dies Herz,
Vesperae solennes de confessore KV 339: Laudate Dominum
Karita Mattila, Sara Mingardo,
Michael Schade, Bryn Terfel
Schwedischer Rundfunkchor
Berliner Philharmoniker
(Konzert-Mitschnitt Salzburg 1999)
DG 463 181-2, 1999

Don Giovanni
Simon Keenlyside, Matti Salminen,
Carmela Remigio, Uwe Heilmann,
Soile Isokoski, Bryn Terfel, Patrizia Pace, Ildebrando D'Arcangelo
Chor Ferrara Musica
Chamber Orchestra of Europe
DG 457 601-2, 1998

Le nozze di Figaro
Boje Skovhus, Lucio Gallo, Cheryl Studer, Sylvia McNair, Cecilia Bartoli, Ildebrando D'Arcangelo, Anna Caterina Antonacci, Carlo Vincenzo Allemano
Konzertvereinigung Wiener Staatsopernchor
Wiener Philharmoniker

DG 445 903-2, 1995
(Querschnitt: DG 449 838-2, 1996)

Arien: Nehmt meinen Dank KV 383, Exultate jubilate KV 165, Mia speranza adorata! KV 416, Ch'io mi scordi di te? KV 505, Ruhe sanft, mein holdes Leben (Zaide) KV 344, Vorrei spiegarvi, oh Dio! KV 418
Christine Schäfer
Berliner Philharmoniker
(mit R. Strauss: *Orchesterlieder*)
DG 457 582-2, 1998

Modest Mussorgskij
Bilder einer Ausstellung
(Orchestrierung Ravel) und
Eine Nacht auf dem kahlen Berge, Die Niederlage Sennacheribs, Salammbô: Chor der Priesterinnen, Oedipus in Athen: Tempelchor, Joshua
Elena Zaremba
Prager Philharmonischer Chor
Berliner Philharmoniker
DG 445 238-2, 1994

Bilder einer Ausstellung
(Orchestrierung Ravel)
London Symphony Orchestra
(mit Ravel: *Rapsodie espagnole, Une barque, La Valse*)
DG 445 556-2, 1995

Chowanschtschina: Vorspiel, Seht, sie bringen ihn; Eine Nacht auf dem kahlen Berge; Joshua; Salammbô: Chor der Priesterinnen; Die Niederlage Sennacheribs; Scherzo B-Dur; Ödipus in Athen: Tempelchor Mlada: Triumphmarsch (Die Einnahme von Kars)
Zehava Gal
London Symphony Chorus und Orchestra
BMG 9026 61 354-2, 1980

Chowanschtschina: Vorspiel, Höret mich an, Das Nest der Strelitzen schläft, Seht, sie bringen ihn, Tanz der persischen Sklaven; Eine Nacht auf dem kahlen Berge (Fassung mit Chor); *Intermezzo h-Moll; Mlada: Triumphmarsch; Scherzo B-Dur*
Mariana Tarasowa, Anatoli Kotscherga
Rundfunkchor Berlin, Südtiroler Kinderchor
Berliner Philharmoniker
SONY CD 62 034, 1997

Boris Godunow
Valentina Valente, Anatoli Kotscherga, Marjana Lipovšek, Liliana Nichiteanu, Elena Zaremba, Eugenia Gorotschowskaja, Alexander Fedin, Samuel Ramey, Sergei Larin, Helmut Wildhaber, Albert Schagidullin, Sergei Leiferkus, Gleb Nikolsky, Philip Langridge
Slowakischer Philharmonischer Chor, Rundfunkchor Berlin, Tölzer Knabenchor
Berliner Philharmoniker
SONY CD 58 977, 1994

Chowanschtschina
Joanna Borowska, Bojidar Nikolov, Aage Haugland, Wladimir Atlantov, Wladimir Popov, Anatoli Kotscherga, Paata Burchuladze, Marjana Lipovšek, Heinz Zednik, Wilfried Gahmlich, Brigitte Poschner-Klebel, Peter Köves, Goran Simic
Konzertvereinigung Wiener Staatsopernchor, Slowakischer Philharmonischer Chor Bratislava, Wiener Sängerknaben
Orchester der Wiener Staatsoper
DG 429 758-2, 1990

Lieder und Tänze des Todes Nr. 1–4
Anatoli Kotscherga
Berliner Philharmoniker
(mit Tschaikowski: *Symphonie Nr. 5*)
SONY CD 66 276, 1994

Luigi Nono
Caminantes ... Ayacucho, Il canto sospeso, Prometeo – Suite,
Gustav Mahler Jugendorchester
Berliner Philharmoniker
MUSICOM MC 0007, 2000*
(*Caminantes ... Ayacucho* auch MUSICOM MC 9602, 1996*)

Prometeo – Suite
Ingrid Ade-Jesemann, Monika Bair-Ivenz, Susanne Otto, Peter Hall, Ulrike Krummbiegel, Mathias Schadock
Solistenchor Freiburg
Berliner Philharmoniker
(mit Beethoven: *Die Geschöpfe des Prometheus op. 43*, Auszüge, Liszt: *Prometheus*, Skrjabin: *Prométhée*)
SONY CD 53 978, 1994 [= Prometheus, der Mythos in der Musik]

Il canto sospeso
Barbara Bonney, Susanne Otto, Marek Torzewski, Susanne Lothar, Bruno Ganz
Rundfunkchor Berlin
Berliner Philharmoniker
(mit Mahler: *Kindertotenlieder*)
SONY CD 53 360, 1993

No hay caminos. Hay que caminar … Andrej Tarkowskij
Arnold Schoenberg Chor
Ensemble Anton Webern
(mit Kurtág: *Samuel Beckett …*,
Furrer: *Face de la chaleur*,
Rihm: *Bildlos/Weglos*)
DG 437 840-2, 1996*
[= Wien Modern II]

Canto d'amore (Liebeslied)
Wiener Jeunesse-Chor
Wiener Philharmoniker
(mit Boulez: *Notations I–IV*, Ligeti: *Lontano*, *Atmosphères*, Rihm: *Départ*)
DG 429 260-2, 1990 [= Wien Modern]

Como una ola de fuerza y luz (Wie eine Woge von Kraft und Licht)
Slavka Taškova, Maurizio Pollini
Symphonieorchester des Bayerischen Rundfunks (Aufnahme 1973)
DG 423 248-2, 1974/1988 u. DG 471 362-2, 2001 [= Pollini Edition]

Paolo Perezzani
Primavera dell'anima
Gustav Mahler Jugendorchester
(mit Dallapiccola: *Piccola musica notturna*, Xenakis: *Keqrops*,
Henze: *Boulevard Solitude – Intermezzi, Mänadenjagd*)
DG 447 115-2, 1997*
[= Wien Modern III]

Giovanni Pergolesi
Stabat Mater
Margaret Marshall, Lucia Valentini Terrani; Leslie Pearson
London Symphony Orchestra
DG 415 103-2, 1985

Sergej Prokofjew
Klavierkonzerte Nr. 1 op. 10 und Nr. 3 op. 26
Jewgeni Kissin
Berliner Philharmoniker
DG 439 898-2, 1994

Klavierkonzert Nr. 3 op. 26
Martha Argerich
Berliner Philharmoniker
(mit Ravel: *Klavierkonzert G-Dur*, *Gaspard de la Nuit*; Aufnahmen 1967)
DG 447 438-2, 1995
auch: DG 415 062-2, DG 469 172-2, DG 453 567-2 [= Argerich Coll. Vol. 1]

Violinkonzerte Nr. 1 op. 19 und Nr. 2 op. 63
Shlomo Mintz
Chicago Symphony Orchestra
(Aufnahme 1984)
und *Ouvertüre über hebräische Themen op. 34b*, *Marsch op. 99*
Chamber Orchestra of Europe
DG 445 607-2, 1999

Symphonie Nr. 1 op. 25 »Klassische«
Chamber Orchestra of Europe
DG 469 172-2 (Sampler)

Romeo und Julia: Ballett, Suiten Nr. 1–3 (Ausschnitte)
Berliner Philharmoniker
DG 453 439-2, 1997

Peter und der Wolf op. 6, Symphonie Nr. 1 op. 25 »Klassische«, Marsch op. 99, Ouvertüre über hebräische Themen op. 34b
Stefan Vladar, Barbara Sukowa
Chamber Orchestra of Europe
DG 427 678-2, 1990*
(engl. Version, Sting: DG 429 396-2, ital. Version, Roberto Begnini: DG 429 394-2, franz. Version, Charles Aznavour: DG 429 395-2,
span. Version, José Carreras: DG 429 397-2, japan. Version, Tamasaburo: DG 429 398-2)

Alexander Newski op. 78
Elena Obraztsowa
London Symphony Chorus und Orchestra
und *Skythische Suite »Ala und Lolly« op. 20, Leutnant Kijé-Suite op. 60*
Adolph Herseth
Chicago Symphony Orchestra
(Aufnahmen 1978/80)
DG 447 419-2, 1995

Sergej Rachmaninow
Klavierkonzert Nr. 2 op. 18
Cecile Licad
Chicago Symphony Orchestra
Sony CD 66 934, 1990 (Sampler)

Klavierkonzerte Nr. 2 op. 18 und Nr. 3 op. 30
Lilya Zilberstein
Berliner Philharmoniker
(Konzert-Mitschnitte 1991/93)
DG 439 930-2, 1994

Rhapsodie op. 43 nach einem Thema von Paganini
Mikhail Pletnev
Berliner Philharmoniker
(mit Werken von Bizet, Ravel, De Falla, Sarasate u. a.;
Live-Aufzeichnung Berliner Philharmonie)
DG 457 583-2, 1998* [= Berlin-Gala – Silvesterkonzert 1997]

Maurice Ravel
Klavierkonzert G-Dur
und *Gaspard de la nuit*
Martha Argerich
Berliner Philharmoniker
(mit Prokofjew: *Klavierkonzert Nr. 3*;
Aufnahmen 1967)
DG 447 438-2, 1995
auch: DG 419 062-2, DG 469 184-2 u.
DG 453 567-2 [= Argerich Coll. Vol. 1]

Klavierkonzerte G-Dur und D-Dur
Fanfare (zu dem Ballett »L'éventail de Jeanne«), Menuet Antique, Le Tombeau de Couperin
Martha Argerich, Michel Béroff
London Symphony Orchestra
DG 423 665-2, 1988

Orchesterwerke (Gesamtaufnahme)
London Symphony Chorus und Orchestra
(Aufnahmen 1981–87)
DG 469 354-2, 2002

Orchesterwerke: Boléro, Valses nobles et sentimentales, Une barque sur l'océan, Alborada del gracioso, Rapsodie espagnole, Pavane pour une infante défunte, Daphnis et Chloé: Suite Nr. 2, Le Tombeau de Couperin, Shéhérazade, Menuet Antique, La Valse, Fanfare
New England Conservatory Chorus
Boston Symphony Orchestra, London Symphony Orchestra
(Aufnahmen 1982–89)
DG 459 439-2, 1999

Daphnis et Chloé (Gesamtaufnahme)
Boléro, Alborado del gracioso
London Symphony Chorus und Orchestra
DG 445 519-2, 1994

Tzigane, Daphnis et Chloé: Suite Nr. 2
Salvatore Accardo
London Symphony Orchestra, Boston Symphony Orchestra
DG 469 184-2, 2000 (Sampler)

Rapsodie espagnole
Berliner Philharmoniker
(mit Werken von Bizet, Rachmaninow, De Falla, Sarasate u. a.;
Live-Aufzeichnung Berliner Philharmonie)
DG 457 583-2, 1998* [= Berlin-Gala – Silvesterkonzert 1997]

Rapsodie espagnole, Une barque sur l'océan, La Valse
London Symphony Orchestra
(mit Mussorgski: *Bilder einer Ausstellung*)
DG 445 556-2, 1995

Boléro, Rapsodie espagnole, Ma Mère l'oye, Pavane pour une infante défunte
London Symphony Orchestra
DG 415 972-2, 1986

Max Reger
An die Hoffnung op. 124
Karita Mattila
Berliner Philharmoniker
SONY CD 53 975, 1994 [= Hölderlin-inspirierte Musik]

Wolfgang Rihm
Départ
Wiener Jeunesse-Chor
Wiener Philharmoniker
(mit Boulez: *Notations I–IV*, Ligeti: *Lontano*, *Atmosphères*, Nono: *Canto d'amore*)
DG 429 260-2, 1990 [= Wien modern]
(auch BMG 74321 73 512-2, Sampler)

Hölderlin-Fragmente
Johannes M. Kösters
Berliner Philharmoniker
SONY CD 53 975, 1994 [= Hölderlin-inspirierte Musik]

Bildlos/Weglos
Annet Zaire
Arnold Schoenberg Chor
Ensemble Anton Webern
(mit Nono: *No hay caminos …*,
Kurtág: *Samuel Beckett …*,
Furrer: *Face de la chaleur*)
DG 437 840-2, 1996* [= Wien Modern II]

Gioacchino Rossini
Ouvertüren: Der Barbier von Sevilla, Aschenbrödel, Die Belagerung von Korinth, Die diebische Elster, Die Italienerin in Algier, Il signor Bruschino
London Symphony Orchestra
DG 419 869-2, 1987

Ouvertüren: Der Barbier von Sevilla, Semiramis, Die seidene Leiter, Der Türke in Italien, Tancredi, Wilhelm Tell
London Symphony Orchestra
BMG VD 87 814, 1978

Ouvertüren: Der Barbier von Sevilla, Die seidene Leiter, Semiramis, Die Italienerin in Algier, Wilhelm Tell, Aschenbrödel, Die diebische Elster
Chamber Orchestra of Europe
DG 431 653-2, 1991

Il barbiere di Siviglia (*Der Barbier von Sevilla*)
Kathleen Battle, Plácido Domingo, Frank Lopardo, Lucio Gallo, Ruggero Raimondi, Carlos Chausson, Gabriele Sima, Goran Simic
Coro del Gran Teatro La Fenice
Chamber Orchestra of Europe
DG 435 763-2, 1992
(Querschnitt: DG 437-841-2, 1993)

Il barbiere di Siviglia (*Der Barbier von Sevilla*)
Teresa Berganza, Hermann Prey, Stefania Malagú, Luigi Alva, Renato Cesari, Enzo Dara, Paolo Montarsolo, Luigi Roni
The Ambrosian Opera Chorus
London Symphony Orchestra
(Aufnahme 1971)
DG 457 733-2, 1972/1998
(Querschnitt: DG 463 086-2, 1999)

La Cenerentola (*Aschenbrödel*)
Teresa Berganza, Luigi Alva, Renato Capecchi, Paolo Montarsolo, Margherita Guglielmi, Laura Zannini, Ugo Trama
Scottish Opera Chorus
London Symphony Orchestra
DG 459 448-2, 1972/1999

L'italiana in Algeri (*Die Italienerin in Algier*)
Agnes Baltsa, Ruggero Raimondi, Enzo Dara, Frank Lopardo, Patrizia Pace, Anna Gonda, Alessandro Cordelli
Konzertvereinigung Wiener Staatsopernchor
Wiener Philharmoniker
DG 427 331-2, 1989

Il viaggio a Reims (*Die Reise nach Reims*)
Sylvia McNair, Lucia Valentini Terrani, Luciana Serra, Cheryl Studer, Raúl Giménez, William Matteuzzi, Bojidar Nikolow, Samuel Ramey, Ruggero Raimondi, Lucio Gallo, Claudio Otelli, Giorgio Surian, Enzo Dara, Nicoletta Curiel, Barbara Frittoli, Guglielmo Mattei
Rundfunkchor Berlin
Berliner Philharmoniker
SONY CD 53 336, 1993

Il viaggio a Reims (*Die Reise nach Reims*)
Cecilia Gasdia, Katia Ricciarelli, Lucia Valentini Terrani, Lella Cuberli, Francisco Araiza, Eduardo Gimenez, Samuel Ramey, Ruggero Raimondi, Enzo Dara, Leo Nucci
Philharmonischer Chor Prag
Chamber Orchestra of Europe
(Live-Mitschnitt 1984)
DG 415 498-2, 1985

Pablo de Sarasate
Carmen-Fantasie op. 25
Gil Shaham
Berliner Philharmoniker
(mit Werken von Bizet, Rachmaninow, Ravel, De Falla u. a.; Live-Aufzeichnung Berliner Philharmonie)
DG 457 583-2, 1998* [= Berlin-Gala – Silvesterkonzert 1997]

Arnold Schönberg
Klavierkonzert op. 42
Maurizio Pollini
Berliner Philharmoniker
(mit Schumann: *Klavierkonzert*)
DG 427 771-2, 1990 u.
DG 471 361-2, 2001
[= Pollini Edition])

Kammersymphonie Nr. 1 op. 9
Chamber Orchestra of Europe
(mit Ligeti: *Doppelkonzert*, *6 Bagatellen*, Sciarrino: *Autoritratto*)
DG 449 215-2, 1997*

Gurre-Lieder
Siegfried Jerusalem, Sharon Sweet, Marjana Lipovšek, Hartmut Welker, Philip Langridge, Barbara Sukowa
Konzertvereinigung Wiener Staatsopernchor, Slowakischer Philharmonischer Chor Bratislava, Arnold Schoenberg Chor
Wiener Philharmoniker
(Konzert-Mitschnitt Wien 1992)
DG 439 944-2, 1995

Ein Überlebender aus Warschau
Gottfried Hornik, Konzertvereinigung Wiener Staatsopernchor
Wiener Philharmoniker
(mit Webern: *Orchesterwerke*)
DG 431 774-2, 1993

Dmitri Schostakowitsch
Violinkonzert Nr. 1 op. 77
Midori
Berliner Philharmoniker
(mit Tschaikowski: *Violinkonzert op. 35*)
SONY CD 68 338, 1998

Franz Schubert
8 Symphonien,
Ouvertüre zu »Rosamunde«,
Grand Duo D 812
Chamber Orchestra of Europe

DG 423 651-2, 1988
auch: *Symphonien Nr. 1 D 82*
und Nr. 2 D 125
DG 423 652-2, 1989
Symphonien Nr. 3 D 200
und Nr. 4 D 417 »Tragische«
DG 423 653-2, 1989
Symphonien Nr. 5 D 485
und Nr. 6 D 589
DG 423 654-2, 1989
Symphonie Nr. 8 D 759
»Unvollendete«,
Grand Duo D 812
DG 423 655-2, 1989
Symphonie Nr. 9 D 944,
Ouvertüre zu »Rosamunde« / Die Zauberharfe
DG 423 656-2, 1989

Messe G-Dur D 167,
Tantum ergo D 962,
23. Psalm D 706: Gott ist mein Hirte
Barbara Bonney, Brigitte Poschner-Klebel, Dalia Schaechter, Margareta Hintermeier, Jorge Antonio Pita, Andreas Schmidt
Konzertvereinigung Wiener Staatsopernchor
Chamber Orchestra of Europe
(mit Schumann: *Requiem für Mignon*)
DG 435 486-2, 1992

Messe Es-Dur D 950
Karita Mattila, Marjana Lipovšek, Jerry Hadley, Jorge Antonio Pita, Robert Holl
Konzertvereinigung Wiener Staatsopernchor
Wiener Philharmoniker
DG 423 088-2, 1988 (auch: DG 453 680-2, 1997)

Musik zu »Rosamunde« D 797
Anne Sofie von Otter, Ernst Senff Chor
Chamber Orchestra of Europe
DG 431 655-2, 1991

Fierrabras
Josef Protschka, Karita Mattila, Cheryl Studer, Thomas Hampson, Robert Gambill, Robert Holl, Lázló Polgár, Brigitte Balleys, Hartmut Welker
Arnold Schoenberg Chor
Chamber Orchestra of Europe
DG 427 341-2, 1990 (auch: DG 459 503-2, 2001)

Lieder
(orchestriert von Berlioz, Britten, Brahms, Liszt, Offenbach, Reger, Webern)
Anne Sofie von Otter, Thomas Quasthoff
Chamber Orchestra of Europe
(Aufnahmen 2002)
DG 471 586-2, 2003

Robert Schumann
Klavierkonzert op. 54
Maria João Pires
Chamber Orchestra of Europe
(mit *Klavierquintett op. 44*)
DG 463 179-2, 2000

Klavierkonzert op. 54,
Konzertstücke op. 92 und op. 134
Murray Perahia
Berliner Philharmoniker
SONY CD 64 577, 1997

Klavierkonzert op. 54
Alfred Brendel
London Symphony Orchestra
PHILIPS 446 925-2, 1979/1996
[= Brendel Edition Vol. 5]

Klavierkonzert op. 54
Maurizio Pollini
Berliner Philharmoniker
DG 427 771-2, 1990 (mit Schönberg: *Klavierkonzert*)
DG 445 522-2, 1994 u.
DG 471 353-2, 2001
[= Pollini Edition]

Requiem für Mignon op. 98b
Barbara Bonney, Brigitte Poschner-Klebel, Dalia Schaechter, Margareta Hintermeier, Jorge Antonio Pita, Andreas Schmidt
Konzertvereinigung Wiener Staatsopernchor
Chamber Orchestra of Europe
(mit Schubert: *Messe G-Dur, Tantum ergo, 23. Psalm*)
DG 435 486-2, 1992

Szenen aus Goethes »Faust«
Bryn Terfel, Barbara Bonney, Brigitte Poschner-Klebel, Susan Graham, Iris Vermillion, Karita Mattila, Jan Hendrik Rootering, Endrik Wottrich, Harry Peeters, Hans Peter Blochwitz
Tölzer Knabenchor, Schwedischer Rundfunkchor,
Eric-Ericson-Kammerchor
Berliner Philharmoniker
SONY CD 66308, 1995

Salvatore Sciarrino
Autoritratto nella notte (*Selbstbildnis in der Nacht*)
Chamber Orchestra of Europe
(mit Ligeti: *Doppelkonzert, 6*

Bagatellen, Schönberg:
Kammersymphonie)
DG 449 215-2, 1997*

Alexander Skrjabin
Symphonie Nr. 4
(Le poème de l'extase)
Boston Symphony Orchestra
DG 415 370-2, 1971*

Prométhée. Poème du feu op. 60
Martha Argerich
Berliner Singakademie
Berliner Philharmoniker
(mit Beethoven: *Die Geschöpfe des Prometheus op. 43*, Auszüge,
Liszt: *Prometheus*, Nono: *Prometeo, Suite*, Auszüge)
SONY CD 53 978, 1994 [= Prometheus, der Mythos in der Musik]

Karlheinz Stockhausen
Gruppen
Marcus Creed, Friedrich Goldmann
Berliner Philharmoniker
(mit: Kurtág: *Grabstein für Stephan, Stele*)
DG 447 761-2, 1996

Richard Strauss
Don Juan op. 20, Burleske für Klavier und Orchester d-Moll, Till Eulenspiegels lustige Streiche op. 28, Der Rosenkavalier: Terzett und Finale
Kathleen Battle, Renée Fleming,
Frederica von Stade, Andreas Schmidt
Martha Argerich
Berliner Philharmoniker
SONY CD 52 565, 1993 [= Richard-Strauss-Gala – Silvesterkonzert 1992]

Don Juan op. 20, Till Eulenspiegels lustige Streiche op. 28, Tod und Verklärung op. 24
London Symphony Orchestra
DG 410 518-2, 1983*

Vier letzte Lieder und *Orchesterlieder: Gesang der Apollopriesterin op. 33 Nr. 1, Freundliche Vision op. 48 Nr. 1, Cäcilie op. 27 Nr. 2, Verführung op. 33 Nr. 1, Frühlingsfeier op. 56 Nr. 5, Waldseligkeit op. 49 Nr. 1*
Karita Mattila
Berliner Philharmoniker
DG 445 182-2, 1999

Orchesterlieder: Wiegenlied op. 41 Nr. 1, Das Rosenband op. 36 Nr. 1, Liebeshymnus op. 32 Nr. 3, Das Bächlein AV 118, Morgen! op. 27 Nr. 4
Christine Schäfer
Berliner Philharmoniker
(mit Mozart: *Konzertarien*)
DG 457 582-2, 1998

Drei Hymnen op. 71
Karita Mattila
Berliner Philharmoniker
SONY CD 53 975, 1994 [= Hölderlin-inspirierte Musik]

Igor Strawinsky
Le Sacre du printemps, L'Oiseau de feu (Suite Nr. 2), Jeu de cartes, Pétrouchka (Urfassung), Pulcinella
Teresa Berganza, Ryland Davies, John Shirley-Quirk
Leslie Howard
London Symphony Orchestra
(Aufnahmen 1975–80)
DG 453 085-2, 1997
(*Le Sacre du printemps, L'Oiseau de feu* auch: DG 415 854-2, 1987)

Toru Takemitsu
Fantasma – Cantos I
Sabine Meyer
Berliner Philharmoniker
(mit Mozart: *Klarinettenkonzert*,
Debussy: *Rhapsodie Nr. 1*)
EMI 567 - 556 832-2, 1999

Peter Tschaikowskij
Klavierkonzert Nr. 1 op. 23
Ivo Pogorelich
London Symphony Orchestra
DG 415 122-2, 1986

Klavierkonzert Nr. 1 op. 23
Martha Argerich
Berliner Philharmoniker
(mit *Nussknacker-Suite op. 71a*,
Bearbeitung für 2 Klaviere)
DG 449 816-2, 1996

Violinkonzert op. 35
Midori
Berliner Philharmoniker
(mit Schostakowitsch: *Violinkonzert Nr. 1*)
SONY CD 68 338, 1998

Violinkonzert op. 35
Maxim Vengerov
Berliner Philharmoniker
(mit Glasunow: *Violinkonzert op. 82*)
WSM 4509 90 881-2, 1995

Violinkonzert op. 35
Nathan Milstein
Wiener Philharmoniker
(mit Mendelssohn: *Violinkonzert*;
Aufnahmen 1972/73)
DG 419 067-2, 1987
(auch: DG 453 142-2, 1998, Sampler)

Symphonien Nr. 1–6
und *Nussknacker-Suite op. 71a*,

Der Sturm op. 18, Ouvertüre »1812« op. 49, Romeo und Julia (Fantasie-Ouvertüre), Der Wojewode op. 78 (Symphonische Ballade), Slawischer Marsch op. 31
Chicago Symphony Orchestra
(Aufnahmen 1985–92)
SONY CD 48 225

Symphonien Nr. 2 »Kleinrussische« und Nr. 4
New Philharmonia Orchestra
Wiener Philharmoniker
(Aufnahmen 1968 u. 1976)
DG 429 527-2*

Symphonie Nr. 5
Berliner Philharmoniker
(mit Mussorgskij: *Lieder und Tänze des Todes*)
SONY CD 66 276, 1994

Symphonie Nr. 6 »Pathétique«
Wiener Philharmoniker
DG 2530 350, 1974*

Ouvertüre »1812« op. 49, Der Sturm op. 18, Slawischer Marsch op. 31, Romeo und Julia (Fantasie-Ouvertüre)
Berliner Philharmoniker
DG 453 496-2, 2000

Giuseppe Verdi
Messa da Requiem
Angela Gheorghiu, Roberto Alagna, Daniela Barcellona, Julian Konstantinov
Schwedischer Rundfunkchor, Eric-Ericson-Kammerchor
Berliner Philharmoniker
EMI 557 168-2, 2001

Messa da Requiem, Quattro pezzi sacri
Cheryl Studer, Marjana Lipovšek, José Carreras, Ruggero Raimondi
Konzertvereinigung Wiener Staatsopernchor
Wiener Philharmoniker
DG 435 884-2, 1993

Messa da Requiem
Katia Ricciarelli, Shirley Verrett, Plácido Domingo, Nicolai Ghiaurov
Chor und Orchester der Mailänder Scala
DG 415 976-2, 1980/1986

Ouvertüren und Vorspiele: La forza del destino, Luisa Miller, Nabucco, Aida, La traviata, Macbeth: Ballett, La traviata: Vorspiel III. Akt, Don Carlos: Vorspiel III. Akt, Die Sizilianische Vesper
Berliner Philharmoniker
DG 457 627-2, 1997

Aida
Katia Ricciarelli, Plácido Domingo, Elena Obraztsova, Leo Nucci, Nicolai Ghiaurov, Ruggero Raimondi, Piero di Palma, Lucia Valentini Terrani
Chor und Orchester der Mailänder Scala
DG 410 092-2, 1983
(Querschnitt: DG 415 286-2)

Un ballo in maschera (*Ein Maskenball*)
Plácido Domingo, Katia Ricciarelli, Elena Obraztsova, Renato Bruson, Edita Gruberova, Ruggero Raimondi, Luigi de Corato, Giovanni Foiani, Gianfranco Manganotti, Antonio Savastano
Chor und Orchester der Mailänder Scala
DG 453 148-2, 1981/1998

Don Carlos (frz. Originalfassung)
Plácido Domingo, Katia Ricciarelli, Lucia Valentini Terrani, Ruggero Raimondi, Leo Nucci, Nicolai Ghiaurov, Ann Murray, Tibère Raffalli, Alessandro Corbelli, Nikita Storojev
Chor und Orchester der Mailänder Scala
(Aufnahme 1982)
DG 415 316-2, 1985
(Querschnitt: DG 415 981-2)

Falstaff
Bryn Terfel, Adrianne Pieczonka, Thomas Hampson, Dorothea Röschmann, Daniil Shtoda, Larissa Diadkova, Enrico Facini, Anthony Mee, Anatoli Kotscherga, Stella Doufexis
Rundfunkchor Berlin
Berliner Philharmoniker
(Aufnahme 2001)
DG 471 194-2, 2001

Macbeth
Shirley Verrett, Piero Cappuccilli, Plácido Domingo, Nicolai Ghiaurov, Stefania Malagú, Antonio Savastano, Alfredo Mariotti, Carlo Zardo
Chor und Orchester der Mailänder Scala
DG 449 732-2, 1976/1996

Simon Boccanegra
Piero Cappuccilli, Mirella Freni, José Carreras, Nicolai Ghiaurov, José van Dam, Giovanni Foiani, Antonio Savastano
Chor und Orchester der Mailänder Scala
(Aufnahme 1977)
DG 449 752-2, 1997

Opernchöre aus Nabucco, Il trovatore, Otello, Ernani, Aida, Macbeth, I lombardi, Don Carlos
Chor und Orchester der Mailänder Scala
DG 413 448, 1975/1984

Chöre aus Nabucco, Il trovatore, Otello, Ernani, Aida, Macbeth, I lombardi, Don Carlos, Un ballo in maschera, Simon Boccanegra, Messa da Requiem
Chor und Orchester der Mailänder Scala
(Aufnahmen 1974–81)
DG 463 655-2, 2001
(zusammen mit Verdi-*Ouvertüren*: DG 459 036-2, 1998)

Chöre und Ballettmusik aus Don Carlos, Nabucco, Macbeth, Il Trovatore, Aida
Chor und Orchester der Mailänder Scala
DG 419 487-2, 1987

Tenorarien aus Luisa Miller, I lombardi, Aida, Ernani, Un ballo in maschera, Otello, La forza del destino, Macbeth, Jérusalem, Il trovatore
Roberto Alagna
London Voices
Berliner Philharmoniker
EMI 556 567-2, 1998

Arien aus Simon Boccanegra, Ernani, Attila, I due Foscari, Die Sizilianische Vesper, Aida
Luciano Pavarotti, Antonio Savastano, Giuseppe Morresi, Alfredo Giacomotti
Orchester der Mailänder Scala
SONY CD 37 228, 1986 [= Pavarotti singt Verdi-Arien]

Duette aus Don Carlos, Rigoletto, I lombardi, Simon Boccanegra, Die Sizilianische Vesper, Il trovatore, Aida, La traviata, Otello, I masnadieri
Angela Gheorghiu, Roberto Alagna
London Voices
Berliner Philharmoniker
EMI 556 716-2, 1998 [= Verdi per due]

Antonio Vivaldi
Die vier Jahreszeiten
Gidon Kremer
London Symphony Orchestra
(Aufnahme 1980)
DG 431 172-2, 1990

Die vier Jahreszeiten
Concerto grosso g-Moll RV 577
Viktoria Mullova
Chamber Orchestra of Europe
PHILIPS 420 216-2, 1987

Richard Wagner
Parsifal: »Karfreitags-Zauber« und symphon. Fragmente aus dem III. Akt; Tannhäuser: Ouvertüre; Tristan und Isolde: Vorspiel und Liebestod
Schwedischer Rundfunkchor
Berliner Philharmoniker
(Aufnahmen 2000/02)
DG 474 377-2, 2003

Lohengrin
Siegfried Jerusalem, Cheryl Studer, Waltraud Meier, Hartmut Welker, Kurt Moll, Andreas Schmidt
Konzertvereinigung Wiener Staatsopernchor
Wiener Philharmoniker
DG 437 808-2, 1994
(Querschnitt: DG 445 869-2)

Ouvertüren und Arien aus Tannhäuser, Lohengrin, Die Meistersinger von Nürnberg, Die Walküre
Cheryl Studer, Waltraud Meier, Siegfried Jerusalem, Bryn Terfel
Berliner Philharmoniker
DG 439 768-2, 1994* [= Wagner-Gala – Silvesterkonzert Berlin 1993]

Arien aus: Der fliegende Holländer, Die Meistersinger von Nürnberg, Parsifal, Tannhäuser, Die Walküre
Bryn Terfel
Berliner Philharmoniker
(Aufnahmen 2000/01)
DG 471 348-2, 2002
(auch: SACD 471 638-2)

Anton Webern
Orchesterwerke: Passacaglia für Orchester op. 1, Sechs Stücke für Orchester op. 6, Fünf Stücke für Orchester op. 10, Variationen für Orchester op. 30, Fuga (Ricercata) aus Bachs Musikalischem Opfer
Wiener Philharmoniker
(mit Schönberg: *Ein Überlebender aus Warschau*)
DG 431 774-2, 1993

Iannis Xenakis
Keqrops für Klavier und Orchester
Roger Woodward
Gustav Mahler Jugendorchester
(mit Dallapiccola: *Piccola musica notturna*, Perezzani: *Primavera dell'anima*, Henze: *Boulevard Solitude – Intermezzi, Mänadenjagd*)
DG 447 115-2, 1997*
[= Wien modern III]

The Berlin Album
Werke von Beethoven, Berlioz, Bizet, Brahms, Debussy, Dvořák, Mahler, Mussorgskij, Prokofjew, Tschaikowskij, Wagner und Verdi
Jewgeni Kissin, Martha Argerich, Maurizio Pollini
Berliner Philharmoniker
DG 471 627-2, 2002

Neujahrskonzert 1988
Werke von Johann Strauß (Vater und Sohn), Josef Strauß
Wiener Sängerknaben
Wiener Philharmoniker
DG 423 662-2, 1988*

Neujahrskonzert 1991
Werke von Lanner, Johann Strauß (Vater und Sohn), Eduard Strauß, Josef Strauß
Wiener Philharmoniker
DG 431 628-2, 1991*
(Auszüge aus beiden Konzerten auch: DG 459 730-2*)

Berlin-Gala – Silvesterkonzert 1998
»Songs of Love and Desire«
Werke von Bizet, Mozart, Rossini, Verdi, Tschaikowskij
Mirella Freni, Christine Schäfer, Marcelo Álvarez, Simon Keenlyside
Berliner Philharmoniker
(Live-Aufzeichnung Berliner Philharmonie)
DG 459 555-2, 1999*

** zurzeit nicht im Handel erhältlich*
(Diese von Claudio Abbado autorisierte Diskografie erhebt keinen Anspruch auf Vollständigkeit; Stand: Mai 2003)

Zusammengestellt von Giselind Rinn

Videoaufzeichnungen von Konzerten und Opernaufführungen

Ludwig van Beethoven
Symphonien Nr. 2 und Nr. 5
Symphonien Nr. 1, Nr. 6 und Nr. 8
Symphonien Nr. 4 und Nr. 7
Berliner Philharmoniker
(Konzert-Aufzeichnungen Accademia Nazionale di Santa Cecilia, Rom 2001)
TDK DV-BPAB 25, 168 u. 47, 2003
[= Vol. 1, 2 u. 4]

Alban Berg
Wozzeck
Franz Grundheber, Hildegard Behrens, Walter Raffeiner, Philip Langridge, Heinz Zednik, Aage Haugland
Chor und Orchester der Wiener Staatsoper
Inszenierung: Adolf Dresen
(Aufzeichnung Wiener Staatsoper 1987)
Arthaus Musik DVD PAL 100 256, 2001

Johannes Brahms
Ein Deutsches Requiem op. 45
Barabara Bonney, Bryn Terfel
Schwedischer Rundfunkchor, Eric-Ericson-Kammerchor
Berliner Philharmoniker
(Konzert-Aufzeichnung Musikverein Wien 1997)
TDK DV-MUSIK
Arthaus Musik DVD
(erscheint Nov. 2003)

Leoš Janáček
Aus einem Totenhaus
Elzbieta Szmytka, Philip Langridge, Heinz Zednik, Monte Pederson, Nicolai Ghiaurov, Barry McCauley
Chor und Orchester der Wiener Staatsoper
Inszenierung: Klaus Michael Grüber
(Aufzeichnung Salzburg 1992)
DG VHS 072 139-3*

Wolfgang Amadeus Mozart
Requiem KV 626, Grabmusik KV 42: Betracht dies Herz, Vesperae solennes de confessore KV 339: Laudate Dominum
Karita Mattila, Sara Mingardo, Michael Schade, Bryn Terfel
Schwedischer Rundfunkchor
Berliner Philharmoniker
(Aufzeichnung Karajan-Gedenkkonzert, Salzburg 1999)
Arthaus Musik DVD PAL 100 036, 2000

Le nozze di Figaro (Die Hochzeit des Figaro)
Ruggero Raimondi, Cheryl Studer, Lucio Gallo, Gabriele Sima, Rudolf Mazzola
Chor und Orchester der Wiener Staatsoper
SONY VHS SHV 46 406*

Sergej Prokofjew
Peter und der Wolf op. 6, Symphonie Nr. 1 op. 25 »Klassische«, Marsch op. 99, Ouvertüre über hebräische Themen op. 34b
Stefan Vladar, Sting (engl. Version) / Roberto Benigni (ital. Version)
Chamber Orchestra of Europe
DG VHS 073 101-3*

Gioacchino Rossini
Il barbiere di Siviglia (Der Barbier von Sevilla)
Teresa Berganza, Hermann Prey, Luigi Alva, Enzo Dara, Paolo Montarsolo
Chor und Orchester der Mailänder Scala
Inszenierung: Jean-Pierre Ponnelle
(Aufzeichnung Mailand 1971)
DG DVD-Video 073 021-9, 2001
DG VHS PAL 072 404-3, 1990

La Cenerentola (Aschenbrödel)
Frederica von Stade, Margherita Guglielmi, Laura Zannini, Francisco Araiza, Claudio Desderi, Paolo Montarsolo
Chor und Orchester der Mailänder Scala
Inszenierung: Jean-Pierre Ponnelle
(Aufzeichnung Mailand 1971)
DG VHS: PAL 072 402-3, NTSC 072 502-3, 1990*

Igor Strawinsky
Der Feuervogel, Pulcinella
Poul Jørgensen, The Royal Danish Ballett (Glen Tetley); Scapino Ballett Rotterdam (Nils Christe)
Royal Danish Orchestra, London Symphony Orchestra
(Aufzeichnung 1988)
Arthaus Musik DVD PAL 100 130, 2000

Giuseppe Verdi
Messa da Requiem
Angela Gheorghiu, Roberto Alagna, Daniela Barcellona, Julian Konstantinov
Schwedischer Rundfunkchor, Eric-Ericson-Kammerchor

Berliner Philharmoniker
EMI DVD-Video 492 693-9, 2002

Messa da Requiem
Margaret Price, Jessye Norman,
José Carreras, Ruggero Raimondi
Edinburgh Festival Chor
London Symphony Orchestra
(Aufzeichnung Edinburgh Festival 1982)
Arthaus Musik DVD PAL 100 146, 2001

Richard Wagner
Lohengrin
Plácido Domingo, Robert Lloyd,
Cheryl Studer, Hartmut Welker, Dunja
Vejzovic, Georg Tichy
Chor und Orchester der Wiener
Staatsoper
Inszenierung: Wolfgang Weber
(Aufzeichnung Wiener Staatsoper 1990)
Arthaus Musik DVD PAL 100 956, 2003

Berliner Philharmoniker in Japan 1994
Modest Mussorgskij
Eine Nacht auf dem kahlen Berge
Igor Strawinsky
Der Feuervogel – Suite (1919)
Peter Tschaikowskij
Symphonie Nr. 5 op.64
Berliner Philharmoniker
(Live-Aufzeichnung Suntory Hall, Tokio)
TDK DV-BPO

Europakonzert Berlin 2000
Ludwig van Beethoven
Klavierkonzert Nr. 2 op. 19,
Symphonie Nr. 9 op. 125
Mikhail Pletnev, Karita Mattila,
Violeta Urmana, Thomas Moser,
Eike Wim Schulte
Schwedischer Rundfunkchor,
Eric-Ericson-Kammerchor
Berliner Philharmoniker
(Live-Aufzeichnung Philharmonie
Berlin)
TDK DV-EC10A

Europakonzert Stockholm 1998
Richard Wagner
Der fliegende Holländer: Ouvertüre
Peter Tschaikowskij
Der Sturm op. 18
Claude Debussy
Trois Nocturnes
Giuseppe Verdi
Quattro pezzi sacri
Schwedischer Rundfunkchor,
Eric-Ericson-Kammerchor
Berliner Philharmoniker
(Live-Aufzeichnung Wasa-Museum,
Stockholm)
TDK DV-STOCK

Europakonzert St. Petersburg 1996
Sergej Prokofjew
Romeo und Julia (Auszüge)
Sergej Rachmaninow
Aleko: Cavatine
Ludwig van Beethoven
Romanzen für Violine und Orchester
Nr. 1 op. 40 und Nr. 2 op. 50,
Symphonie Nr. 7 op. 92
Anatoli Kotscherga, Kolja Blacher
Berliner Philharmoniker
(Live-Aufzeichnung Marinskij Theater,
St. Petersburg)
TDK DV-ECSPE

Europakonzert Meiningen 1994
Ludwig van Beethoven
Klavierkonzert Nr. 5 op. 73
Johannes Brahms
Symphonie Nr. 2 op. 73
Daniel Barenboim
Berliner Philharmoniker
(Live-Aufzeichnung Staatstheater
Meiningen)
TDK DV-EUC94

Europakonzert Prag 1991
Wolfgang Amadeus Mozart
Don Giovanni: Ouvertüre, Rezitativ
und Arie »Crudele? ...Non mi dir ...«,
Symphonie Nr. 29 KV 201, Rezitativ
und Arie KV 505, Symphonie Nr. 35
KV 385 »Haffner«
Cheryl Studer, Bruno Canino
Berliner Philharmoniker
(Live-Aufzeichnung Smetana-Saal, Prag)
SONY VHS SHV 46 405*
TDK DV-EUC91

Silvesterkonzert 2000
Giuseppe Verdi: Music is an
Earthly Revel
Auszüge aus Opern von Giuseppe Verdi
Andrea Rost, Stella Doufexis,
Carmela Remigio, Elizabeth Futral,
Larissa Diadkova, Enrico Facini,
Massimo Giordano, Ramón Vargas,
Anthony Mee, Lucio Gallo, Alan Titus,
Anatoli Kotscherga
Rundfunkchor Prag
Berliner Philharmoniker
(Live-Aufzeichnung Philharmonie,
Berlin)
TDK DV-SG2000

Silvesterkonzert 1999
»Grand Finale«
Werke von Beethoven, Dvořák,
Mahler, Strawinsky, Ravel, Prokofjew,
Schönberg, Lincke u. a.
Klaus-Maria Brandauer
RIAS-Kammerchor, Rundfunkchor
Berlin

Berliner Philharmoniker
(Live-Aufzeichnung Philharmonie, Berlin)
TDK DV-SG1999

Silvesterkonzert 1998
»Songs of Love and Desire«
Werke von Mozart, Bizet, Rossini, Verdi, Tschaikowskij u. a.
Mirella Freni, Christine Schäfer, Marcelo Álvarez, Simon Keenlyside
Berliner Philharmoniker
(Live-Aufzeichnung Philharmonie, Berlin)
TDK DV-SG1998

Silvesterkonzert 1997
»A Tribute to Carmen«
Werke von Bizet, Ravel, De Falla, Sarasate, Rachmaninow u. a.
Anne Sofie von Otter, Véronique Gens, Stella Doufexis, Bryn Terfel, Roberto Alagna, Gil Shaham, Mikhail Pletnev
Südtiroler Kinderchor
Berliner Philharmoniker
(Live-Aufzeichnung Berliner Philharmonie)
Arthaus Musik DVD PAL 100 026, 2000

Silvesterkonzert 1996
Werke von Brahms, Ravel, Berlioz
Maxim Vengerov
Schwedischer Rundfunkchor
Berliner Philharmoniker
(Live-Aufzeichnung Berliner Philharmonie)
Arthaus Musik DVD PAL 100 042, 2001

Waldbühne Berlin 1996
»Italienische Nacht«
Werke von Verdi, Bellini und Rossini
Angela Gheorghiu, Sergei Larin, Bryn Terfel
Rundfunkchor Berlin
Berliner Philharmoniker
(Live-Aufzeichnung Waldbühne Berlin)
TDK DV-ITALI

Das klingende Haus
Film von Daniele Abbado nach einem Buch von Claudio Abbado
Musik von J. S. Bach, Beethoven, Debussy, Mozart, Schubert u. a.
Jewgeni Kissin, Istomin-Stern-Rose-Trio, Otto Sander
European Community Youth Orchestra
SONY VHS SHV 66 303, 1994

** zurzeit nicht im Handel erhältlich (Stand: Mai 2003)*

Zusammengestellt von Giselind Rinn

Bildlegenden

Seite 11, links: Michele Abbado, Claudio Abbados Großvater väterlicherseits, 1928
Seite 11, rechts: Gugliemo Savagnone, der Großvater mütterlicherseits mit seiner Tochter Maria Carmela, Claudio Abbados Mutter
Seite 12: Familienfoto, um 1907
Seite 13: Claudio Abbados Mutter Maria Carmela Savagnone mit ihrem Vater und ihrem Bruder Vittorio
Seite 14, links oben: Claudio Abbado im Alter von 3 Jahren
Seite 14, rechts oben: Claudio Abbado (vorne links) mit seiner Mutter und seinen Geschwistern Gabriele (auf dem Schoß der Mutter), Marcello und Luciana
Seite 14, links unten: Claudio Abbado (vorne links) mit seiner Mutter und seinen Geschwistern
Seite 14, rechts unten: Claudio Abbado im Alter von 17 Jahren mit seiner Schwester Luciana
Seite 17: beim Abschlusskonzert mit den Berliner Philharmonikern im Wiener Musikverein, 13. Mai 2002
Seite 20/21: Claudio Abbado dirigiert das Gustav Mahler Chamber Orchestra in Ferrara, Februar 2003
Seite 61: die Berliner Philharmoniker wählen Claudio Abbado zum Nachfolger von Herbert von Karajan, 1989
Seite 65: Gastspiel in Leningrad (Bild rechts bei der Pressekonferenz)
Seite 66, 67: Gastspiel in der Carnegie Hall, New York, 1993
Seite 68: bei den Proben zu *Prometeo* von Luigi Nono im Kammermusiksaal der Philharmonie Berlin, 1999
Seite 69: bei den Dreharbeiten zu »Abbado. Nono. Pollini«. Abbado im Gespräch mit Wolfgang Schreiber, 1999
Seite 116: mit Leonard Bernstein in der Carnegie Hall, 1963
Seite 117: mit Friedrich Gulda
Seite 118: mit Luigi Nono
Seite 120, oben: mit György Kurtág
Seite 120, unten: mit Luigi Nono
Seite 121: mit Peter Brook
Seite 122: mit seiner Tochter Alessandra (links)
Seite 123: mit seinem Sohn Daniele
Seite 124, oben: mit Andrej Tarkowskij
Seite 124, unten: mit Peter Stein
Seite 125: mit Ruth Berghaus
Seite 126: mit Rudolf Serkin
Seite 127, oben: mit Maurizio Pollini
Seite 127, unten: mit Alfred Brendel
Seite 128, oben: mit Gesualdo Bufalino
Seite 128, unten: mit Maurizio Pollini, Zubin Mehta und Yehudi Menuhin
Seite 129: mit Roberto Benigni
Seite 130: mit der Fußballmannschaft der Berliner Philharmoniker

Bildnachweis

Familienarchiv Luciana Abbado Pestalozza: 11, links, 12-14

Familienarchiv Daniele Abbado: 117, 123

Archivio Ferrara Musica
· Marco Caselli: 127 oben

Berliner Philharmoniker – Fotoarchiv
65 (links und rechts)
· Portraits in Action – Vivianne: 63
· Steve Sherman: 66, 67
· Reinhard Friedrich: 71, 128 unten
· Cordula Groth: 74, 130 oben und unten

Camera Art Studios: 116

Marco Caselli: 20/21, 64, 129

Cesare Colombo: 48-59

Petra Goldmann: 68, 69

Cordula Groth: 17

Kateřina Knappová: 72/73

Silvia Lelli: 114 oben, 115

G. Leone: 114 unten, 128 oben

Roberto Massotti: 118/119

Domokos Moldován: 120 oben

neue lz / fischli peter: Umschlagmotiv

Portraits in Action – Vivianne: 124 oben

Erika Rabau: 120 unten, 124

Didi Sattmann: 125

Ludwig Schirmer: 70

Story Press, Jochen Clauss: 61

Der Verlag hat sich intensiv darum bemüht, alle Rechteinhaber an den in diesem Buch enthaltenen Abbildungen zu ermitteln. Sollten trotzdem Inhaber von Bildrechten unberücksichtigt geblieben sein, bitten wir sie, sich mit dem Verlag in Verbindung zu setzen. Der Verlag verpflichtet sich, nachträglich geltend gemachte rechtmäßige Ansprüche nach den üblichen Honorarsätzen zu vergüten.

Gesellschaft der Freunde der
Berliner Philharmonie e. V.

Herausgeber und Verlag danken der »Gesellschaft der Freunde der Berliner Philharmonie e. V.«, ihren Mitgliedern und ihrem Vorstand für die großzügige Unterstützung. Sie hat das Erscheinen dieses Buches ermöglicht, das Claudio Abbado anlässlich seines 70. Geburtstages gewidmet ist.

Mitherausgeber: Habakuk Traber
Redaktionelle Mitarbeit: Brigitta Grabner
Lektorat: Uta Rüenauver, Berlin
Gestaltung: Pauline Schimmelpenninck, Berlin
Satz und Repro: Mega-Satz-Service, Berlin
Druck: Bosch Druck, Landshut
Bindung: Kunst- und Verlagsbuchbinderei Leipzig

ISBN 3-89479-090-3